Mon année espagnole

Ellen M. Whishaw

Writat

Cette édition parue en 2024

ISBN : 9789361465628

Publié par
Writat
email : info@writat.com

Contenu

INTRODUCTION

Pour l'étranger qui visite l'Espagne pour la première fois, tant de choses semblent sens dessus dessous que, à moins de cultiver un esprit philosophique, son caractère pourrait en souffrir de graves dommages. Mais il existe une façon non seulement de supporter, mais aussi de profiter réellement des inconforts mineurs, de l'absence de cohérence et du manque total de bon sens qui nous sont imposés à chaque tournant dans ce pays des plus originaux ; et c'est les considérer tous du point de vue de l'opéra-comique. Tant de gens s'attendent à trouver en Espagne simplement une édition augmentée de *Carmen de Bizet* qu'il ne devrait pas leur être difficile de sourire lorsque des incidents d'opéra-comique se déroulent devant eux dans la vie quotidienne ; et pourtant on voit souvent le voyageur impatient s'épuiser en dénonciations furieuses de bœuf dur, de mauvais beurre, de trains non ponctuels, de services postaux défectueux, d'hôtels rétrogrades, etc. *à l'infini* , au lieu de remercier sa bonne étoile qu'il reste un pays en Europe. qui reste à peu près tel que Dieu l'a fait, au lieu d'être remodelé dans le moule préféré des agences de tourisme.

Il ne fait aucun doute que lorsque nous aurons des trains express reliant Irun à Madrid et Grenade à Séville à une vitesse de soixante milles à l'heure, avec une chaîne d'hôtels cosmopolites tout au long de la route, ces agences de tourisme seront en mesure de faire de bien meilleures affaires. Mais leurs clients ne voyageront alors pas en Espagne mais en Cosmopolitaine, et le dernier bastion de la romance en Europe occidentale aura suivi le chemin de la Suisse et de l'Italie, où dans certaines villes il est presque exceptionnel d'entendre parler la langue du natif. dans les rues. Dieu merci, l'Espagne n'a pas encore pris conscience des avantages commerciaux qu'il y a à mouler ses caractéristiques nationales dans le sillon du lieu commun, et son âme n'a pas encore été découpée et jetée dans la poursuite d'un gain crasseux.

Cependant, le voyageur qui suit les sentiers battus n'a en réalité que très peu à se plaindre, car au cours des dix dernières années, de grands progrès ont été réalisés tant dans le service ferroviaire que dans l'hébergement hôtelier ; et quand on a grogné, dormi et grondé pendant les huit, dix, douze ou vingt heures de voyage en chemin de fer d'une capitale de province à une autre, et qu'on a pris place à la table d'hôte dans l'un des grands nouveaux hôtels, on pourrait presque imaginez-vous à Londres, Paris ou New York. Une chose cependant vous rappelle que vous êtes en Espagne : la sollicitude anxieuse des serveurs, qui surveillent chacune de vos bouchées comme s'il s'agissait pour eux d'une affaire personnelle que vous soyez satisfait de votre dîner et vous pressent des plats frais. si vous ne mangez pas autant qu'ils le croient, vous assurant qu'ils sont très excellents et qu'il vous faudra garder des forces pour jouir des beaux monuments que vous allez visiter demain. Cet intérêt du *mozo* pour le client de son maître est réel et n'est pas inspiré par l'anticipation de faveurs à venir. Il ressent comme une atteinte au crédit de la maison si vous refusez de suivre tous les cours, et il a du mal à comprendre que l'abstinence puisse signifier la satiété et non l'insatisfaction à l'égard des aliments. Je doute qu'ailleurs cela semble avoir autant d'importance aux yeux de l'établissement qu'en Espagne, car ces attentions commencent dès votre premier repas à l'hôtel et se poursuivent tout au long de votre séjour ; et y a-t-il quelque chose qui puisse vous rendre plus à l'aise dans un hôtel qu'un intérêt cordial pour votre appétit ?

Si vous vous plaignez du temps interminable que vous avez consacré au voyage, vous aurez la grave assurance qu'il est plus sûr de voyager lentement que vite, et que l'Espagne a beaucoup moins d'accidents ferroviaires que l'Angleterre ou les États-Unis. Vous me répondrez peut-être qu'elle a beaucoup moins de trains, mais on ne s'inquiète pas de la loi des moyennes en Espagne, et l'Espagnol vous assure solennellement que la rapidité alarmante de la vie anglo-saxonne ne sert à rien qu'à arriver plus vite au port. tombe.

Si vous contestez une note d'hôtel, plus longue que celle qui serait établie au Ritz, pour un divertissement qu'il serait élogieux de qualifier de médiocre, le propriétaire justifie ses accusations en expliquant combien vous en avez pour votre argent en ces temps de progrès, comparé à ce qui vous manquait lorsque la vie en Espagne était moins chère, et après tout qu'est-ce qu'un dollar ou une *esterlina* (£) peut plus ou moins importer à un si grand seigneur comme vous, qui doit évidemment être millionnaire pour pouvoir voyager aussi loin de chez lui simplement pour son propre plaisir. Il faut également tenir compte, dit-il, du fait que la saison touristique ne s'étend que sur quelques mois au printemps, en raison de l'ignorance générale à l'étranger des charmes du climat hivernal de cette partie de l'Espagne. Et comment, se demande-t-il, un homme pauvre pourrait-il garder son hôtel ouvert toute l'année pour la commodité du seigneur anglais au printemps, à moins que le seigneur anglais ne paie suffisamment quand il vient pour le sauver de la faillite pendant les dix autres mois de sa vie. l'année? Et si ces arguments, au cours desquels les sujets exorbitants en discussion ont été habilement laissés de côté, ne dissipent pas vos objections à un projet de loi exorbitant, il ne vous reste qu'une des deux voies possibles. Soit vous secouez la poussière de l'Espagne et partez pour un autre pays où les aubergistes se rendent compte qu'un hôte satisfait rapportera plus d'argent dans leurs coffres que dix qui partent en colère ; ou venez avec moi hors des sentiers battus et apprenez à connaître la vraie Espagne et à aimer, comme moi, le vrai Espagnol.

Va-t-il exploiter l'étranger ? Il préfère vous donner son manteau plutôt que de vous prendre un sou qu'il n'a pas honnêtement gagné ; et il vous rendra toutes sortes de services avec la grâce native qui a créé la tradition selon laquelle « tout Espagnol est un gentleman ». Cette classe d'Espagnols ne fréquente pas les grandes villes et ne se laisse pas trouver par les étrangers qui le recherchent avec l'aide d'un interprète. En effet, il ne vaut pas la poudre et le plomb de l'interprète, car il ne peut payer une commission sur les achats effectués par le voyageur naïf par l'intermédiaire de son guide : il n'a rien à vendre que son honneur et sa courtoisie, et ce ne sont pas des marchandises marchandes. On le laisse ainsi tranquille dans ses belles forteresses montagneuses ou dans ses plaines fertiles, où seuls quelques privilégiés prendront la peine de le chercher. Et puisse-t-il y rester longtemps !

Mais quand il est recherché et trouvé par le voyageur qui ne se contente pas de se forger une opinion sur tout le pays à partir de ses observations depuis la fenêtre d'un hôtel, alors il devient en effet évident que le cœur de l'Espagne bat fort et vrai sous l'écume des nuages. la passion politique et l'avidité du gain qui défigurent son apparence extérieure ; et le voile de romance tissé autour d'elle par le poète et l'artiste enveloppera ce voyageur, et il reviendra encore et encore en Espagne, jusqu'à ce qu'il, comme l'écrivain, découvre que dans la toile sont tissées certaines de ses propres cordes sensibles.

Alors tous les petits inconforts ne deviendront que de simples sujets de rire, avec une *arrière-pensée* de satisfaction devant la barrière qu'ils érigent contre le flot de voyageurs bon marché qui, sans eux, pourraient submerger notre péninsule. Et si parfois nous entendons une note tragique sous le léger refrain de notre opéra, elle ne fait qu'approfondir la musique, comme les ombres violettes d'une rue andalouse projettent la lueur dorée qui baigne les maisons blanchies à la chaux et baignées de soleil.

Encore un mot. Mes lecteurs seront peut-être surpris de trouver un « hérétique » en bons termes avec de nombreux ecclésiastiques en Espagne, car il semble y avoir à l'étranger l'impression que c'est un pays sectaire où les étrangers non catholiques sont traités froidement, voire pire.

Bien sûr, de nombreux Espagnols sont très attachés au sujet de leur religion, et nul doute que quiconque manquerait publiquement de respect aux objets de culte ici aurait lieu de regretter son manque de bonnes manières. Mais tant qu'il se comporte décemment dans les lieux sacrés et observe une certaine discrétion dans les conversations, l'« hérétique » n'a à craindre aucune impolitesse ni de la part des prêtres ni des gens. Il ne rencontrera pas non plus de zèle oppressif en faveur du prosélytisme. L'effort le plus embarrassant que j'ai connu dans ce sens a été la douce remarque d'une religieuse : « Tu es déjà si bonne que tu devrais être un peu meilleure. Je prie quotidiennement pour que vous deveniez un bon catholique. Et une expérience divertissante fut celle d'un membre de notre famille qu'un religieux distingué annonça son désir de convertir :

« Nous commencerons par une partie d'échecs, dit-il, et ensuite nous discuterons des dogmes. »

La partie d'échecs s'avérait si captivante qu'elle durait jusqu'à l'heure du coucher, lorsque le divin prenait congé précipitamment, oubliant tout les dogmes.

L'accusation d'intolérance actuelle – quoi qu'il ait pu être le cas autrefois – est aussi imméritée que bien d'autres choses méchantes qui ont été dites à propos de l'Espagne.

« Nous sommes très mal représentés par les écrivains étrangers », me disait un jour un jeune officier intelligent ; " Si jamais *vous* écrivez un livre sur l'Espagne, j'espère que vous parlerez de nous comme vous nous trouverez, afin que pour une fois nous puissions avoir un peu de justice d'un ami. "

Avec cet appel plutôt pathétique à l'esprit, j'ai essayé de mon mieux de décrire l'Espagne telle que je l'ai trouvée, et je dois affirmer que je n'ai rendu que justice à mes amis espagnols, même si ceux qui ne les connaissent pas m'écrivent un préjugé Hispanophile.

⁂ Les accents marqués sur les mots espagnols dans le texte sont dans la plupart des cas ajoutés simplement à titre de guide de prononciation, pour ceux qui ne connaissent pas la langue.

"UN APRÈS-MIDI D'ÉTÉ DANS LE PATIO."

PARTIE I.
ÉTÉ

CHAPITRE I

La vie dans le patio – Portes verrouillées et amants – Les usages du portail grillagé – Courtiser en difficulté : le trou de la serrure et la fissure – Manolo et Carmencita, une romance dans la vraie vie.

Le grand événement vers lequel toute la création se tourne aux yeux d'une señorita espagnole – ne résidant pas à Madrid – est la foire annuelle de la capitale de sa province. Cela a généralement lieu au printemps et, par conséquent, pour elle, le printemps est la fin et non le début de l'année, attendue avec une excitation croissante tout au long de l'automne et de l'hiver, tandis que pour cette jeune femme, l'été n'est que le début de l'année. longue année qu'il faut vivre jusqu'au printemps et LA FERIA, en majuscules, revient.

Comme la señorita espagnole, je commencerai mon année espagnole avec l'été, sinon exactement pour la même raison, du moins pour une raison qui lui ressemble. La grande chaleur de l'été, avec sa poussière, ses moustiques et ses mouches, est la période la plus éprouvante de tous les douze mois de ce pays, comme le printemps est le plus agréable ; et les sages gardent le meilleur pour la fin.

Mais il ne faut pas croire que l'été en Espagne n'a aucune compensation. Ils sont nombreux et variés, et le moindre d'entre eux est la vie du patio, qui commence en juin et se termine en septembre.

Le patio est toujours considéré comme l'un des charmes particuliers du sud de l'Espagne, mais combien de mes lecteurs, qui n'ont pas visité le pays, savent exactement de quoi il s'agit ? Moi-même, avant de venir ici, j'avais une vague idée qu'il s'agissait d'une sorte de cour, et je me souviens qu'en voyant un énorme *enclos* à bétail, attenant à une ferme près de Tarifa et si grand qu'il était visible du ciel, alors que nous approchions de Gibraltar, j'ai demandé si c'était un patio !

La maison andalouse d'aujourd'hui est pour l'essentiel la descendante directe de la maison construite par les Grecs qui colonisèrent l'Andalousie, ou Tartessus, comme ils l'appelaient, environ six ou sept siècles AVANT JC. Le *pylône* , aujourd'hui appelé *zaguan* , est le vestibule menant de la porte de la rue on accède directement au *péristyle* , la cour ouverte autour de laquelle est construite la maison, aujourd'hui connue sous le nom de *patio* . Pendant la journée, le *zaguan* est ouvert sur la rue, mais l'entrée du patio est barrée par une grande grille en fer qui ne peut être ouverte que de l'intérieur. Les Romains ont continué la forme grecque de la maison, avec de légères modifications structurelles, et ont ajouté le *solarium* , une galerie ouverte ou une arcade destinée à se prélasser au soleil. Cette caractéristique est courante dans les maisons les plus anciennes d'Andalousie aujourd'hui, bien que celles de construction plus moderne en manquent, et les détenus, lorsqu'ils souhaitent prendre le soleil, montent à l' *azotea* , le toit plat en brique sur lequel est habituellement accroché le linge familial. dehors pour sécher. Les noms *azotea* et *zaguan* sont tous deux arabes, démontrant, s'il en était besoin, que ni les Wisigoths ni les Arabes n'apportèrent de modifications essentielles à la structure des maisons qu'ils trouvèrent lors de leur conquête respective de l'Andalousie.

Le patio est une cour centrale sur laquelle s'ouvrent de nombreuses pièces, dont toujours la salle à manger d'été et la cuisine d'été, leurs homologues d'hiver se trouvant à l'étage supérieur. Il y a aussi une *sala* ou salle de réception, et dans les vieilles maisons, celle-ci peut avoir des poutres arabes magnifiquement sculptées, remplies de fines tuiles lustrées du XVe ou du XVIe siècle : car si les étages supérieurs sont fréquemment modernisés et parfois assez modernisés à ce jour, en termes de salles de bains, de grandes fenêtres et de ventilation efficace, le patio et les pièces sombres qui l'entourent sont très rarement reconstruits. Il n'est utilisé que comme refuge contre la chaleur estivale, et les architectes d'aujourd'hui s'abstiennent sagement d'interférer avec les lumières ombragées et la température fraîche et rafraîchissante qui rendent la vie agréable même lorsque le thermomètre extérieur est à 110 ou plus à l'ombre.

De grandes portes, parfois en acajou, en cèdre ou en lignum-vitæ de quatre pouces d'épaisseur, cloutées de gros clous de laiton ou de fer, et ornées de pièces d'angle, de serrure, de clé et de heurtoirs, tous richement ouvragés pour correspondre, fermaient le *zaguan* de l'entrée. rue. Toute la journée, elles restent ouvertes, comme pour inviter le passant à entrer et à admirer le patio intérieur, dont l'ensemble est visible à travers la *annula* ou grille en fer déjà mentionnée : mais la nuit, elles sont fermées et sécurisées par un immense boulon en fer, souvent de deux ou trois pieds de long. Le bruit que font la nuit la fermeture de ces portes et les cris des gros verrous, qui ne sont jamais huilés par hasard, s'entendent l'un après l'autre tout au long de la rue, et sont susceptibles de gêner beaucoup la circulation. sommeil réparateur de l'étranger. Mais, à moins qu'il y ait une *velada* ou une *tertulia* , le bruit est terminé vers 23 heures ou plus tôt, car la coutume veut que les maisons respectables présentent des visages vides aux rayons de la lune une heure avant minuit.

Si vous vous demandez comment cela peut se produire, alors que tout le monde sait que les messieurs espagnols ont pour habitude de transformer la nuit en jour dans leurs cafés et leurs clubs, je dois attirer votre attention sur le *postigo* , un petit guichet bas qui s'ouvre dans l'une des grandes portes. Le père sévère, oubliant ses propres escapades de jeunesse, ou déterminé à ce que son fils ne suive pas ses traces, peut ordonner que la porte soit fermée à clé tous les soirs à onze heures ; mais il y a toujours un serviteur corruptible ou une sœur au cœur tendre aux aguets pour soulever le loquet du *postigo* et protéger le jeune émissaire de la colère paternelle.

On peut tenir pour acquis que lorsque la sœur se rend complice des heures tardives de son frère, ce n'est pas pour lui permettre de jouer dans son club ou de boire plus qu'il n'est bon pour lui au café. Ce doit être une histoire d'amour qui attire les sympathies de la jolie Amparo et la tient hors du lit à toute heure. Elle a probablement écouté les professions de dévouement de son propre amant interdit bien après minuit, et donc toutes ses sympathies vont à Manolo, qui a également perdu son cœur sans la permission de ses parents.

Dans ces cas-là, les riens mous doivent être respirés entre les barreaux des solides grilles de fer qui sont placées devant chaque fenêtre du rez-de-chaussée, non seulement par mesure de précaution contre les malfaiteurs, mais, comme me l'a dit un jour un jeune Espagnol, « pour garder le silence ». les filles entrent et les garçons dehors. Aux yeux des Anglais, cela semble une manière assez médiocre de faire l'amour, mais dans certaines villes de campagne, même la grille n'est pas considérée comme une protection suffisante pour la jeunesse et la beauté intérieure, et je connais un cas dans lequel le grand-père, un vieil aristocrate au sang bleu, et un bon martinet, avait des grillages partout aux fenêtres du rez-de-chaussée pour empêcher que ses petites-filles ne soient embrassées entre les barreaux ! Telles sont les difficultés liées au *pelando la pava* (cueillir la dinde) ou *au comiendo hierro* (manger du fer), comme on appelle ces parades nuptiales grinçantes.

Dans les vieilles maisons, aussi grandes soient-elles, il n'est pas rare de ne voir qu'une seule fenêtre, avec son inévitable grillage, au rez-de-chaussée de la rue - survivance de l'idée orientale de la réclusion des femmes, car jusqu'au fond. XVIe siècle, dans le sud de l'Espagne, aucune fenêtre n'ouvrait sur la rue. Cette unique fenêtre, qui éclaire généralement la loge du concierge, sera appropriée par la fille de la maison si elle encourage un admirateur secret. Les domestiques sont toujours du côté de la romance et n'hésiteront pas à aider les amants par tous les moyens en leur pouvoir. Ainsi, le vieux portier, censé par sa maîtresse veiller à ce qu'aucune entrevue illicite n'ait lieu la nuit tombée, ne trouve aucune difficulté. en faisant une sieste dans son rocking-chair dans le patio, tandis que *la niña*, qu'il a connue et gâtée dès son berceau, s'assoit à sa fenêtre et écoute les murmures passionnés de son admirateur dans la rue.

Pendant ce temps, les servantes doivent s'occuper de leurs propres amies et, à défaut d'une seconde fenêtre, il peut sembler difficile d'entrer en communication, car les filles des pauvres respectables sont aussi strictement chaperonnées que les señoritas, et une fille la perdrait. personnage si elle avait une « soirée », sauf sous l'aile de sa mère ou d'une amie d'âge mûr. Mais l'amour se moque des serruriers, et un de mes amis m'a raconté comment il avait appris par expérience personnelle comment se déroulent les fréquentations dans de tels cas, une fois la porte de la rue fermée.

Il rentrait chez lui par la rue principale de la ville de campagne où vivait son père. La nuit était sombre et les lampadaires peu nombreux et tamisés, et il tomba sur quelque chose de doux posé sur le trottoir devant la porte d'une grande maison. Un murmure sifflant apaisa sa première crainte qu'un couteau d'assassin soit à l'œuvre. C'était un jeune homme allongé par terre, les lèvres à la fente sous la porte, parlant à sa chérie , qui gisait par terre à l'intérieur, tandis qu'une autre servante et son amant étaient en possession du trou de la serrure, et le La señorita, dans la fenêtre grillagée, tira modestement le rideau pour se cacher du regard de mon ami lorsqu'elle entendit ses pas approcher.

Ce sont les commodités de l'été. En hiver, on voit moins d'amoureux dans les rues, car les jeunes hommes, même enveloppés dans le manteau volumineux si cher à la romance, sont susceptibles d'attraper de gros rhumes et des raideurs de cou, qui restent dehors pendant de nombreuses heures à « manger du fer ». ", les pieds dans une flaque d'eau, regardant la bien-aimée sur le balcon du premier étage où elle réside d'octobre à juin. Je connais en effet une histoire d'amour qui fut interrompue et ne se renouvela plus, parce que la jeune fille s'offusquait de l'absence prolongée de son admirateur, qui, le pauvre garçon, était alité avec la grippe et ne parvenait pas à faire parvenir la triste nouvelle à son ami. sa déesse à sa fenêtre.

Dans ce cas, l'opposition de la mère avait atteint un stade aigu et l'explication de Manolo, malade d'amour, tomba entre de mauvaises mains. L'information fut envoyée, comme de Carmencita, que son fiancé légitime était offensé par les attentions de Manolo, et qu'elles n'étaient donc pas les bienvenues : et comme le malheureux garçon sur son lit de malade n'avait aucun moyen d'entrer en communication directe avec son charmeur, il dut soupirer avec autant de patience qu'il le pouvait jusqu'à ce que le temps s'améliore et qu'il puisse retourner aux barreaux de la fenêtre et exiger une explication de ce cruel message. Pendant ce temps, Carmencita apprit que l'absence de Manolo était due aux attraits d'une nouvelle *novia* : dans laquelle, étant donné que ces amours de la grille sont prises et abandonnées aussi facilement qu'une connaissance voyageuse, il n'y avait rien d'improbable en soi. Elle pleura donc abondamment devant sa prétendue inconstance, et lorsqu'elle apprit la vérité, elle adopta la dernière ressource dont disposait la señorita au cœur brisé : l'hystérie et les menaces de refuser de manger (une manière de contraindre les autorités en vogue parmi les filles révoltées d'ici bien avant qu'elle ne soit consommée). a été adoptée par les suffragettes), et de se jeter de l' *azotea* dans le patio en contrebas, à moins qu'on ne lui permette d'écrire à Manolo et de l'assurer de son dévouement éternel.

Mais hélas! Manolo, bien que de bonne famille, n'avait ni argent ni perspectives, tandis que le distingué Señor Conde de las Patillas Blancas [1], bien qu'il ait commencé sa vie comme commis dans une épicerie, était parti à Cuba avant la guerre avec l'Amérique. il avait détruit cette mine de richesses pour les Espagnols qui savaient en tirer profit, et, revenu riche, il avait rétabli un titre sur lequel il pouvait ou non avoir un droit légal. Il était donc désormais, à tous égards, un *partisan très désirable* pour la belle Carmencita.

Alors Manolo se leva de son lit de maladie pour lire dans le journal local que « l'aristocratique et riche Señor Conde de las Patillas Blancas avait demandé la main de la jeune Señorita Carmen Perez y Dominguez, d'une beauté exquise, fille de la marquise [2] de Campos Abandonados » – littéralement « champs déserts », mais peut-être mieux paraphrasé dans le titre anglais familier de Bareacres.

Comme Manolo le savait bien, c'était la fin. Car non seulement la mère en Espagne est la maîtresse absolue en matière de mariage de sa fille, mais Carmencita elle-même, une fois qu'elle eut versé les larmes conventionnelles sur la perte de son amant, savait parfaitement de quel côté son pain était beurré. Ces deux jeunes gens étaient mes amis intimes, et si j'avais consenti à servir d'intermédiaire en allant féliciter Carmencita pour ses fiançailles, et si j'avais d'ailleurs provoqué un torrent de larmes en commentant l'heureux rétablissement de Manolo, il est tout à fait possible que elle aurait pu faire un nouvel effort pour parvenir à ses fins. Mais il est sage de ne pas se mêler des amours espagnoles, qui sont rarement ou jamais tout à fait ce qu'elles paraissent, et dans son petit cœur inconstant, Carmencita m'a certainement remercié de refuser de transmettre des messages. Quant à Manolo, il s'est consolé en épousant une héritière un an environ après, et disparaît de cette histoire véridique.

CHAPITRE II

La vie sociale dans une ville de montagne - Traditions musulmanes - L'étiquette des fiançailles - Cadeaux de mariage - Le trousseau - Petites tragédies d'Espagne - Carmencita dramatique - Compensations pour la comtesse.

Si je devais décrire la scène du mariage où il s'est réellement déroulé, il se pourrait bien que certaines des personnes concernées, si elles voyaient ce livre par hasard, se reconnaissent. Je vais donc le transférer dans la pittoresque ville de montagne de Ronda, qui, bien que fréquentée par les touristes et dotée de deux hôtels très confortables, conserve encore quelques coutumes locales particulières.

Parmi celles-ci, la plus remarquable est peut-être la tradition musulmane de la séparation des sexes. Les nombreux voyageurs, nationaux et étrangers, qui passent une journée dans la ville en se rendant à Algésiras ou en revenant au printemps ou en automne, n'ont pas encore impressionné le conservatisme des Rondeños, et il suffit de se promener et de sur le Paseo de la Merced un dimanche soir d'été pour constater que les coutumes sociales de Ronda ne sont pas du tout affectées par le contact avec le monde extérieur.

La chaleur du jour passée, et un vent frais d'ouest bruissant les feuilles des avenues d'avions, le pic violet de la Liba, qui forme le *clou* d'un charmant tableau, s'efface tout à coup lorsque l'on allume la lumière électrique. En matière d'éclairage public, l'Espagne est loin d'être en retard. L'amour des Espagnols pour la lumière à l'extérieur explique probablement les progrès réalisés par l'industrie de l'éclairage électrique au cours des dernières années. Il est vrai que souvent même les gens aisés se contentent encore d'éclairer leur maison avec une lampe à pétrole bon marché, ou même avec une *bougie* en laiton avec sa petite mèche alimentée à l'huile d'olive. Mais une fois que ces amateurs d'étalage comprirent que quelques lampes à arc accrochées le long du Paseo transformaient la nuit en jour, et que l'électricité permettrait au jeune doré d'exposer son nouveau chapeau de paille de forme anglaise, sa belle cravate rouge et ses bottes marron brillantes. au moins aussi bien à minuit qu'à midi, les villes ont trouvé sans difficulté apparente de l'argent pour l'éclairage public, et aujourd'hui il n'est guère de village, même dans les plaines où il n'y a pas d'énergie hydraulique, qui ne soit éclairé par l'électricité. J'ai vu des lampes électriques à tous les coins de rue, dans un endroit où il n'y a d'accès qu'un chemin muletier, et aucun contact avec le monde extérieur si ce n'est la visite du facteur sur son âne deux ou trois fois par semaine, s'il y a lieu. il y a des lettres à livrer.

Ronda, avec son merveilleux Tajo, à travers lequel le Guadalevin coule en torrent pendant les pluies hivernales, était dotée de lumière électrique lorsque je l'ai visité pour la première fois, il y a dix ou onze ans. A cette époque, l'électricité tombait ignominieusement en été, période à laquelle toute l'eau de la rivière rétrécie devait être transformée en canaux d'irrigation, comme c'était le droit légal des nombreux maraîchers de la vallée depuis l'époque arabe. . Aujourd'hui, la vapeur a été introduite pour compléter l'énergie hydraulique, et l'éclairage des principaux hôtels, et surtout du Paseo, est aussi brillant qu'on peut le désirer.

En été, il fait trop chaud pour se promener confortablement pendant la journée, et les jeunes des deux sexes n'avaient guère l'occasion de contempler les charmes de chacun à cette saison jusqu'à ce que la lumière artificielle vienne à la rescousse. Aujourd'hui, surtout le dimanche soir, toute la ville se presse au Paseo, où, sous de puissants arcs de lumière, les jeunes peuvent s'admirer à leur guise.

Une des coutumes curieuses de l'endroit est que toutes les jolies filles défilent de long en large, de deux à six ou sept ensemble, tandis que leurs mères et leurs tantes corpulentes s'assoient et s'éventent sur les bancs et les chaises de pierre disposés des deux côtés de l'allée. . Les jeunes hommes défilent également de long en large, également en groupes, mais en se limitant soigneusement de chaque côté du vaste espace du centre occupé par les filles. Chaque ville d'Espagne a socialement sa propre loi, et il semble contraire à l'étiquette de Ronda que les hommes se promènent avec les filles dans n'importe quelle condition, bien que dans d'autres endroits la présence d'une duègne rende cela tout à fait correct.

Les couples fiancés peuvent entrer ensemble dans le Paseo (bien sûr correctement chaperonnés), mais ils ne doivent pas se joindre à la promenade. Ils ne peuvent s'asseoir sous les arbres qu'avec la mère ou la tante, et se consoler de leur retraite forcée en se serrant les mains, à l'abri des ombres projetées par les branches en surplomb. Mais si la jeune fille arrive en retard, son fiancé a l'occasion de se montrer. Il pourra alors se promener autant qu'il le voudra au milieu de la nuée de filles, en faisant semblant de chercher sa chérie. J'ai observé le vieil amant de Carmencita à ce spectacle un dimanche soir, et chaque fois qu'il se retrouvait bien dans le foyer d'une des lampes à arc, il s'arrêtait net, la lumière pleine sur lui, jetant des regards de partout avec une anxiété supposée quant à l'endroit où se trouvait son fils. la dame, bien qu'il sache, et elle savait, ainsi que tous leurs amis et connaissances, que son charmeur ne se présenterait pas avant que l'orchestre ne commence à jouer à dix heures.

Le mariage de Carmencita a été fixé au mois de juillet, en partie parce que l'été, lorsque les garçons rentrent de l'école et de l'université, est la période la plus gaie ici, mais surtout parce que les convenances exigent que la cérémonie religieuse ait lieu quelques semaines après celle connue sous le nom de «

demander la main », c'est-à-dire la signature du contrat de mariage. Le *noviazgo*
, qui n'est pas à proprement parler des fiançailles, mais plutôt une cour
prolongée qui peut ou non se terminer par un mariage, dure parfois des
années et est ensuite rompue, sans qu'aucun reproche soit attaché à
l'abandon, qu'il soit de sexe masculin ou masculin. femelle. Il est bien entendu
qu'il n'y a aucune obligation morale de se marier tant que la main de la dame
n'a pas été formellement « demandée ». Mais une fois que cela a été fait, non
pas par l'amant mais par un parent de la génération plus âgée, le mariage est
considéré comme la conséquence nécessaire, et un homme ou une femme
qui refuserait de remplir ses fiançailles après que cette cérémonie ait été
accomplie serait *maltraité. mirado* — mal vu — ce qui équivaut plus ou moins
à être envoyé à Coventry.

Alors, quand j'ai appris que Carmen était enfin fiancée, j'ai su que je recevrais
bientôt une invitation au mariage, qui arrivait en temps voulu, imprimée en
argent sur une carte hautement vitrée. Ce n'était pas du tout à proprement
parler une invitation, car elle énonçait simplement en détail les noms et titres
des mariés et de leurs parents (et les noms et titres espagnols sont aussi longs
qu'un sermon presbytérien), et annonçait le jour et heure du mariage sans «
solliciter le plaisir de ma compagnie ». Le côté opposé de la carte contenait
une annonce identique de la part du marié.

La veille du mariage, je suis allé, à la demande spéciale de Carmencita, voir
son trousseau, qui, pour la mariée andalouse, est encore plus excitant que les
cadeaux de mariage.

Elle m'a reçu dans une délicate *bata*, un vêtement qui est un croisement entre
une robe de thé et un tablier, avec ses cheveux détachés et tombant en
dessous de sa taille, et ses yeux étaient si brillants et son rire si gai que j'étais
sûr qu'elle était aussi satisfaite que l'étaient ses parents de l'avenir riche qui
s'offrait à elle. Elle m'a emmené dans les salles de réception d'hiver à l'étage,
qui semblaient préparées pour une vente d'œuvres. Sur plusieurs tables et
chaises étaient exposés les cadeaux : d'innombrables coussins de canapé, des
chemises de nuit brodées, des nappes au crochet, des antimacassars, des
dentelles d'oyley, etc. avec les offres plus solides de verre, de porcelaine et
d'assiette provenant de parents plus âgés, à moitié perdues de vue parmi les
cadeaux faits à la main des camarades d'école et des amies de Carmencita.

Mais les cadeaux étaient complètement éclipsés par la tenue personnelle bien
plus importante de la petite mariée. Des tables à tréteaux remplissaient le
milieu de la longue pièce d'un bout à l'autre et ressemblaient à des récifs sous
l'écume des vagues déferlantes, tant elles étaient couvertes de linge de maison
et de table, de serviettes et de nappes bordées de *fleco morisco merveilleusement
compliqué* (« arabe »). frange"), et un duvet et une mousse de vêtements
personnels de pelouse fine, de dentelle et de mousseline suffisamment pour

durer toute une vie, le tout confectionné par Carmencita, ses sœurs et ses amis, et le tout délicieusement brodé de ses initiales dans une variété infinie d'entrelacs. monogrammes. Les mariées anglaises ou américaines les plus riches pourraient être fières de porter la lingerie que j'ai vue là-bas.

Dès que ses petites mains savent tenir une aiguille, la señorita espagnole apprend par les religieuses de son école à coudre de cette façon délicate, et dès sa plus tendre enfance elle consacre le fruit de son travail à meubler son trousseau ; car ici, la mariée apporte tout le linge de maison comme partie de sa dot, et bien avant qu'elle soit assez vieille pour avoir un amant, sa mère attentionnée fournira les énormes quantités de linge fin et de dentelle, et les kilos de soie et de coton à broder qui sont nécessaire au bon approvisionnement d'un de ces grands coffres sculptés dans lesquels les filles de la maison rangent depuis des siècles leurs tenues de noces.

Si la fille sort de l'adolescence sans être mariée, le coffre sera plein bien avant qu'on en ait besoin, et parfois même on n'en aura jamais besoin ; car à moins qu'une fille ne soit riche, ou d'une famille distinguée, ou, si elle est pauvre, d'une beauté remarquable, il est fort probable que personne ne demandera jamais sa main.

Et parfois la pauvreté s'abat sur la famille, et les filles, orphelines et sans le sou alors qu'elles ont déjà dépassé leur jeunesse et incapables de gagner quoi que ce soit pour gagner leur vie, sont réduites à vendre une à une tous les produits de tant d'années d'industrie pour satisfaire les revendications. de faim, ou, si la vieille maison a été vendue, pour payer le loyer d'une misérable petite chambre que, dans leurs jours de prospérité, ils n'auraient guère donné à une servante. J'ai été témoin de scènes pathétiques où des dames de douce naissance venaient me voir au crépuscule du soir pour me demander si j'allais acheter de délicates broderies ou de délicates dentelles d'oreiller « pour aider une amie qui a perdu son argent ». Et jusqu'au bout ils tenteront de soulager leur orgueil blessé en entretenant cette fiction transparente, en tenant le couvre-lit ou la taie d'oreiller à l'envers, dans l'espoir que jusqu'à ce qu'ils soient repartis avec l'argent en poche, je ne remarquerai peut-être pas que les initiales qui ont travaillé dessus sont les leurs. [3]

Mais ce sont les petites tragédies qui se cachent sous la surface, et il ne faut pas s'y attarder, car nous n'en avons pas encore fini avec le trousseau de notre Carmencita.

Elle n'avait que dix-sept ans lorsque son sort fut décidé, sa poitrine n'était donc pas tout à fait pleine ; mais heureusement il y avait suffisamment de draps, de taies d'oreiller, etc., presque finis, chez ses jeunes sœurs, pour suppléer à toutes les carences ; et chaque après-midi, pendant les semaines précédant le mariage, les trois petites *marquesitas* et leurs amies s'étaient assises ensemble dans leur patio frais, sous les orangers et les palmiers, à l'ombre du lourd auvent en toile, cousant pour leur vie, au milieu d'un bavardage incessant sur des vêtements et des amants, et une continuelle grignotage de chocolats parfumés à la cannelle.

Un espace pour les initiales de l'époux inconnu avait, comme d'habitude, été laissé sur tout le linge de maison lors de sa confection, mais dans ce cas, seule la couronne du comte devait être travaillée, et une lourde charge d'invention de jeune fille était ainsi évitée, car il n'y a pas beaucoup de variété sur une couronne, alors qu'il faut beaucoup d'imagination pour varier une initiale plusieurs dizaines de fois.

Curieusement, mon admiration pour quelques belles coutures de cet ornement héraldique parut bouleverser la sérénité de Carmencita, et en un instant son sourire ensoleillé et ses bavardages gais se transformèrent en une tempête de sanglots et de larmes.

« Tu es cruelle, barbare, Doña Elena, pour me rappeler tout ce que je perds ! Comment peux-tu rêver que je sois consolé, en étant une riche comtesse, de la perte de la richesse d'amour que m'a prodigué mon adoré Manolo ? Je suis un martyr, une victime de l'ambition de mes parents ! Même maintenant, au dernier moment, je crois que je déclarerai que mon cœur est à Manolo et que je n'épouserai jamais que lui ! *Mère mia de mi alma!* comme cette vie est terrible ! Mieux vaut que je me sois jeté du toit, comme j'avais voulu le faire quand on m'a défendu de voir mon Manolo : alors j'aurais été épargné de ce tourment, de ce cœur brisé qui finira par m'entraîner dans la tombe !

J'étais presque sûr que l'éclat théâtral était provoqué par un désir plus ou moins conscient de jouer à la hauteur de la situation et d'être cohérent jusqu'au bout : car Carmencita, comme je l'ai laissé entendre, m'avait déjà fait sa confidente, et les Espagnols naissent acteurs. Elle se sentirait mieux toute sa vie pour avoir dramatiquement terminé la pièce devant son public, et je ne gâcherais pas le point culminant par un manque de sympathie.

« C'est vrai, c'est vrai, mon enfant, répondis-je, tu es bien un martyr, mais c'est par devoir. Pensez à la saison madrilène que vous pourrez partager avec vos sœurs : les théâtres, les réceptions, les bals ! Avec votre naissance et la richesse du Comte, vous serez certainement reçu à la Cour, et quelle destinée plus élevée pourrait-on vous offrir que d'emmener Pura et Dolorès loin de ce morne village dans toutes les délices de la capitale ? Aie du courage, ma noble fille, et écrase les préceptes de ton cœur pour eux, et, crois-moi, le bonheur sera pour toi.

« C'est vrai, doña Elena ; quel bel idéal vous me proposez ! Et j'apprends que Manolo est parti et ne reviendra pas avant six mois, alors que gagnerais-je à refuser d'épouser le comte ? Et cela ferait un terrible scandale. Et puis, as-tu vu ma robe de mariée ? C'est trop beau pour les mots ! Savez-vous qu'il a un train de deux mètres de long ! César insista ; il dit que je suis si petit qu'il me faut un train pour me donner de la présence. Je n'ai jamais porté de robe longue de ma vie et j'ai tellement peur de trébucher dessus. Quelle horreur si je me rendais ridicule dans l'église, avant tout Ronda ! Doña Elena, aviez-vous une traîne de deux mètres de long jusqu'à votre robe de mariée et avez-vous eu du mal à la gérer ?

Le mélodrame était terminé, Carmencita était de nouveau tout sourire et gaieté, et ma suggestion qu'elle enfile la robe de mariée et s'entraîne à parcourir le patio pour mon bénéfice l'a fait hurler de rire, ainsi que tous ses compagnons. Elle avait fait sa petite offrande au dieu de l'amour et était désormais prête à jouir pleinement des fruits matériels de son sacrifice.

Elle m'a fait promettre que je viendrais chez elle et que j'accompagnerais les noces à l'église, qui se trouve à seulement quelques mètres de la maison ancestrale des Campos Abandonados. Je lui ai dit qu'elle ferait mieux de me laisser m'effacer au fond de l'église, car je n'avais pas de vêtement de noces dans ma valise et je ne devrais pas faire honneur à la fête.

"Ne sois pas absurde", rétorqua-t-elle en m'embrassant affectueusement. "Tu ressembles à une duchesse avec une mantille noire sur tes cheveux blancs, et si tu n'as pas la tienne ici, maman t'en trouvera une."

Qui pourrait résister à la jolie créature ? Et elle pensait chaque mot, du moins pendant qu'elle parlait. Mais elle était vraiment sincère dans son désir que je sois là comme une amie intime et non comme une simple connaissance, et quand je suis arrivé peu avant deux heures de cet après-midi mouvementé, j'ai trouvé la petite Lola, dix ans, autrement dit Dolorès, m'attendant à la porte, ayant reçu l'ordre de la mariée de veiller à ce que l'on prenne particulièrement soin de moi, « parce qu'étant étranger, je ne sais peut-être pas exactement où aller et je risque donc de ne pas m'amuser ».

Une telle considération m'a vraiment surpris. Carmen aurait pu être excusée d'avoir oublié, en ce grand jour de sa vie, qu'un de ses invités était un étranger ; pourtant, non seulement elle avait prévu mon plaisir, mais, comme je l'ai découvert, elle avait demandé à plus d'un de ses anciens amis de veiller sur moi et de veiller à ce que je sois placé de manière à pouvoir avoir une bonne vue de la cérémonie devant l'autel latéral. de la Virgen del Carmen, à laquelle elle avait adoré tout au long de sa courte vie.

L'ÉGLISE OÙ CARMENCITA A ÉTÉ MARIÉE.

CHAPITRE III

Le mariage - Notre-Dame du Carmen : sa dame d'honneur - La maison ancestrale des Campos Abandonados - L'habitude du baiser en Espagne - Muscat et Manzanilla - Les friandises arabes - Le roi Alphonse et les yemas du couvent - La danse de la mariée - Les mantilles et un chapeau. Adieu à Carmencita.

Cette image de la Vierge du Carmen n'a pas de valeur artistique particulière, mais Carmencita a été promue « dame d'honneur » à la sortie de l'école et était très fière de garder « sa » garde-robe de la Vierge en parfait état ; et aujourd'hui, elle était allée très tôt à la messe et avait habillé l'image, pour la dernière fois, de la robe de fête en brocart du XVIIIe siècle et du voile de tulle qu'elle avait elle-même brodé pour offrir à sa Vierge lors de sa première communion. Elle avait aussi rempli les vases d'argent de ces grands bouquets raides qu'on admire tant ici, et avait offert un certain nombre de bougies en cire dorée pour bénir son mariage.

Et maintenant elle se tenait devant l'autel – son propre autel – avec sa première robe longue traînant derrière elle (elle n'avait pas trébuché dessus, mais avait fait une entrée des plus dignes) et plaça sa petite main blanche, à l'air impuissante, dans celle du gros. , homme ordinaire, de plus de trente ans son aîné, dont la parole serait désormais sa loi (car une femme mariée en Espagne n'a pratiquement aucun droit civil), et qui avait déjà fait savoir qu'il serait un mari jaloux. On peut cependant remarquer que la jalousie conjugale est considérée par de nombreuses épouses espagnoles plutôt comme un compliment que comme un signe que leurs maris estiment qu'elles méritent d'être jalouses.

La cérémonie fut bientôt terminée, et tandis que les mariés, les parents et parrains de la mariée, ainsi que ses frères et sa sœur suivante, entraient dans la sacristie avec le curé pour signer et témoigner le registre, la petite Lola glissa sa main dans la mienne.

"Carmencita m'a dit de t'emmener chez nous maintenant", a-t-elle dit. "Je suis trop petit pour témoigner à sa place, et elle avait peur que tu partes, et elle veut que tu la voies danser dans sa robe de mariée avant de partir avec César."

Elle me conduisit hors de l'église et dans la rue mal pavée, bordée de spectateurs impatients de voir la nouvelle comtesse qu'ils connaissaient depuis leur enfance.

« Il n'y a que deux voitures, dit Lola, celle de maman et celle de César. Peux-tu le croire? Carmencita doit rentrer toute seule avec César dans sa calèche ! Elle a pleuré la nuit dernière, Pura et moi aussi, nous avons tous pleuré ensemble. Imaginez-vous devoir vous retrouver seul avec cet horrible vieillard ! Savez-vous qu'elle a peur qu'il l'embrasse et que son vilain nez bleu lui dérange les cheveux. C'est la seule chose qui lui fait peur : être seule avec lui.

Une jeune fille espagnole n'est en aucun cas laissée seule avec son fiancé, jusqu'à ce qu'elle soit réellement mariée avec lui. Il y a toujours une mère, une tante ou une autre parente féminine présente pour superviser les rapports sexuels. Il n'est pas étonnant que les interviews volées devant la grille, sans autre auditeur que la lune, aient leur charme. Et peut-être que les mariages les plus heureux sont ceux qui ont lieu, parfois après des années d'opposition parentale, entre des amants dont la cour a ainsi commencé. Ils ont au moins une chance de faire connaissance, libérés de la contrainte du chaperon dont l'oreille attentive rend impossible toute véritable confiance.

La maison des Campos Abandonados à Ronda est l'un des exemples les plus parfaits de ce type en Espagne. À droite du spacieux *zaguan* , aussi grand qu'un patio, se trouvent les écuries, désormais vides, à l'exception des mules de la marquise. Les seize crèches sont de purs ouvrages arabes, encastrées dans le mur, surmontées chacune d'un arc en ogive. En les dépassant, nous arrivons à la partie « moderne » de la maison, qui a été rénovée et « restaurée » au cours du prospère XVIe siècle, lorsque l'or affluait en Espagne depuis ses nouvelles colonies d'outre-Atlantique. Au-delà de ce patio dont les murs sont couverts de rosiers, de jasmin et d'autres plantes grimpantes plantées en pleine terre, on aperçoit celui intérieur, frais et ombragé sous son auvent blanc. C'est le salon d'été, meublé de fauteuils et de salons tous gais avec des couvertures en calicot clair, des tables avec des paniers à travail, des photographies et des bibelots, et d'autres bagatelles que les dames de bonne naissance collectionnent partout dans le monde. eux, à l'exception des livres et des journaux, car il est rare de voir quoi que ce soit à lire dans le salon d'une dame espagnole.

Ce patio intérieur est tel qu'il était à l'époque où les Arabes régnaient à Ronda : colonnes, chapiteaux, poutres sculptées, arcs en plein cintre, rien n'a été modifié depuis la conquête de la vieille ville par les rois catholiques. Dans les montagnes, il est de mode de peindre toutes les briques à portée de main avec une solution d'ocre rouge, et les servantes, dans leur désir d'ajouter une touche de gloire supplémentaire au lieu du mariage, avaient peint les arcs ainsi que les briques. sols. Sur un côté de l'arc le plus proche de l'escalier se trouve une pierre grossièrement taillée et jaillissant d'une base beaucoup plus ancienne que l'invasion arabe, et celle-ci a été laissée dans sa propre couleur de pierre jaune, de sorte que son âge extrême était apparent. Car c'est une de ces maisons gréco-romaines dont j'ai parlé, et chacune des races successives qui l'ont habitée a utilisé les restes de la construction et de la sculpture de leurs prédécesseurs lorsqu'elles y ont à leur tour ajouté des éléments. Il y avait un troisième patio au-delà, d'où l'on regardait jusqu'au ravin à 500 pieds plus bas, au-delà des ouvertures cintrées donnant de la lumière et de l'air aux chambres souterraines situées sous la maison, qui sont souvent considérées comme des cellules de prison, mais qui sont en fait *des mazmorras.* pour le stockage du maïs, du vin et de l'huile. En effet, il existe encore dans l'une de ces caves, à moitié construites, à moitié taillées dans le roc, une quantité d'énormes jarres à huile, assez grandes pour que les Quarante Voleurs puissent s'y cacher.

En arrivant à la maison avec Lola, j'ai trouvé le patio intérieur transformé. Tout ce qui était mobile avait été enlevé, et les arcades des quatre côtés avaient été remplies de chaises : le piano avait été poussé de côté, tout le centre de la cour était nu, et l'organiste aveugle d'une des églises, un couple Des guitaristes et un homme muni d'une *bandurria* (guitare ténor) s'affairaient à s'accorder, au son du sifflement aigu d'une demi-douzaine de canaris et des cris excités du perroquet domestique de la marquise.

Deux grands miroirs du XVIIe siècle dans de beaux cadres sculptés, peints en rouge et or, avaient été descendus et accrochés sur deux piliers opposés l'un à l'autre, et Lola s'est dirigée droit vers l'un d'eux dès que nous sommes entrés, pour voir, dit-elle, s'ils reflétaient le reflet. correctement, mais vraiment pour étudier sa propre apparence.

« Carmencita était déterminée à les faire démolir », m'a-t-elle dit : « *Papaito* [diminutif de Papa] s'y est opposé parce qu'il dit qu'ils sont si vieux que les cadres pourraient se briser, et qu'ils n'ont jamais été déplacés depuis leur fabrication ; mais Carmen dit qu'elle *devait* voir à quoi elle ressemblait, dansant *les seguidillas* dans sa traîne de satin, et maman dit bien sûr qu'elle devrait avoir ce qu'elle voulait, maintenant qu'elle avait été si gentille et si obéissante en épousant le Condé. *Ay de mi de mi alma!* Je me demande comment sera mon mari quand *mon* tour viendra ! J'espère qu'il ne sera pas aussi vieux et laid que César.

Ses autres confidences furent interrompues par l'arrivée de son père et de sa mère dans leur ancien carrosse familial, avec des rideaux de cuir à la place des fenêtres, tirés par deux grandes mules noires dont les cloches tintaient si fort et dont le cuivre du harnais était si brillant qu'il pour cacher l'état déplorable du cuir. La corpulente marquise eut à peine le temps de reprendre haleine après l'effort de sortir et de prendre sa place d'honneur dans le patio, que les mariés parurent, il était presque aussi gros et aussi court que sa belle-mère. loi, elle était extrêmement jolie avec des joues rouges sur ses joues olive et ses yeux habituellement sombres et aux paupières lourdes s'illuminent d'excitation et de plaisir devant l'admiration ouvertement exprimée de la foule tout au long de la route qui mène à l'église.

A l'instant où ils entraient, la salle entière s'animait, car chaque recoin était envahi par le nombre d'invités invités et par un nombre encore plus grand de ceux qui ne l'étaient pas. Aux amis et aux parents aisés succédaient les pauvres, puis venaient les domestiques, les vieux et les jeunes, avec leurs amis et leurs parents, et enfin tous ceux, sans distinction, qui voulaient voir la mariée et lui souhaiter du bonheur. Et comme ces dernières semblaient représenter la moitié de la ville, pendant un court moment nous étions entassés comme des sardines, tandis que la nouvelle petite Condesa, debout à côté de sa mère, recevait des baisers retentissants sur les deux joues de chaque femme, enfant et vieillard . dans la foule, les jeunes hommes étant apparemment les seuls à ne pas revendiquer ce privilège.

La quantité de baisers effectués en Espagne est extraordinaire. Les enfants lèvent naturellement leur visage devant le moindre étranger qui leur parle, les femmes d'âge moyen notoirement en mauvais termes penseraient que c'est un grave manquement à la courtoisie de ne pas s'embrasser bruyamment lors d'une rencontre et d'une séparation lors d'un appel de l'après-midi, les jeunes filles s'embrassent avec effusion dans les lieux les plus publics, les pères sont assis avec leurs bébés sur leurs genoux, marmonnant leurs grosses petites mains d'heure en heure, et tous les domestiques s'attendent à être embrassés par les dames de la famille au départ ou au retour d'un voyage. — une coutume des plus embarrassantes si la maîtresse est une Anglaise. Plus d'une fois, j'ai été dans un magasin lorsqu'une femme est entrée et a posé son bébé sur le comptoir, après quoi le commerçant m'a quitté pour aller embrasser l'enfant, qu'il n'avait probablement jamais vu auparavant. Les étrangers s'arrêtent souvent devant un bel enfant et s'exclament : « *Qué mono !* » (quelle jolie petite chose) et lui accorde quelques baisers qu'on entend partout dans la rue. Récemment, on a tenté à Madrid, à l'instigation de la reine, de mettre fin à ces baisers promiscuités, et pendant une saison au moins, il était de mode d'accrocher au cou des bébés, lorsqu'ils se promenaient, une étiquette sur laquelle était écrit , "S'il te plaît, ne m'embrasse pas." Mais il n'y a pas de diminution des embrassades en dehors de la capitale.

Dès que tous les prétendants aux joues de Carmencita furent satisfaits, les invités non invités s'en allèrent presque aussi brusquement qu'ils étaient entrés, et le reste de l'assemblée se dirigea vers la cour intérieure et tourna son attention vers le tabac, le vin, et des gâteaux sucrés. Les fils de la maison et leurs amis portaient un plateau de verres dans une main et une bouteille de Malaga, de Manzanilla ou de Muscat dans l'autre, et chaque invité devait vider immédiatement son verre et le remettre sur le plateau pour le prochain repas. utilisation de son voisin. Viennent ensuite les sœurs de la mariée et leurs amies avec des plateaux remplis de friandises et de pâtisseries à base de pâte d'amande, de pâte de cacao, de chocolat, de crème anglaise aux arômes variés et d'autres friandises d'origine arabe, aux noms intraduisibles, dont les recettes sont sont soigneusement conservés dans quelques couvents, dont les pensionnaires n'ont parfois plus pour vivre que ce qu'ils peuvent gagner grâce à la vente de leurs gâteaux. Parmi ceux-ci, il existe un type populaire appelé *yemas* , car fabriqué à partir de jaunes d'œufs (*yemas*). Ils ressemblent à un jaune d'œuf dur et sont recouverts d'un caramel transparent d'un pouvoir collant surprenant.

Et ici, je ne peux m'empêcher de faire une digression pour raconter une petite histoire sur le roi Alphonse.

La première fois que lui et la reine sont venus à Séville, c'était lorsque leur premier bébé, le petit prince des Asturies, avait quelques mois . Le roi, dont les habitudes actives et le mépris des cérémonies sont bien connus, sortit le matin après leur arrivée pour se promener dans ce qu'on appelle le quartier « maure » de la vieille ville, un dédale de rues étroites peu visitées par les touristes. . Ici, il s'arrêta dans un certain couvent célèbre pour ses friandises et demanda à la « mère » qui ouvrait la petite grille de la porte de la rue « un paquet de *yemas* pour sa femme et son enfant ». La bonne religieuse hésita : elle n'avait pas la moindre idée de qui était sa cliente, et la Mère Supérieure, elle le savait, avait mis de côté le meilleur du dernier lot pour l'envoyer en offrande au bébé héritier du trône.

« Pardonnez-moi, monsieur », balbutia-t-elle, partagée entre son désir de ne pas perdre une éventuelle peseta et la difficulté de concilier un refus avec sa courtoisie naturelle ; « Je crains qu'aujourd'hui ce soit impossible, nous, nous », et puis, avec une inspiration brillante, « nous ne vendons pas aux étrangers ».

" Oh, ça va, " dit le roi, " je suis Espagnol de naissance et d'éducation, et mon adresse actuelle est l'Alcazar de Séville. "

La conclusion de l'achat peut être laissée à l'imagination.

Je n'ai jamais réussi à manger plus de deux de ces délicieuses friandises à la fois, et la petite Lola a été très angoissée lorsque sa sixième invitation à manger toujours plus de friandises sucrées s'est avérée vaine.

« Je sais ce que tu vas aimer, » dit-elle enfin, « je suis sûre que tu vas aimer ça, car notre ami nord-américain [4] a dit que c'était la meilleure chose à Ronda. Il est temps de remettre ces plateaux maintenant, alors je vais courir chercher le mien pour vous.

Et l'instant d'après, Lola était de nouveau à mes côtés, me pressant des tranches de jambon cru fumé, à offrir et à manger avec les doigts, comme on le fait aujourd'hui avec les friandises des noces à Constantinople et à Beyrout.

Sans doute les jambons de bellota andalous sont excellents, mais ce fut plutôt un choc de devoir se lancer dans du jambon, et du jambon cru en plus, alors qu'on avait déjà mangé trop de sucreries.

"Tu n'aimes pas *le jambon* ?" dit la pauvre Lola, la bouche tombante de déception. Et puis une idée géniale lui est venue. Elle déposa son plateau sur une chaise vide et courut à la cuisine, revenant triomphante avec la moitié d'un de ces petits pains durs comme le fer qu'on appelle *roscas* . Elle me le fourra dans la main et y posa une tranche de jambon en disant avec un soupir de soulagement :

« Je sais que c'est ce que vous voulez, car la dame nord-américaine ne mangerait jamais de jambon sans pain. Je *suis* tellement contente d'y avoir pensé, car il y a seulement quelques minutes, Carmencita m'a dit d'être sûre et de t'apporter tout ce que tu veux jusqu'à ce qu'elle ait le temps de venir te parler. Mais maintenant, nous allons danser, donc elle n'aura pas encore de temps libre.

Manger du jambon cru avec les doigts, comme le faisaient tout simplement et naturellement toutes les dames autour de moi, jetant les fragments qui restaient par terre sous leurs chaises, peut paraître particulier à nos notions d'étiquette à table ; mais personne ne se moquerait de ces « manières campagnardes » qui voyait, comme moi, la courtoisie innée qui se cache derrière. Que la mariée, lors d'un mariage à la mode, ait conseillé à l'une de ses sœurs de porter une attention particulière à une dame âgée sans importance particulière, simplement et uniquement parce qu'« étant étrangère, elle pourrait se sentir étrange », illustre la courtoisie traditionnelle des gens bien élevés. Espagnols. Et peut-être que ce petit incident amusant expliquera à certains de mes lecteurs pourquoi j'aime la vraie Espagne et le vrai Espagnol non conventionnel.

Alors le piano, les guitares et la bandurria entonnèrent les *seguidillas* , après quoi Carmen et sa sœur Pura se levèrent aussitôt pour danser. L'objet des deux miroirs devenait évident, car à chaque tour de la danse, la mariée pouvait se voir dans une attitude nouvelle, et sa joie enfantine dans les plis de sa longue traîne, tandis qu'elle la regardait balayer après et autour d'elle, c'était un joli spectacle. Elle avait la réputation d'être la meilleure danseuse de sa ville natale, et les grands cris de *Muy bien* et *d'Olé* saluèrent la conclusion du spectacle.

Toutes ces danses sont constituées de ce qu'on appelle des *coplas* (distiques), car les mouvements de la danse étaient à l'origine des intermèdes dans le chant de vers, souvent traditionnels, parmi lesquels s'introduisent des références improvisées aux événements du moment. Ainsi, lorsque les filles dansent sans chanter, une série de mouvements s'enchaînent, d'une durée de vingt minutes ou plus, selon le nombre de *coplas* qu'elles peuvent interpréter.

Pour les non-initiés, toutes les danses, et plus encore toutes les *coplas* , semblent à peu près semblables lorsqu'elles sont dansées uniquement par des filles. Mais quand on voit ces danses exécutées professionnellement par un homme et une femme ensemble, on se rend compte que chaque pas, chaque tour de tête, chaque mouvement du corps et des bras, a son origine dans un drame de passion, de coquetterie, ou de cour. On comprend aussi pourquoi il n'est pas permis aux jeunes gens et aux jeunes filles de les danser ensemble, sauf dans l'intimité d'une réunion de famille, et pourquoi même alors l'homme ne doit, pour ainsi dire, que jouer à participer, en claquant des doigts en réponse à le cliquetis des castagnettes lorsque la jeune fille les agite au-dessus de sa tête, et se tient droit et rigide pendant que sa partenaire se balance et se penche alors qu'elle tourne devant et autour de lui.

Le tout est essentiellement oriental, et il suffit d'un regard ou d'un tour de main pour transformer les mouvements gracieux des dames d'un salon en une exposition de sensualité.

seguidillas apparemment inoffensives avec des hommes plutôt qu'avec des filles pour partenaires.

La forme habituelle de représentation concertée est que les hommes chantent les *coplas* et que les filles dansent entre chacun d'eux ; et lorsque Carmencita eut terminé sa performance, les guitaristes entonnèrent les accords crépitants qui préfacent les *Peteneras* . Après de nombreuses pressions de la part des filles, Paco, le frère aîné de Carmencita, autrement dit Francisco, fut incité à chanter, et voici une traduction de ses premier et dernier vers, qu'il chanta sur un air étrange et chevrotant, sans air ni rythme, et en plein des intervalles bizarres et des tournures et fioritures curieuses propres à ce genre de musique, tandis que les spectateurs l'accompagnaient d'une fusillade de applaudissements et de cris d'applaudissements qui éclataient à chaque pause.

« Ma *novia* m'a abandonné,

Enfant de mon cœur ;

Pensant que je devrais la pleurer,

Enfant de mon coeur.

Je ne sais pas si je vais prendre une autre chérie maintenant,

Ou attendez et regardez autour de moi tout l'été.

Quand je suis sur mon lit de mort,

Enfant de mon cœur,

Asseyez-vous à ma tête de lit,

Enfant de mon coeur.

Apportez-moi une bonne escalope de veau,

Deux volailles et un bon steak de bœuf,

Et si cela ne te semble pas suffisant

Apportez-moi tout ce qui vous passera par la tête.

Les invités du mariage ont trouvé cela extrêmement drôle, et il y a eu des cris d' *Otra copla ! Une autre copla !* (un autre verset) quand il eut fini. Mais il fit un signe à sa seconde sœur Pura, un autre aux musiciens, et la danse recommença.

Les *peteneras* sont plus dramatiques et leurs mouvements sont plus nets que les *seguidillas* , et le frère et la sœur ont fait beaucoup de battements de mains et de trépignements rythmés, curieusement en contradiction avec le refrain sentimental de la chanson. Quand ce fut fini, Pura se laissa tomber sur le siège le plus proche, haletante et s'éventant vigoureusement, tandis que Paco s'éclipsait pour rejoindre les hommes, qui du début à la fin étaient assis dans le patio extérieur et semblaient ne s'intéresser qu'aux débats intérieurs. quand de temps en temps l'un d'eux se plantait dans l'entrée pour féliciter quelque jeune fille dont il admirait la danse.

Les débats sont devenus de plus en plus animés à mesure que l'après-midi avançait, même si le décorum n'a jamais été relâché. Il faisait de plus en plus chaud et l'air devenait suffocant sous l'auvent, mais il n'y avait pas de pause dans la danse. Dès qu'un couple de filles avait fini, une autre sortait, et parfois une demi-douzaine dansait ensemble. Toutes les filles adultes portaient de hauts peignes et des mantilles blanches, qui ne semblaient jamais se défaire, et des quantités de fleurs naturelles sur la tête et sur la poitrine, principalement des fleurs de jasmin arrachées de leurs tiges et attachées ensemble pour former de grandes rosettes - une autre survivance de l'arabe. douane. On aurait pu s'attendre à voir le sol jonché de fleurs au fur et à mesure que la danse se poursuivait, mais je savais que chaque fille avait passé au moins une heure à arranger sa coiffure avant de partir pour le mariage et qu'elle avait pris soin que tout soit bien rangé. fermement fixé. Et puis, si vive que soit la danse, elle est toujours gracieuse, et il n'y a jamais de mouvement saccadé ou violent, ce qui explique que ces coiffures élaborées soient aussi soignées à la fin qu'elles le sont au début.

Tout devait finir quelque temps, et bientôt le marié, qui ne s'était jamais approché des dames depuis que lui et sa femme étaient entrés dans la maison, apparut à l'entrée du patio intérieur, le nez un peu plus bleu que d'habitude et sentant fortement la fumée, pour dire : dites à Carmencita qu'il était temps de changer de robe pour le train.

« *Par Dios !* " s'écria la jeune fille, " j'avais complètement oublié que je partais. Viens, Pura ; viens, Lola, encore une série de *seguidillas* : qui sait quand nous danserons à nouveau ensemble !

Pura, seize ans, dans sa première mantille, Lola aux cheveux flottants et aux jupons peu au-dessous des genoux, et Carmencita avec ses deux mètres de traîne, formaient un trio très disparate ; mais ils ne se préoccupaient pas de l'effet général. Ils dansèrent pas moins de six *coplas* ensemble, la dernière comprenant quelques petits sauts étranges du sol avec les deux pieds, la performance la moins gracieuse que j'aie jamais vue, et la plus inappropriée pour un long train. Et puis, sur un chœur d' *Olé,* les trois hommes cessèrent de danser, se jetèrent dans les bras, fondirent en larmes à cause de la séparation imminente et furent tous emportés en sanglots par leur mère et divers amis sympathiques.

Les deux sœurs cadettes pleuraient encore lorsqu'elles descendirent une heure plus tard avec la mariée dans sa robe de voyage, un arrangement vraiment charmant de mousseline blanche et de rubans bleus, mais le visage de Carmencita était presque caché sous un énorme chapeau de paille couvert d' immenses roses.

Maintenant, elle était de nouveau tout sourire et rayonnait impartialement sur tout le monde alors qu'elle se dirigeait vers les grandes portes au milieu d'une parfaite fusillade de baisers explosifs. Je ne comprenais pas comment ils parvenaient à atteindre son visage sous ce chapeau, mais je l'entendis dire à plusieurs reprises : « *Cuidado con mi sombrero* » (Attention à mon chapeau), tandis qu'elle se dirigeait vers moi ; et tandis qu'elle m'embrassait, j'ai découvert pourquoi elle quittait sa maison en souriant plutôt que dans un flot de larmes hystériques, comme le font habituellement les mariées espagnoles.

« Mon chapeau n'est-il pas enchanteur ? elle m'a murmuré à l'oreille ; « Vous savez, c'est le premier chapeau que j'ai jamais eu de ma vie, et César me l'a commandé à Gibraltar ! N'est-il pas un ange ? Et nous allons à Madrid, puis à Paris, et il va m'en acheter toujours plus ! Mais ne le dites à personne ; Je veux faire comme si j'étais habitué à porter un chapeau.

Cette nouveauté fascinante la conduisit à travers tous les adieux et en toute sécurité jusqu'à la voiture avec son fiancé, et la dernière fois que nous vîmes Carmencita, c'était son visage rieur alors qu'elle redressait la monstruosité qu'elle avait presque renversée contre la portière en montant.

SUR LE MARCHÉ DE LA FARINE.

CHAPITRE IV

La « saison des bains » – Appartements meublés sans lits – Les commodités du *Balneario* – Vues sur la mer à prix réduits – Maillots de bain : volants et froufrous – La force de l'exemple – Des nageurs heureux.

La « saison des bains », comme on appelle ici les vacances d'été, est en effet une affaire très sérieuse. Dans les stations balnéaires à la mode comme Saint-Sébastien, Santander, Malaga, etc., il est possible de se procurer une villa ou un appartement confortablement meublé pour quelques semaines, mais à un prix ruineux ; mais dans les petites localités, il était jusqu'à récemment difficile de trouver un logement en dehors du *Balneario* ou de l'Hôtel des Baigneurs, à moins de prendre une maison dite meublée et d'envoyer de chez soi par transporteur ou par train les nécessités manquantes ; car le mobilier de ces maisons se composait généralement principalement de chaises plus ou moins branlantes.

Les bagages personnels accompagnent bien sûr le voyageur, mais les choses qui n'entrent pas dans cette catégorie, et elles sont nombreuses, doivent être réservées et payées séparément. Ce qui constitue exactement un bagage personnel varie beaucoup selon le goût et l'imagination du préposé aux réservations. Dans une gare, par exemple, ils ont catégoriquement refusé de prendre mes *jamugas* (une selle d'âne pliante décrite à la p. 66), et dans une autre, un porteur obligeant les a attachés à ma valise et ils sont passés sans difficulté. Mais d'une manière générale, rien d'autre que les valises, les sacs et autres objets similaires ne sont admis, à une exception notable près. Concernant la literie, il n'y a jamais de problème. Un matelas pour chaque membre du groupe, avec ses oreillers, ses draps et ses couvertures, fera cependant partie des bagages personnels, car la limite de poids n'est que de 60 livres. par personne, vous devrez peut-être payer une somme considérable en cas de dépassement. Vous pouvez également réserver votre lit et votre literie (qu'il est tout aussi bien d'emporter avec vous dans une « maison meublée » dans l'un des petits lieux de bord de mer) ainsi que d'autres nécessités immédiates, en *grande vitesse*, lorsqu'il est censé voyager en le même train que vous, et être accessible immédiatement à votre arrivée. Mais s'il y a du monde à la gare de départ, il est fort probable que les objets réservés par *grande vitesse* soient laissés sur place.

C'est arrivé à certaines de mes connaissances espagnoles un été. Ils avaient tout réservé, sauf le déjeuner des enfants et les bagatelles qu'ils pouvaient prendre en main, et ils arrivèrent au village où eux et nous devions passer les vacances tard dans la nuit et morts de fatigue, sans aucun bagage. Les voisins se mirent au travail et improvisèrent des lits pour les plus petits enfants, et les mères, tantes et sœurs restèrent assises dans des rocking-chairs toute la nuit.

« Que faut-il faire d'autre ? disaient-ils avec philosophie ; « Ce genre de chose arrive toujours quand on va aux bains à la belle saison, quand tout le monde veut y être en même temps. »

Aucun d'entre eux n'était du tout contrarié ou déprimé, même s'ils étaient très reconnaissants lorsque nous leur avons fourni un matelas ou deux pour que les bébés fatigués puissent y dormir.

Les voyageurs qui souhaitent voir la saison balnéaire espagnole battre son plein peuvent s'accommoder du *Balneario* dont dispose chaque petite station balnéaire. Mais ils doivent être prêts à ne pas dormir ni se reposer tant qu'ils restent là, car le bruit est inconcevable. Il y aura entre cinquante et deux cents hommes, femmes et enfants, mais surtout des enfants, de tous âges, tous impatients de profiter des sept, quatorze ou vingt et un jours de baignade prescrits par le médecin de famille. Car sachez qu'en Espagne, on ne se baigne pas à sa guise, mais sur ordre médical et strictement pour le bien de notre santé, et beaucoup de gens croient que toute la vertu de l'eau salée serait perdue s'ils prenaient un bain de trop. ou trop peu. Et depuis le réveil le matin jusqu'au coucher du dernier habitué du bar de l'hôtel au petit matin, le brouhaha des voix et le bruit des pieds sur les sols en briques ne cessent un instant.

La plupart des Espagnols ont des voix extraordinairement fortes. Bien sûr, il est courant dans n'importe quel pays de crier après un étranger en pensant qu'il comprendra mieux si vous l'assourdissez au préalable. Mais en Espagne, ce n'est pas seulement l'étranger qu'on insulte, car les Espagnols se crient tous dessus au sein de leurs familles, à tel point que lorsque je suis arrivé ici pour la première fois, j'ai eu l'impression qu'ils se disputaient continuellement. Les hommes et les femmes ont cette habitude désagréable, et bien que beaucoup d'entre eux soient conscients du bruit qu'ils font et remarquent que c'est une mauvaise habitude, ils semblent constitutionnellement incapables de baisser la voix.

Quand je suis presque rendu fou à cause de la pression sur mes oreilles, je fais semblant d'être perplexe face à ce qui se dit et je remarque poliment :

"J'ignore bêtement le castillan, mais je comprendrai mieux si vous me permettez de parler un peu plus lentement."

« Plus lent » (*mas despacito*) est un euphémisme pour « plus bas », et la demande ne manque jamais de susciter un sourire agréable et un commentaire sur l'aigreur des voix espagnoles, à demi-chuchotement. Mais en deux secondes l'habitude reprend le dessus, et le vacarme monte de plus en plus haut jusqu'à ce qu'on sente que son seul refuge est la fuite à moins de vouloir se qualifier pour Bedlam.

Les enfants des riches – contrairement à ceux des pauvres – sont tout à fait indisciplinés et sont autorisés à crier et à crier à leur guise. Leur bruit n'inquiète pas leurs parents, qui le prennent comme une évidence, et ne leur viennent jamais à l'esprit que cela puisse gêner quelqu'un d'autre. Lorsque des dizaines d'enfants de tous âges se réunissent dans un *Balneario* , le vacarme est tel qu'il aurait pu inspirer à Dante l'idée d'un dixième cercle dans son enfer. Si vous suggérez qu'une créature de deux ou trois ans au visage blanc et aux yeux lourds serait mieux au lit que dans le hall d'un hôtel éclairé à dix ou onze heures du soir, ses parents se contentent de répondre « *Non quiere* ». (Il ne veut pas), ce qui est considéré comme une raison tout à fait suffisante pour laisser leur bébé malade assis toute la journée.

Les enfants dînent pour la plupart à la table d'hôte du *Balneario* dans les petites villes, et quand le repas interminable est enfin terminé, quelqu'un se met à jouer des airs de danse sur un piano fêlé, et les petites filles de six à quatorze ans se précipitent dans la salle commune. salon et commencez à danser. Lorsque minuit approche et que les enfants s'endorment de pure lassitude, remplissant les bancs et s'effondrant sur les genoux de leurs parents, les demoiselles adultes et leurs accompagnateurs prennent la parole et poursuivent la fête jusqu'à 2 ou 3 heures du matin. une nuit mais tous les soirs, et non pas dans un *Balneario* mais dans chaque *Balneario* , pendant tout le mois d'août.

J'ai passé une fois une journée et une nuit dans un de ces hôtels, qui sont souvent jolis et ont parfois de belles vues sur la mer et d'autres avantages qui devraient les rendre vraiment attractifs hors saison, s'ils ne fermaient pas tous aussitôt la fin de la saison. Pour mes péchés, j'étais au *Balneario* de Notre-Dame du Rosaire en plein été. Je m'enfuis par le train le plus tôt possible le lendemain matin, et le propriétaire était tout à fait disposé à ce que j'y aille, car il avait un couple marié avec trois enfants prêts à s'entasser dans la petite chambre que j'avais louée, qui ne contenait rien d'autre. de meubles, sauf un miroir, une chaise, un petit lavabo émaillé et un immense lit.

La mer est la dernière chose dont les Espagnols semblent se soucier pendant la saison balnéaire. Le *Balneario* de Notre-Dame du Rosaire donnait directement sur l'Atlantique, dont les vagues bleues baignaient le pied de la petite falaise sur laquelle se dressait le village. Je n'ai jamais rien vu de plus beau que le coucher de soleil sur la mer le soir où j'y étais, et la salle à manger de l'hôtel ouvrait sur une large terrasse équipée de nombreuses chaises et tables où les gens s'asseyaient et sirotaient *des refrescos* , une boisson douce composée en grande partie de de sucre et d'eau. De toutes les personnes ainsi occupées, j'étais le seul à se tourner vers le coucher du soleil. Et quand après

le dîner je suis allé à la poste, j'ai trouvé tous les occupants de toutes les belles
maisons neuves construites par eux-mêmes pour y vivre pendant la brève
saison balnéaire, assis sur des chaises inconfortables sur le trottoir dans la rue
étroite et sale, et tout le dos à la mer. Leurs maisons avaient toutes des
terrasses qui s'étendaient jusqu'au bord de l'eau à marée haute, comme celle
du *Balneario* , mais en rentrant à l'hôtel au clair de lune le long du rivage, je
remarquai qu'il n'y avait pas un seul être humain en vue. sur l'une de ces
terrasses. Je n'avais jamais imaginé une telle perte d'opportunité, ni une idée
aussi étrange de profiter de la mer. Mais depuis lors, j'ai fréquenté de
nombreuses stations balnéaires espagnoles et j'ai toujours été considéré
comme un fou inoffensif en raison de ma préférence pour m'asseoir face à
la mer plutôt que devant ma porte de rue à regarder les passants.

Pommes de pin et figues de Barbarie.

La baignade dans ce village était excellente, la meilleure, je pense, que j'aie jamais connue, bien qu'un peu dangereuse pour tout nageur sauf pour les bons nageurs lorsqu'une journée de tempête laissait un fort roulis et un contre-courant. Le *Balneario* , qui avait le monopole des bains sur environ un demi-mille de plage, fournissait suffisamment de cordes balisées, et un vieux bateau qui fuyait était ancré à cent mètres au large tout l'été en cas d'accident. Ce bateau n'était accessible qu'à la nage, il n'y en avait aucun autre à portée, et il n'avait pas de rames, donc son utilisation précise en cas d'urgence n'apparaît pas. Il se remplissait et coulait à chaque fois que la mer montait, mais il était toujours traîné, vidé et remis en place par les hommes présents, au moment où la mer était suffisamment calme pour que les visiteurs puissent se baigner à nouveau.

Bien que nous n'ayons jamais séjourné au *Balneario* , nous avons passé plusieurs étés dans le village, où nous avons pris une petite maison et l'avons meublée avec ce que nos amis espagnols trouvaient de très mauvais goût, car elle contenait beaucoup de livres et de tables et pas un seul trumeau. . Ici, nous attirions beaucoup d'attention en nous asseyant à toute heure, lorsque le soleil n'était pas trop brûlant, sous un auvent accroché sur un dunes face à la mer, où nous regardions avec un amusement égal à leur étonnement devant nos excentricités, les commodités des familles espagnoles prenant leur bain. La première année où nous y étions, les femmes portaient toutes de lourdes robes en serge jusqu'aux pieds, pour la plupart bordées d'un large volant du même tissu. Chose étrange, l'un d'eux parvenait à nager, et à bien nager, dans ce vêtement des plus inadaptés. Son mari, qui était boiteux et ne pouvait marcher qu'avec un bâton, nageait aussi bien. Dès qu'il était dans l'eau, il jetait son bâton à terre jusqu'à la taille, et lui et sa femme nageaient jusqu'au vieux bateau, sa robe flottante gonflait largement derrière elle. Plus tard, nous avons fait leur connaissance, eux et leur famille, et le fils aîné, un gentil garçon d'environ seize ans, nous a raconté aussi poliment qu'il pouvait combien les dames espagnoles avaient été terriblement choquées ce premier été par nos vêtements de bain peu délicats, composés de chemisiers. avec des manches courtes, une culotte et une jupe jusqu'aux genoux. Sans doute nos robes de bain, peu modernes, les ont surpris, même si nous n'en avions aucune idée à l'époque, car cette année-là même les hommes portaient des pantalons longs, parfois garnis de petits volants autour des chevilles, tandis que des manteaux couvraient leurs bras jusqu'aux poignets. . Il est vrai que les hommes ainsi vêtus n'essayaient pas de nager, mais se balançaient de haut en bas avec leurs femmes et leurs filles, s'accrochant tous à la corde pour leur vie et ne bougeant jamais d'un pouce de l'endroit où le baigneur les avait placés, jusqu'à ce qu'il revienne. , alors qu'il pensait qu'ils étaient restés assez longtemps, avec des draps pour envelopper les dames et les ramener à terre. Oui, toutes les dames étaient soigneusement enveloppées dans des draps lorsqu'elles sortaient, même si aucun œil humain ne pouvait discerner la forme si soigneusement cachée sous leurs volumineuses draperies. Les seules créatures autorisées à exposer n'importe quelle partie de leur anatomie au contact direct avec l'eau étaient les bébés. Eux, pauvres petites misères, furent descendus tout nus jusqu'au bord de l'eau et remis aux baigneurs. Ceux-ci, sans doute avec les meilleures intentions, prendraient l'acarien hurlant dans une main et le plongeraient tête première dans une bonne grosse vague, utilisant leur main libre pour désengager l'étreinte frénétique des créatures terrifiées lorsqu'elles arrivaient dans une agonie de frayeur. de leur esquive et se sont retrouvés, étouffés et aveuglés par l'eau salée, retournés pour un deuxième plongeon. Trois fois cette brutalité se répétait chaque jour, et si les cris pitoyables diminuaient la troisième fois, les parents, regardant ce qui se passait depuis le rivage, se félicitaient que l'enfant commençait à prendre plaisir à son bain.

Il me semblait plus probable qu'il commençait à en mourir, et en effet un été se passe rarement sans qu'au moins un ou deux jeunes enfants ne disparaissent prématurément aux *Balnearios* . Mais rien ne parvient à convaincre les mères que de tels traitements sont trop violents pour les bébés. Eux-mêmes ont pris leurs premiers bains de mer dans ces conditions, tout comme leurs parents avant eux, et cela doit donc être la bonne chose et produire de bons résultats à long terme, même si le petit peut souffrir de santé et de nerfs à l'époque. le moment.

La mortalité infantile est toujours élevée en Espagne. En été, je comprends, il est plus élevé qu'à tout autre moment, et je ne m'en étonne pas.

Ce premier été, le boiteux Don Basilio et sa femme étaient les seuls nageurs, à part nous. Mais l'année suivante, plusieurs écolières le supplièrent de leur apprendre à nager, et au fur et à mesure que la saison avançait et qu'elles progressaient dans leur nouvel accomplissement, les jupes fluides furent échangées contre des pantalons, et les pantalons devinrent progressivement plus courts jusqu'à ce qu'une quantité raisonnable de jambe nue soit laissée. affiché. Une ou deux des filles réussirent à nager jusqu'au bateau avant la fin de leurs vingt et un bains, et en effet le nombre mystique fut traité avec un manque de respect inhabituel cette année-là, et la limite fut souvent largement dépassée.
Et l'année suivante, lorsque nous arrivâmes un peu plus tard dans l'été que d'habitude, nous trouvâmes toutes les filles portant des maillots de bain qui laissaient libre cours à leurs membres pendant qu'elles nageaient, et le vieux bateau était le rendez-vous quotidien d'une foule de jeunes rieurs et bavards. des gens, montant à bord et replongeant avec autant d'énergie que s'ils avaient été Anglais.
J'ai toujours soutenu que les Espagnols n'ont besoin que d'une piste pour les inciter à adopter des coutumes et des commodités modernes, car personne n'est plus prompt ni plus habile à imiter les nouveaux modes une fois qu'il

voit qu'ils constituent une amélioration par rapport aux anciens. La seule difficulté est de leur faire comprendre qu'une telle nouveauté *est* un progrès, et cela, je l'avoue, est une difficulté. Les Andalous ont un dicton contre eux-mêmes, selon lequel ils sont « *muy amarrados à la cola del borrico* » – très attachés à la queue de l'âne – ce qui signifie qu'ils se laissent entraîner dans une ornière stupide de conventions héritées dont ils ont beaucoup de mal à sortir. de.

Je pense cependant que l'adoption rapide des culottes de bain à la place des jupes fluides, et le raccourcissement rapide de ces mêmes culottes dès que l'expérience pratique a prouvé leur convenance, soutiennent que la génération montante a plus de bon sens et moins de conventionnalisme que ses aînées. , et promettent beaucoup pour l'avenir du sport athlétique en Espagne. Mais malgré tout, les jeunes, même s'ils ont appris à profiter des bains de mer mixtes les matins d'été, restent assis avec leurs parents devant leurs vilaines portes de rue après le dîner, tournant le dos à la beauté de la mer, au coucher du soleil, et la lune, pendant qu'ils regardent les passants et parlent d'amants et de robes.

CHAPITRE V

Voyager en Espagne : quatre catégories de trains mais un seul prix – Dix milles à l'heure – Vitesse dangereuse – Amusant les villageois – Un lent voyage de nuit – Supprimer un conteur – « On y va ? » – De l'eau chaude pendant que nous attendons – Le paralytique… Prendre une photo - La belle à la fenêtre - Une coutume discourtoise - Des esprits vides - Le cure-dent - Un gentleman de la vieille école - L'hospitalité à Antequera - Une table espagnole - De délicieux souvenirs.

Voyager dans ce pays est vraiment une épreuve pour la patience. Il est vrai que les grandes lignes sont désormais confortables, avec des voitures de couloir, des sièges bien rembourrés et un bon éclairage dans les trains de nuit ; mais le manque de ponctualité et les retards inutiles tout au long de la ligne rendent même un court voyage ennuyeux et un long voyage intolérable, à moins que l'on ne décide résolument de ne regarder que le côté comique des choses.

Il existe quatre classes de trains de voyageurs, et nous pouvons considérer le voyage de Madrid à Séville comme typique des autres. Cette ligne est utilisée par le roi, la cour et les classes dirigeantes en général, et est empruntée par presque tous les touristes qui viennent en Espagne, car tout le monde veut voir Séville, Cordoue et Grenade, tandis que naturellement la capitale, avec son superlatif galerie de photos, est l'objectif de tous les étrangers intéressés par l'art.

UNE PORTE ANCIENNE.

Le plus lent de ces trains est le *mixto* , sorte de croisement entre un train de passagers et un train de bagages. La distance de Madrid à Séville est de 358 milles, et le *mixto* fait le voyage en vingt-quatre heures et vingt minutes, ou à raison de près de quinze milles à l'heure, s'il arrive à l'heure, ce qu'il fait rarement ou jamais. Ensuite, nous avons le *correo* ou train postal, qui prend nominalement dix-huit heures dans un sens et dix-neuf dans l'autre, le trajet le plus rapide étant plutôt inférieur à vingt milles à l'heure. Vient ensuite l' *expreso* , qui met onze heures et demie dans un sens et douze dans l'autre, à une vitesse d'environ trente milles à l'heure ; et puis l' *expreso de lujo* , qui fait le trajet en onze heures et quarante minutes, étant un peu plus rapide que l' *expreso* . Ces deux derniers sont *des trains de luxe* , avec des voitures-restaurants et des voitures de la Compagnie des wagons-lits, et sont généralement assez ponctuels. Ces trains, rappelons-le, circulent sur l'une des principales lignes principales d'Espagne.

Sur les lignes secondaires, ces vitesses ne sont pas atteintes. Sur l'un d'eux, comme me l'a dit un ami qui devait souvent s'y rendre, la vitesse habituelle était de dix milles à l'heure, et le district a demandé au chemin de fer de réduire la vitesse, ce qui était considéré comme très dangereux. La pétition a été refusée, au motif que si le train roulait plus lentement, cela coûterait trop cher, en raison de la consommation accrue de charbon.

Avec une véritable incohérence espagnole, les mêmes tarifs sont facturés pour tous ces trains, à l'exception des *trains de luxe* , pour lesquels une franchise de dix pour cent. est prélevé sur les tarifs de première classe. Dans ces trains, il n'y a pas de deuxième classe, et sur l'un d'entre eux une seule voiture de troisième classe. Le *mixto* est horriblement inconfortable, et les voitures de toutes les classes sont généralement sales, mais il ne faut pas craindre la grossièreté ou la rudesse des compagnons de voyage.

Autrefois, mon destin était de voyager en *mixto* depuis une gare routière où j'avais raté l'express après une longue promenade à dos d'âne à travers le pays. Mes hommes n'y étaient jamais allés, mais lorsqu'il devint évident que je ne pourrais en aucun cas prendre le train que j'avais prévu, ils déclarèrent, dans leur désir de me rassurer, qu'il y avait une *posada décente* près de la gare où je pourrais passer confortablement mon séjour. la nuit. Nous arrivâmes et ne trouvâmes même pas une chaumière, mais seulement une *choza* ou masure, construite en pierres et recouverte de chaume de roseaux, et une cantine composée d'un bar et d'une petite pièce à côté, où les cheminots prenaient leurs repas, car c'était un bar. carrefour d'une certaine importance, et plusieurs hommes y étaient employés. Je n'avais pas d'autre choix que de continuer par le *mixto* , et je suis resté assis pendant sept heures mortelles dans ce train, parcourant en tout quatre-vingt-quatre milles. Il était environ trois heures du matin lorsque j'arrivai dans une ville qui promettait raisonnablement de posséder une sorte d'hôtel, et au moins la moitié de ce temps nous passâmes dans des gares, toutes éclairées et toutes bondées de villageois, comme s'il faisait jour. .

Je dois dire que, bien que les sièges fussent si durs et si crasseux, et les cahots du train si incessants que le sommeil était impossible, je n'ai rien entendu ni vu d'offensant, bien que mes compagnons de voyage fussent tous des hommes, et qu'il n'y avait rien d'offensant. un gentleman, au sens conventionnel du terme, parmi le lot. Un homme, il est vrai, a commencé une histoire drôle, qu'il valait probablement mieux que je ne comprenne pas, mais avant qu'il en arrive au point, ses amis l'ont fait taire, sous prétexte qu'ils avaient déjà entendu tout cela, après quoi le Cet homme facétieux s'endormit si vite que je devinai qu'il avait regardé trop longtemps la coupe de vin avant de commencer. On ne m'a rien dit, mais j'ai bien compris que le conteur avait été réduit au silence par égard pour ma présence.

Le *correo* sur les grandes lignes est bien meilleur que le *mixto* ; la première et la deuxième classe disposent même de voitures à couloir, spacieuses et confortablement rembourrées. Si le temps n'était absolument pas un problème — comme cela semble d'ailleurs être le cas en Espagne — il n'y aurait pas lieu de se plaindre du *correo* . Mais pour ceux qui préfèrent arriver au bout de leur voyage plutôt que de rester assis dans le train, les retards interminables et les traînards inutiles sont extrêmement irritants. Le train s'arrête à chaque petite gare, apparemment pour amuser les villageois, car souvent personne n'entre ni ne descend, bien qu'il y ait de vingt à cent flâneurs sur le quai. Après une longue attente, on entend un garde demander : « Allons-nous y aller ? » (*Vamonos ?*) ; un autre fonctionnaire dit : « Allons-y ! (*Vamonos!*); un troisième sonne une cloche et crie : « Messeigneurs, les voyageurs au train ! (*Señores viajeros, al tren!*); quelqu'un klaxonne, le moteur siffle deux ou trois fois, et nous dérivons aussi vaguement que nous y sommes entrés dix, vingt ou trente minutes auparavant.

Dans une gare d'un voyage très ennuyeux que j'ai souvent l'occasion d'effectuer, un délai supplémentaire semble avoir été prévu pour permettre aux épouses du chef de gare, du gardien de la cantine et de l'unique porteur d'obtenir de l'eau chaude provenant de la machine. chaudière, chaque fois que je voyage de cette façon, je vois un groupe de ces dames remplir des canettes et des seaux à partir d'un jet fumant qui ne part certainement nulle part ailleurs.

Dans une autre station, nous passons un temps interminable à arroser le moteur. Cette gare n'est qu'à une demi-heure d'un carrefour où le train attend, selon l'horaire, pendant trente minutes, et pourquoi l'eau ne peut pas être aspirée alors, seul le démon de la lenteur qui préside aux chemins de fer espagnols le sait. Tout comme la distribution d'eau chaude, cette distribution ne se produit pas une seule fois. J'ai franchi la ligne huit fois, à cause de mes péchés, et j'ai vu les mêmes incidents à chaque fois.

Une fois, notre train a attendu dix minutes supplémentaires pendant qu'une pauvre vieille femme paralysée était transportée devant la locomotive depuis un train à côté du nôtre jusqu'à la sortie de la gare, où l'attendait un âne. Le portier la portait en bandoulière comme un sac de pommes de terre, la tête en bas. Nous pensions tous qu'elle était morte jusqu'à ce que nous voyions ses mains s'agiter et que nous entendions sa voix aiguë ordonnant à l'homme de la mettre dans une position plus facile, ce qu'il fit, sans aucune méchanceté. C'était une femme très pauvre, et son vieux mari la suivait péniblement, portant quelques oreillers usés et un sac de nourriture. Il était clair qu'il n'y avait pas d'argent pour donner un pourboire à ce porteur. Personne ne s'est plaint du temps perdu par notre train, qui avait déjà près d'une heure de retard, même s'il aurait tout aussi bien pu être porté derrière lui et ainsi nous laisser continuer. Ils disaient seulement : « Pauvre créature ! Elle semble très malade. D'un autre côté, personne n'avait pensé à produire des pesetas ou même des pièces de cuivre pour soulager ses souffrances, même si probablement, si j'avais été assez intelligent pour le suggérer, la plupart de mes compagnons de voyage y auraient contribué. Les Espagnols sont curieusement dépourvus d'imagination dans de tels cas, mais lorsque j'ai eu la présence d' esprit de proposer une charité aussi évidente que celle ci-dessus, ils ont rapidement emboîté le pas, exprimant leur admiration pour notre initiative anglaise.

L'exemple le plus drôle d'indifférence officielle à l'égard des horaires que j'ai vu s'est produit lors d'un voyage d'Algésiras à Bobadilla. Pendant une longue pause dans une gare routière, un des nôtres est sorti pour photographier un groupe de mendiants pittoresques, car sur les chemins de fer andalous, les mendiants sont des libertins agréés, autorisés à grimper aux fenêtres et à harceler les voyageurs pour de l'argent. Avant qu'il ait fini, la cloche sonna pour le départ du train, mais voyant à quel point il était occupé, le chef de gare se tourna poliment vers le garde.

« Attendez encore un moment, » dit-il ; « vous ne voyez pas que monsieur prend une photo ? »

Il ne faut cependant pas croire que les voyageurs espagnols trouvent leurs trains lents aussi pénibles que nous. Les hommes bavardent, fument, mangent, boivent et dorment, et les femmes mangent et dorment, les plus âgées bien sûr. Les plus jeunes passent la plupart de leur temps debout devant la fenêtre. Il s'agit d'une activité très appréciée de tous les voyageurs espagnols voyageant dans les compartiments de première classe. Dès que le train ralentit dans une gare, chaque fenêtre du wagon du couloir sera occupée par une personne plus ou moins corpulente des deux sexes, qui sortira la tête et le corps aussi loin que possible, pour regarder de haut en bas le train extrêmement inintéressant. foule rassemblée pour voir arriver le train. Sauf les dimanches et les jours fériés, où la gare est au village ce que la promenade à la mode est à la ville, les gens qui flânent sur le quai ne sont nullement le choix de la population, étant simplement ceux qui n'ont rien d'autre à faire. Mais cela ne semble pas diminuer l'intérêt que leur porte le voyageur espagnol, qui bouchera les fenêtres jusqu'au dernier moment, observant l'idiot du village ou le mendiant malade jusqu'à ce qu'il soit complètement hors de vue, comme si tous ses espoirs de bonheur dépendaient de lui. en ayant le tout dernier aperçu du spectacle déplaisant.

Les jeunes filles qui voyagent ont, il faut l'avouer, un autre but en se plantant à la fenêtre pendant que le train est dans une gare. Ils veulent moins voir qu'être vus, et *faute de mieux*, l'admiration ouverte du flâneur du village aide à passer le temps. Un jour, j'ai voyagé pendant de nombreuses heures en compagnie de l'épouse et de la fille d'un homme dont les fonctions au sein du gouvernement faisaient valoir une bonne position sociale et une certaine culture. La mère ne parlait que de l'excellence de la nourriture dans la ville que nous avions visitée tous les deux, et la jeune fille ne parlait jamais, sauf pour me demander de temps en temps où nous étions et quel était le retard du train. À chaque station, elle se plaçait à la fenêtre, et comme elle était d'une beauté saisissante avec des couleurs inhabituellement brillantes, un groupe de voyous ne manquait jamais de se rassembler devant notre compartiment, la regardant de tout ce qu'ils valaient.

«Je ne peux pas imaginer», m'a un jour fait remarquer la mère , «pourquoi tant de gens se tiennent là.»

"Eh bien," dis-je avec une parfaite sincérité, "ils n'ont probablement pas souvent quelqu'un d'aussi joli que votre fille à regarder."

La mère s'est retenue et a souri et a immédiatement raconté à la fille ce que j'avais dit.

Depuis lors, notre jeune beauté n'a plus jamais quitté la fenêtre – sans doute pour éviter qu'un admirateur ne manque l'occasion de contempler ses charmes – depuis le moment où le train entra dans une gare jusqu'à ce qu'il reparte ; et j'ai calculé ensuite qu'elle était restée trois bonnes heures d'affilée dans le couloir, ne variant sa position que pour se diriger vers ma fenêtre à l'extrémité opposée du compartiment lorsque nous nous sommes arrêtés à une gare où le quai était de ce côté.

Cette habitude discourtoise, commune aux hommes et aux femmes, de bloquer les fenêtres des wagons de première classe, sans égard au confort et à la commodité des autres passagers, est en quelque sorte la caractéristique la plus désagréable du voyage en Espagne. Mais elle est pratiquement réservée aux classes aisées, et je dois dire que sur les trajets courts, où un peu de fatigue n'a pas d'importance, je préfère souvent voyager en deuxième ou même en troisième classe, afin de pouvoir obtenir ma juste part de la vue et de l'air, ce qui est impossible lorsque l'on voyage avec des Espagnols qui peuvent se permettre de payer des tarifs plus élevés. D'un autre côté, comme ils semblent tout à fait incapables de se divertir autrement (car très peu d'entre eux ont jamais lu dans le train, ou même dans leur propre maison), peut-être ne devrait-on pas leur en vouloir de la délicieuse distraction et de la vaste illumination. à obtenir en regardant par la fenêtre du wagon.

D'autres manières, de nombreuses petites courtoisies sont manifestées. La nourriture, par exemple, est toujours proposée, même si vous êtes en train de déballer votre propre panier-repas. Il s'agit en général d'un formulaire, qui ne signifie rien de plus que l'offre de sa maison, dans tel numéro de telle rue, que votre voyageur vous fera à sa descente de gare, sachant bien que vous et lui le ferez. ne nous reverrons plus jamais dans ce monde. Mais parfois l'offre de partager avec vous est tout à fait sincère, comme dans le cas d'un gros commis-voyageur catalan, qui, après que j'ai poliment refusé à trois reprises de partager son déjeuner, alors qu'il venait de terminer le mien sous ses yeux, a pris deux fois Il sortit de sa poche d'élégants cure-dents en celluloïd et en posa un sur mon genou en disant : « Au moins, tu accepteras !

Il m'a raconté ensuite qu'il avait « voyagé » pour une entreprise allemande qui fabriquait des ornements en celluloïd, et je regrette toujours d'avoir rendu son cure-dent sans avoir lu la publicité imprimée dessus. Je pensais qu'il pourrait le vouloir, et je savais que non, mais je crois qu'il souhaitait vraiment que j'accepte son cadeau et que je prenne note de son entreprise.

Quand on a la chance de faire la connaissance d'un gentilhomme espagnol de la vieille école, on se rend compte quelle perte est infligée à la société par sa retraite du monde, car les hommes de son espèce n'aiment pas la nouvelle aristocratie de la richesse et reculent devant elle. rivaliser avec la *cursileria* des grandes villes autant que Don Quichotte lui-même l'aurait fait.

En me rendant à Grenade, un beau jour de mai, j'ai eu la rare chance de voyager avec l'un de ces messieurs. J'étais accompagné d'un vieil ami que je n'avais pas vu depuis de nombreuses années et nous nous félicitions d'avoir trouvé un compartiment vide en montant dans le train. Cependant, juste avant notre départ, un homme mince et bien habillé, d'une quarantaine d'années, gravit les marches escarpées de la voiture, un pot d'œillets sous chaque bras. Cela seul aurait prévenu quelqu'un en sa faveur, car l'Espagnol de toute classe supérieure à celle des ouvriers trouve généralement dégradant d'être vu portant quelque chose dans ses mains, et laisse les colis à la charge de sa femme s'il n'y a pas de domestique à portée de main. Notre homme non seulement transportait ses propres œillets, mais il en faisait beaucoup plus soin qu'à son élégant bagage personnel, et finalement, après avoir demandé la permission, il les cala dans le porte-bagage entre sa valise et la mienne, expliquant qu'il avait acheté au dernier moment pour les emmener chez sa femme, et il tenait à ce qu'ils ne subissent aucun mal.

La glace ainsi brisée, nous entamâmes bientôt la conversation, et lorsqu'il apprit que nous allions passer la nuit à Antequera, il parut tout à fait ravi.

« C'est ma propre ville », dit-il, « je peux vous assurer qu'elle vaut la peine d'être visitée, et j'aimerais que davantage d'étrangers sachent à quel point la situation est belle et combien d'objets d'intérêt elle contient. Il y a aussi un hôtel assez passable, et les habitants d'Antequera ont de bonnes manières et ne dérangent pas les touristes dans les rues, bien qu'ils voient relativement peu de dames anglaises ou, ce qui les intéresse encore plus, des chapeaux de dames anglaises. »

Malheureusement, dit-il, il ne resterait lui-même chez lui que quelques heures, car il devait se rendre à Malaga tôt le lendemain matin, mais il était profondément intéressé par l'archéologie et, voyant que mes goûts allaient dans ce sens, il me dit que, quelles que soient les affaires qu'il aurait à mettre de côté, il aurait le plaisir de me montrer de très curieux chapiteaux de colonnes, récemment déterrés dans un mur de couvent du XIVe siècle, dont il se trouvait incapable de déterminer l'époque. J'ai accepté l'invitation avec plaisir, car non seulement je savais par expérience qu'un grand intérêt s'attache souvent aux objets « trouvés dans les murs du couvent », mais je savais que c'était la chance de sa vie pour mon ami de voir l'intérieur d'un château espagnol. maison de campagne de monsieur.

Après avoir fixé l'heure de notre appel et nous avoir donné son adresse, notre ami a réparti ses affaires sur trois sièges, car nous approchions d'un carrefour, et il nous a expliqué qu'il ne voulait pas que quelqu'un d'autre monte, car il avait mal dormi. passer la nuit et je voulais faire une bonne sieste.

La gare était bondée et de nombreuses personnes sont venues regarder dans notre compartiment, ont secoué la tête en voyant les sièges très occupés et sont allées se ranger ailleurs dans les compartiments bondés. Notre ami sourit agréablement, montrant de belles dents blanches sous une courte moustache blonde - car il était blond comme un Danois, avec des cheveux bruns et des yeux bleus - et suggéra au chef de gare de monter dans un autre wagon lorsqu'une dame insistante avec plusieurs enfants essaya de le faire. , en vain, pour se frayer un chemin contre sa résistance polie.

Et quand nous fûmes en sécurité hors de la gare, il étendit ses trois sièges pour former un canapé, comme cela se fait lorsque ces compartiments sont transformés la nuit en voitures-lits, et dormit tranquillement jusqu'à ce que nous arrivions à Bobadilla environ trois heures plus tard. Nous sommes à Clapham Junction, dans le sud de l'Espagne, et il était impossible à notre compagnon de voyage, malgré toutes ses belles manières et son air grandiose, de s'approprier plus longtemps tout notre compartiment ; mais, comme il le remarqua, il avait dormi et n'avait plus besoin de sièges supplémentaires. Les autres voyageurs étaient donc les bienvenus, d'autant plus que nous devions tous les trois descendre à l'avant-gare suivante.

"Il vous faudra une demi-heure pour réserver votre chambre à l'hôtel et une demi-heure pour vous reposer", dit-il en nous séparant, nous dans un omnibus et lui dans un autre, avec de nombreuses excuses de ne pas pouvoir nous offrir sa voiture. , parce que son retour était inattendu et que personne n'était venu à sa rencontre. "Mais j'espère que vous pourrez arriver commodément chez moi à six heures, afin que je puisse vous présenter ma femme et mes enfants et vous montrer mes capitales sous un bon jour."

Il nous avait bien sûr donné sa carte, mais son nom ne nous disait rien sinon qu'il n'était pas un homme de titre. Nous avons donc profité de l'omnibus pour obtenir quelques renseignements sur lui. Nous avons découvert qu'il était l'Alcalde, ou maire, ce qui signifie qu'il était à peu près un roi dans la ville, car l'Alcalde occupe ici une position sociale, politique et municipale considérablement plus élevée que celle de n'importe quel lord-maire d'Angleterre. En fait, nous n'avons chez nous aucune autorité avec laquelle l'Alcalde espagnol puisse être comparé, car il est nommé par le gouvernement et peut nommer et défaire à volonté n'importe lequel des nombreux fonctionnaires rémunérés sous ses ordres. Les alcades ont donc généralement autant d'ennemis que d'amis au cours de leur mandat, mais notre alcade d'Antequera semble avoir gagné l'affection de ses concitoyens, non par favoritisme politique, mais par ses qualités personnelles.

« C'est l'homme le plus riche et le meilleur de la ville », dit le respectable commerçant avec qui nous causions dans l'omnibus ; " et je ne dirais pas cela si ce n'était pas vrai, car il est conservateur et moi libéral, et j'ai perdu mon emploi à la Mairie quand on l'a nommé Alcalde, c'est pourquoi j'ai gardé un œil attentif sur tout erreurs qu'il pourrait commettre.

A six heures, comme promis, nous nous dirigeâmes vers la maison de l'Alcalde, et fûmes conduits par un domestique souriant, visiblement à l'affût de nous, à travers un patio flamboyant de géraniums et chargé d'un parfum de roses, héliotrope et jasmin, à travers une longue galerie ombragée avec de beaux meubles du XVIIIe siècle disposés le long des murs, dans une charmante petite salle de réception, meublée de bois peint clair et ornée des stores, dossiers de chaise et table habituels. -des couvertures de travaux d'aiguille exquis, bordées et incrustées de fines dentelles et broderies.

Notre Alcalde nous est apparu ici, conduisant sa belle épouse et suivi de ses deux beaux enfants. Nous étions un peu en retard et il s'est excusé de la présence de la famille à dîner ; mais si nous venions dans la salle à manger et les « accompagnions » à leur repas, sans cérémonie et en amis, lui et la Señora auraient bientôt fini de manger et seraient prêts à nous faire visiter leur – et la nôtre – maison et nous montrer n'importe quel petit objet d'intérêt qui pourrait nous récompenser de la peine de le regarder.

Nous acceptâmes bien sûr, tout en nous excusant de notre manque de ponctualité et en regrettant le désordre que nous causions dans la famille.

Mais lorsque nous entrâmes dans la grande salle à manger bien meublée, nous constatâmes que tout avait été planifié par notre hospitalière connaissance afin de nous inciter à dîner avec lui ; car les places nous avaient été préparées et ils n'avaient pas même commencé leur dîner. Nous n'avions donc d'autre choix que de nous asseoir et d'accepter les plats admirablement cuisinés qui nous étaient présentés, ou de sentir qu'en ne mangeant pas en famille, nous obligeions nos amis à avaler leur nourriture en toute hâte pendant qu'ils nous faisaient attendre inconfortablement.

La table était bien meublée, avec de l'argenterie, du verre et de la porcelaine aux armes de l'Alcalde. Un vase rempli de roses de choix se dressait au centre et des portraits de famille étaient accrochés aux murs. Nous aurions vraiment pu assister à un dîner anglais, sans la présence sans cérémonie de servantes, des foulards de soie sur les épaules et des fleurs dans les cheveux, qui entraient et sortaient nonchalamment avec de grands plats qu'elles offraient toujours en premier à leur maître. puis à leur maîtresse, et ensuite aux invités. C'est une étiquette dans l'ancienne Espagne, datant de l'époque où la nourriture pouvait peut-être être empoisonnée, et l'hôte se servait d'abord pour montrer qu'il pouvait être mangé en toute sécurité.

Les plats aussi, bien que tentants et bien cuisinés, étaient quelque peu différents des nôtres. Vint d'abord une soupe blanche épaissie de vermicelles et ayant un fort goût de volaille. Puis un plat de *frituras* , masse de sauce au lait épaissie avec de la farine et du jambon haché, laissée refroidir, puis façonnée en forme de poires, roulée dans de fine chapelure et frite avec une habileté qui fait un plat de ce genre. des plus appétissants du menu espagnol. Vint ensuite le poisson bouilli froid, frais de Malaga, servi avec une sauce à base de jaune d'œuf et d'huile, et garni de tomates crues, d'oignons crus et de *pimientos verts et rouges* , une sorte de poivron sans aucune chaleur. Un poulet suivit, dont le manque de saveur indiquait qu'il avait été bouilli dans la soupe ; puis l'inévitable *puchero* ou *cocido* , également bouilli dans la soupe, et composé de *pois chiches* , de jambon, de graisse de bacon, de bœuf, de haricots et de tiges de chardon comestible. Puis une excellente concoction de crème anglaise avec de petites meringues flottant sur le dessus. Viennent ensuite des biscuits, des fruits, du fromage de coings, du fromage de chèvre frais et diverses friandises. Du vin rouge et du vin blanc étaient sur la table, et enfin une tasse de café noir capital. C'était le menu quotidien de la famille Alcalde, mais pas de l'Alcalde. Il nous a dit que son estomac était délicat et qu'il ne prenait que quelques œufs pochés et un verre de lait chaud, ce qui expliquait largement son élégante minceur, si différente de l'énorme obésité qui afflige la plupart des Espagnols de sa richesse et de sa position après vingt ans. ou deux de l'alimentation décrite ci-dessus.

Mais ce qu'il y avait de plus remarquable dans sa maison, c'était la délicatesse et le luxe de la salle à manger, car il n'est pas rare de trouver, même chez les gens aisés, juste assez de couteaux, de fourchettes et de fourchettes. des assiettes pour faire le tour une fois, tandis que les fleurs sur la table ou ailleurs dans la maison sont du jamais vu. Peut-être que la rareté excessive des couverts et de la vaisselle a beaucoup à dire sur l'absence de ces invitations au déjeuner et au dîner qui sont chez nous la monnaie sociale actuelle. L'idée qu'une jolie table bien trouvée ajoute au confort et au raffinement de la vie à la maison ne semble jamais être venue à l'esprit de la masse de la classe moyenne espagnole ; et bien sûr, lorsque la famille partage un verre et mange trois ou quatre plats dans la même assiette, un visiteur aux repas ne sera probablement pas le bienvenu.

Il y a sans doute beaucoup de gens dans la situation de notre Alcade qui vivent avec autant d'élégance que lui, mais c'est une grande exception que de se voir invité à prendre place comme invité à leur table ; et son hospitalité, la beauté de la ville, les vues magnifiques sur les montagnes tout autour, la richesse des fleurs sauvages sur les collines et les nombreux vestiges de bâtiments anciens, tout cela combiné pour marquer Antequera d'une pierre blanche dans la mémoire de mon ami et dans la mienne.

Nous voyons maintenant que, bien que « l'offre de la maison » de la part d'une connaissance itinérante soit devenue dans quatre-vingt-dix-neuf cas sur cent dégradée en un simple compliment vide de sens, la racine d'où a poussé cette fleur d'une belle courtoisie prospère dans le sol dont il est originaire. Car il y a encore des messieurs espagnols dont l'hospitalité est aussi gracieuse qu'instinctive, et qui, lorsqu'ils vous disent qu'à tel numéro de telle rue « vous avez votre maison et un ami », J'espère vraiment et je m'attends à ce que, si l'occasion s'en présente, vous les preniez au mot et acceptiez leurs franches invitations.

DANS LE GARDIEN DU CHÂTEAU D'ARCOS.

DEUXIEME PARTIE.
AUTOMNE

CHAPITRE VI

Une selle pour la féminité – Les foires de septembre – Trois sortes d'auberges – Une nuit à la porte de la rue – *Buñolitos* – Moustiques et eau bénite – Tout le plaisir de la foire – L'étiquette de la mendicité – Un cirque espagnol – Un cinématographe – Ivre mais toujours courtois —La diligence.

Il y a trois mois parfaits pour explorer les montagnes et visiter tranquillement des collines, des vallées et des villages isolés, uniquement à cheval, à dos de mulet ou à dos d'âne. On est en avril, mais il faut alors être à Séville pour la foire la plus typique d'Europe occidentale ; un autre est mai, mais il faut alors être à Grenade pour les rossignols et les roses qui font de l'Alhambra un rêve de délice ; le troisième est septembre, lorsque les raisins, les pêches et les melons sont dans la fleur de l'âge, lorsque le temps, bien que brillamment ensoleillé, n'est plus d'une chaleur accablante, et que les grandes routes sont gaies de troupeaux grouillants de créatures se déplaçant de belle en belle et se formant avec leur propriétaires une série d'images vivantes qui rendent le plus long voyage agréable.

Pour une femme qui n'est plus jeune, un âne avec *des jamugas* et un mulet de bât est le moyen de transport idéal à travers les montagnes. Si vous possédez vos propres *jamugas*, comme moi, avec les lanières de cuir qui les soutiennent sur trois côtés ajustées à votre mesure, il n'y a pas de siège de conduite plus confortable. Mais peut-être devrais-je expliquer en quoi consistent les *jamugas* , *car on les voit rarement de nos jours, sauf dans les villes de montagne, et à moins d'être vus, ils ne sont pas faciles à imaginer.*

Selon le dictionnaire de l'Académie espagnole, le mot dérive du basque *zamucac* , « un siège destiné à la féminité pour monter sur toute sorte de bête de somme ». Mais même si le nom est basque à l'origine, l'appareil est oriental, car on voit exactement la même chose au Maroc et en Orient, seulement là, il est encapuchonné pour cacher toute la féminité aux regards curieux.

La base est simplement un tréteau pliant, comme celui d'une table, avec des sangles croisées pour éviter que le tréteau ne s'ouvre trop largement. Celui-ci est placé sur l' *aparejo* de la bête de somme, l' *aparejo* étant un gros morceau de paille utilisé pour empêcher les *jamugas* ou les paniers, selon le cas, de blesser le dos de l'animal. Il est fixé fermement avec d'innombrables tours et détours de cordon étroitement noué, et une couverture pliée est posée sur le dos de l'âne pour rendre votre siège moelleux. En fait, vous sentez généralement le cordon à travers la couverture, mais pour éviter cela, vous pouvez utiliser un oreiller, qui est fourni si vous le souhaitez avec l'âne, la taie d'oreiller et le tout. Pour l'information de ma camarade féminité, je peux ajouter que je prends personnellement un coussin pour m'asseoir et que je l'attache à la sangle qui forme le dos des *jamugas* , et que je me sauve ainsi des secousses et des secousses sur les sols rugueux. terrain, ce qui n'est pas un mince avantage sur un long voyage. Entre la couverture et le coussin, un tissu de coton aux couleurs gaies recouvre l' *aparejo* et la majeure partie de l'âne, et s'écoule derrière et autour lorsque vous rencontrez le vent. La féminité la plus ancienne et la plus délicate peut monter dans ce fauteuil, car cela revient à cela, et j'ai voyagé toute la journée sur mes *jamugas* par monts et par vaux, et mon petit âne au pied sûr n'a jamais trébuché ni tourné un cheveu. .

C'est un progrès lent, certes, mais qu'en est-il, quand à chaque nouveau pas une nouvelle beauté se révèle, et tout au long de votre chemin votre guide, alors qu'il conduit la mule de sumpter avec votre « poignée » moderne inappropriée ou votre valise dans ses sacoches, vous divertit avec son discours, ou réveille les échos avec son chant, car il chante la plupart du temps « pour porter chance ».

Le pire, c'est qu'aujourd'hui il faut parcourir un long chemin en train et en route avant d'atteindre des pays assez éloignés pour *les jamugas* : on a de la chance si l'on peut faire la moitié d'un charmant tour à dos d'âne. Telle était ma fortune par un mois de septembre ensoleillé, et je ne me sentis jamais plus désolé que lorsque je dus revenir au chemin de fer après quinze jours passés sur les collines. Mais la première partie du voyage ne se passa pas sans incident, comme je vais maintenant le raconter.

J'ai quitté le train à Jerez, la ville du xérès avec ses immenses bodegas regorgeant de vins précieux, son hôtel cosmopolite et ses nombreux millionnaires. De là à Arcos, distant de trente kilomètres le long d'une route de montagne de plus en plus belle, un autocar vous emmène en deux heures environ. Arcos est une ville de 20 000 habitants, perchée sur la colline la plus escarpée, avec au sommet un château tartessien-romain-arabe, modifié et restauré comme tant d'autres dans ce pays par les grands ducs d'Arcos, qui au XVe siècle furent les rivaux en richesse et en pouvoir politique de la famille Medina Sidonia.

Depuis une loggia arabe, appelée ici *mirador* , qui signifie littéralement « lieu de vue », nous obtenons un merveilleux panorama sur les montagnes, avec au premier plan une vue plongeante sur une vallée fertile, entourée par les sinueux Guadalete. C'est vraiment une vue à vol d'oiseau, car la *vega* , comme on appelle la vallée cultivée, se trouve à cinq cents pieds au-dessous de la falaise abrupte sur laquelle se dresse le château, et les gens qui y marchent semblent hauts d'environ six pouces. La falaise est si abrupte que, dans de nombreux endroits, même les cactus omniprésents ne peuvent pas s'y accrocher, et ici les vautours et les aigles construisent leurs nids en toute sécurité, car aucun petit garçon ne peut jeter des pierres à proximité d'eux. Même les chèvres ne peuvent grimper qu'un peu à la base, où les détritus des âges ont formé une colline en forte pente qui s'étend de cinquante à soixante pieds au-dessus de la rivière et de la nouvelle grande route qui mène d'Arcos à El Bosque. Cette vue à elle seule mérite un arrêt à Arcos, mais ce n'est en aucun cas la seule « vue », car l'ancienne ville regorge de vestiges romains, arabes et de la Renaissance, et l'église mère du XIVe siècle contient un magnifique calice en or offert par un membre de la famille ducale lors de la construction de l'église, une relique à laquelle quiconque s'intéresse au travail d'orfèvrerie ne devrait pas manquer. Cette église , que les gens appellent leur cathédrale, domine une place au pied du château, et cette place en mai est un amas de mimosa doré. Je n'ai jamais vu une telle lueur de couleur ni senti une douceur aussi irrésistible provenant d'arbres de ce genre.

Une partie du château fut concédée à la Mairie pour sa salle au XVIe siècle, et dans l'une des salles, qui était la chapelle des ducs d'Arcos, sont conservées pas moins de onze concessions à la ville portant la signature d'Alphonse. le Savant, qui l'a conquis aux Maures almohades en 1284 avec l'aide de son allié Al Ahmar, le roi arabe de Grenade.

Les ducs d'Arcos ont régné ici pendant plus de deux cents ans, jusqu'à ce que tout souvenir de l'amitié d'Alphonse et de son père saint Ferdinand avec les musulmans de Grenade soit oublié dans l'ambition des « rois catholiques », Ferdinand et Isabelle, de faire un royaume-uni d'Espagne. Puis, alors que l'Andalousie était en feu d'une guerre impitoyable, Arcos tomba dans des jours funestes, car se trouvant à la frontière du royaume de Grenade (d'où son nom complet, qui est Arcos de la Frontera), les musulmans s'en emparèrent naturellement. l'occasion de tenter encore et encore de récupérer cet avant-poste fort de leur ancienne domination. Jusqu'à la fin de la guerre, le château résista, mais en 1484 les musulmans s'emparèrent de la ville et la duchesse, qui défendait le château, fut si pressée que la capitulation semblait inévitable. Le duc était parti assiéger Alhama sur ordre de la reine, et bien que la duchesse ait réussi à envoyer un message à son mari pour l'informer de son détroit, Isabelle ne pouvait pas l'épargner, lui et ses troupes, même pour sauver sa femme.

Le seul chevalier qui pouvait aider était le duc de Medina Sidonia, qui se trouvait quelque part dans la région, en route depuis Séville avec des renforts pour la reine. Mais Medina Sidonia et Arcos étaient à couteaux tirés depuis des générations. C'était une querelle presque aussi amère et prolongée que celle des Guelfes et des Gibelins, et aucun membre de la faction d'Arcos ne songeait à faire appel à Medina Sidonia pour obtenir de l'aide.

Medina Sidonia, cependant, était un gentleman très chevaleresque. La nouvelle du sort de la dame lui parvint alors qu'il se trouvait devant Setenil (ainsi appelé, selon l'étymologie locale, parce que les Romains l'assiégèrent sept fois - *septem* = *sete* - et ne prirent rien - *rien* !), à une vingtaine de milles d'Arcos. Il fit aussitôt demi-tour avec la moitié de ses troupes, chassa les musulmans de la ville, laissa une forte garde avec la dame sauvée, puis revint pour continuer le siège de la forteresse encore plus forte de Setenil et pour jouer son rôle dans la bataille. prise d'Alhama.

Si Medina Sidonia n'avait pas mis un terme aussi dramatique à la querelle entre les deux familles, Arcos aurait dû capituler, comme l'avait déjà fait son voisin Zahara, et une fois que les musulmans auraient récupéré les quatre points stratégiques, Arcos, Zahara, Setenil et Ronda, la guerre contre Grenade aurait pu avoir une fin différente.

On ne retrouve pas cette histoire dans les histoires publiées de Ferdinand et Isabelle, mais elle est écrite dans les archives de la ville d'Arcos et dans celles de la famille Arcos, maintenant, hélas ! moisi dans une pièce fermée à clé d'une des grandes tours du château, qui tombe en ruine parce que ses propriétaires n'ont pas les moyens de l'entretenir.

C'est à regret que je m'arrachai du château, dont le donjon autrefois guerrier est aujourd'hui un jardin de roses, d'orangers, de jasmins et de géraniums devenus buissons avec l'âge. Mais je devais rejoindre Bornos et Villamartín en direction d'Algodonales, où je devais changer la diligence pour l'âne.

Moins on en dit sur cette étape du chemin, mieux c'est. C'était en grande partie ennuyeux, tout était poussiéreux, et la diligence était pleine à craquer, car c'était la veille de la Foire de septembre de Villamartín, et le vieux shandridan bruyant, construit pour transporter huit ou dix passagers en tout, avait cinq chevaux au lieu de trois, et pas moins de vingt-sept personnes étaient arrimées à l'intérieur, sur le box et sur le toit. Tout le monde déclarait que c'était excessivement dangereux et s'en moquait beaucoup ; et comme les conducteurs espagnols mettent un point d'honneur à fouetter leurs chevaux lorsqu'ils approchent du bas d'une colline, afin de prendre la prochaine montée en courant, et que la machine surchargée se balançait comme un navire dans une tempête à chaque occasion, C'est presque un miracle que nous soyons arrivés vivants à Villamartín.

Cependant, nous y sommes arrivés et nous nous sommes immédiatement retrouvés dans toute la joie de la foire.

La seule *fonda* de la place donnait sur la place principale. Le nom poli de *fonda* (l'arabe *fondak*) en anglais est hôtel, et la *fonda* prétend fournir de la nourriture et des lits à ses clients ; contrairement au *parador* (lieu d'arrêt), qui ne donne des lits qu'aux voyageurs fournissant leur propre nourriture, et à la *posada* (maison de repos), qui n'est en réalité qu'une étable pour les animaux avec une sorte d'abri attenant pour les personnes qui en font partie. pour eux. Notre « hôtel » de Villamartín n'avait que trois ou quatre chambres et aucun salon, la nourriture étant servie dans un passage par lequel on passait de la rue à l'escalier, ou plutôt à l'escabeau, qui menait à un galerie ouverte contenant l'un des sommiers pliants pratiques et confortables appelés *catres* , moins un matelas ; une chaise au dossier cassé, et rien d'autre. De là, une porte étroite menait à une petite chambre qui contenait juste un lit et un lavabo.

Nous n'avions pas d'autre choix que de rester ici. Les humbles amis espagnols avec lesquels je me rendais chez eux à Algodonales – une mère et un fils – ont insisté pour que je prenne la chambre, bien qu'ils aient accepté avec plaisir mon invitation à partager le lavabo. La mère a dit qu'elle pouvait dormir sur la *catre* avec un oreiller de mon lit, et le garçon par terre à côté, la tête sur mon sac de voyage. Tous les autres coins de la maison étaient remplis pour la foire, et même ce modeste logement ne pouvait être loué que pour une nuit. Aussi médiocres soient-ils, la literie et les draps étaient propres et nous nous estimons chanceux d'avoir une chambre.

Mais nous avons témérairement disposé un oreiller et un tapis pour Rosario sur le *catre* avant d'aller visiter la ville, et à notre retour, le *catre* , l'oreiller et même la chaise à dossier cassé avaient été emportés pour un autre client, et mon les pauvres amis n'avaient qu'à s'asseoir en bas, à la porte de la rue, et à s'amuser du mieux qu'ils pouvaient jusqu'à ce qu'il soit temps de commencer. Ce n'était cependant pas tout à fait la difficulté qu'il paraît, car tous les Espagnols aiment transformer la nuit en jour ; et leur principale préoccupation était que je ne sois pas mal à l'aise.

Nous devions partir en diligence pour Algodonales, notre destination finale, à 3 heures du matin, et la jolie Rosario avait accepté de me laisser dormir jusqu'à deux heures, si je le pouvais, ce qui paraissait douteux étant donné le bruit incessant de la rue principale où mon petit la fenêtre regarda. J'ai dormi, malgré le bruit, et je me suis réveillé pour trouver le soleil entrant, et la ville vivante avec des chevriers et leurs troupeaux, des ânes chargés de fruits et de légumes, des femmes avec des paniers d'œufs et des volailles vivantes attachées ensemble par les jambes et gloussant de détresse. , et un flot continuel de poneys, de mulets, de vaches, de veaux, de cochons, de moutons et de bœufs venant de la campagne à la foire ; tandis que, tout au long des trottoirs, de petites échoppes de friandises couvertes de toile avaient poussé comme des champignons dans la nuit. J'avais dormi pendant toute l'agitation du petit matin et la diligence n'était pas partie à 3 heures du matin ou était partie sans moi.

Je me levai d'un bond et ouvris ma porte, me demandant si Rosario n'avait pas, elle aussi, dormi trop longtemps à l'heure convenue. Elle était là avec une tasse de café pour moi, souriante toujours aussi brillamment, mais ses cheveux bouclés étaient ébouriffés et elle avait une apparence généralement échevelée. La diligence n'était pas partie. Quelque chose n'allait pas avec les roues, ou le harnais, ou les chevaux, ou le conducteur, personne ne savait exactement quoi ; mais Rosario pensait que la vérité était probablement que le chauffeur voulait faire quelques affaires à la foire. Quoi qu'il en soit, la diligence ne partit pas, et Rosario et son fils restèrent assis toute la nuit sur leurs chaises, avec divers autres visiteurs de la ville qui, comme eux, ne pouvaient trouver de lit.

Soulagés de leur inquiétude à l'idée que je sois contrarié par ce retard, la mère et le fils s'éclairèrent rapidement, et nous convînmes que, comme nous devions rester là toute la journée, nous en tirerions tout le plaisir possible. Rosario, après une lessive et une brosse dans ma chambre, avait l'air aussi fraîche que si elle avait dormi dans son propre lit confortable, et quant au garçon, il était en âge de profiter de tout.

L'aubergiste a catégoriquement refusé de nous fournir du café ou quoi que ce soit d'autre pour le petit-déjeuner, alors nous sommes sortis et avons mangé *des buñolitos* , une friandise particulière largement présente dans ces foires de campagne, où des stands sont entièrement installés pour leur vente. Mes amis m'emmenèrent dans la plus grande et la plus gaie des deux tentes déjà ouvertes, qui avait des rideaux de mousseline blanche attachés au milieu par des banderoles de calicot rouge et jaune, tout comme les étals de sucreries de Syrie. Une odeur irrésistible d'huile bouillante nous envahissait les narines à mesure que nous approchions, et le crépitement et la fumée étaient tels que nous pouvions à peine voir la *buñolera* , une grosse dame en jupe marron, tablier blanc et cross-over bleu, avec un mouchoir rouge. pittoresquement noué autour de sa tête. Elle nous aperçut cependant et se tourna aussitôt pour nous servir l'étrange produit de sa cuisine : un mélange de farine et d'eau pressé à travers un entonnoir dans une vaste poêle à frire et enroulé en rond pendant qu'il fritait, jusqu'à ce que le tout soit adroitement cuit. jeté sans interruption sur le plat. *Les buñolitos* sont croustillants et alléchants et vraiment délicieux à manger, à condition seulement que l'huile soit bonne et de la mouture de l'année dernière ; car l'huile nouvelle a une odeur et un goût abominables que seul un indigène peut supporter.

C'était une bonne huile et la *buñolera* était une artiste. Nous mangâmes tout ce que nous pouvions, et il faut remarquer que je n'étais guère en deçà de mes compagnons dans la quantité consommée. Nous avons payé un sou par pièce pour notre petit-déjeuner, puis nous avons grimpé la colline jusqu'à l'église paroissiale, car c'était dimanche et une messe de fête était en cours.

Très peu de personnes étaient présentes. Un couple de religieuses, quelques dames enveloppées de voiles de gaze noire tombant sur leurs épaules jusqu'aux genoux, gracieuse survivance orientale qui donne de la dignité à la plus grosse vieille douairière, deux ou trois paysans avec des mouchoirs sur la tête, et les groupe habituel de mendiants autour de la porte.

J'ai surmonté ces dernières sans difficulté en utilisant les formules admises :
« Pardonnez-moi, mon frère, pour l'amour de Dieu » ou « Que Dieu vous
soutienne » ; ce qui signifie tous deux qu'on les livre à la merci de la
Providence parce qu'on n'a pas de pitié pour eux. Et si cela vous semble un
peu dur, je précise que dans les endroits reculés, où les étrangers ne se voient
jamais d'une fin d'année à l'autre, offrir un sou à un seul mendiant sera un
semis de dents de dragon pour relever comme par magie une nuée de vingt
à cinquante autres, qui vous poursuivent avec des appels pitoyables qui se
changent en imprécations et même en jets de pierres, à moins que l'on ne
distribue des sous tout autour. On peut donc être reconnaissant que la
réponse cérémonieuse citée ci-dessus manque rarement de son effet, car c'est
une question d'étiquette dans les cercles mendiants espagnols d'accepter
poliment la courtoisie séculaire au lieu de l'argent du royaume. Cela a souvent
agi comme un charme dans ma propre expérience, et je peux évoquer des
hommes à l'apparence brutale, souffrant d'une affliction ou d'une autre qui
n'entravait en rien leur puissance physique pour la violence, qui s'arrêtaient
net et se détournaient avec un doux « Allez avec ». Dieu" au lieu d'une
réplique grossière, lorsque j'ai répondu à leurs pétitions avec *Perdóneme,
hermano* .

La messe s'est terminée quelques minutes après notre entrée, et alors que je
me tenais près de la porte principale pour étudier l'architecture peu
intéressante de l'église, j'ai soudain senti un doigt mouillé sur mon front.
C'était une des religieuses qui, remarquant que je n'avais pas réussi à me
signer à l'eau bénite, le faisait pour moi. J'appréciais sa bonne intention, mais
je n'appréciais pas cette eau bénite en particulier, car le récipient en marbre
était rempli de larves de moustiques, dont les ancêtres pullulaient autour de
nous là où nous nous trouvions. Je savais que l'eau bénite était rarement
changée dans ces églises de campagne, mais je n'en avais jamais vu aussi sale.

Une clameur de cuivres nous fit sortir. C'était la fanfare municipale qui
parcourait les principales rues pour annoncer que la foire avait commencé.
C'était un orchestre bien meilleur que celui que l'on trouverait dans de
nombreuses villes de campagne anglaises de taille similaire, et en effet le
niveau des fanfares est plutôt élevé ici - un fait que je ne peux pas expliquer,
car parmi les amateurs, on n'entend pratiquement jamais de musique
concertée à le tout, et même lorsque deux interprètes chantent ensemble sur
la scène des théâtres mineurs, c'est le plus souvent à l'unisson. Cette fanfare
avait déjà réveillé la ville dès son premier tour, à 6 heures du matin, lorsque
les cloches de l'église sonnaient pour la messe matinale, et maintenant, dès la
fin de la représentation, une sorte de rugissement tonitruant d'un manège
commençait et s'est poursuivi à intervalles réguliers tout au long de la journée.
Je n'avais jamais imaginé, et encore moins entendu, quelque chose qui

ressemble au bruit de cette foire pendant la journée ; mais le pire était réservé pour la nuit.

Mais il restait encore de nombreuses heures avant que la nuit ne tombe, et je dois dire qu'ils ne pendaient pas lourdement, car les gens et leurs animaux formaient une série d'images animées auxquelles il faudrait le pinceau d'un Sorolla ou d'un Zuloaga pour rendre justice. à. L'un d'entre eux m'a particulièrement plu. Deux jolies filles (et les montagnards sont généralement remarquablement beaux), vêtues de robes imprimées magnifiquement lavées avec des fleurs dans leurs cheveux noirs et lisses, montaient ensemble sur un cheval blanc recouvert des ornements brillamment brodés qui nous sont familiers dans les photos du dernier siècle. siècle et encore d'usage courant dans les Sierras. Une jeune fille était assise face à face, l'une face à l'autre, les bras autour de la taille, et un garçon mince portant un chapeau rond de Cordoue, une veste de velours marron et une salopette de cuir richement brodée [5] conduisait le cheval par un cheval violet. Licol blanc et blanc en fibre d'aloès torsadée. Sur un âne à côté étaient suspendus les biens matériels des filles, consistant en une boîte presque aussi grande que l'âne, d'un jaune éclatant avec une nouvelle peinture qui brillait d'or au soleil du matin, équilibrée par un gros paquet attaché dans un emballage cramoisi et surmonté. par une gerbe de tiges de maïs pâles, qui seraient la nourriture de l'âne pendant la foire. C'était une explosion de jeunesse, de beauté, de couleurs et de gaieté qui aurait été la chance d'une vie pour un peintre, mais c'est triste de dire qu'aucun peintre n'était là pour immortaliser la scène.

Dans l'après-midi, nous sommes allés voir un cirque dans les arènes et, en compagnie du rang et de la mode de la ville, nous avons payé une peseta chacun pour ce qui était décrit dans le programme comme un « stand ». Les « stalles » étaient d'honnêtes chaises en roseau, comme on en vend neuves pour deux pesetas, mais elles étaient empruntées à cette occasion aux aimables voisins et apportées par demi-douzaine à la fois, à mesure que la partie aristocratique de l'assistance augmentait.

Le spectacle était annoncé pour cinq heures, mais ne commença que vers six heures, moment auquel le côté ombragé du ring était bondé, et les stalles avaient presque entouré le très petit cercle entouré de balustrades et sablé pour les artistes. Nous avons d'abord eu un gobelet avec une barbe d'une semaine, vêtu de satin cramoisi et de bas de coton rouge, qui se heurtait généralement à ses exploits, mais ne manquait jamais de susciter des applaudissements. Suivait une jeune femme très colorée que nous avions vue à la porte prendre des billets, et qui jonglait désormais avec des couteaux et des cubes de bois, qui atterrissaient invariablement par terre au lieu de sur la table ; un clown, dans les mêmes bas de satin cramoisi et de coton rouge, qui jouait assez bien du violon, mais était interrompu par un autre clown avec un pinceau à plumes, qui arrêtait toujours la musique en chatouillant le nez du violoniste à la troisième ou quatrième mesure, au plaisir intense du public; puis une autre dame très fardée, passée sa première jeunesse, qui exhibait trois petits chiens assez tristes et performants.

Un acrobate, toujours en satin cramoisi et en bas de coton rouge, arriva, après de grands préparatifs et des essais de fils, pour exécuter un numéro de trapèze. Il semblait y avoir une sorte de contretemps au démarrage, qui s'expliqua lorsque l'acrobate, avec un doux sourire, indiqua que nous avions été assis par les accompagnateurs immédiatement sous sa plate-forme de décollage, comme nous l'étions d'ailleurs à notre insu. Nous et nos voisins immédiats avons donc récupéré nos chaises et nous sommes retirés, pendant que l'acrobate effectuait de jolis balancements.

Le culbuteur mal rasé réapparut alors, désormais vêtu d'une veste de pilote et d'un pantalon marron, mais toujours mal rasé, et nous découvrîmes que ce que les publicités appelaient une « course automobile » était sur le point d'avoir lieu. Il s'agissait en fait d'une affaire de « boucle-la-boucle » terriblement gimcrack, et l'interprète avait l'air hagard de nervosité alors qu'il examinait ses fils et ses poulies.

En nous retirant du trapèze, nous nous étions inconsciemment plantés là où « l'automobile » devait inévitablement nous écraser tous ; aucune tentative n'a été faite pour indiquer une zone dangereuse. Personne n'a attendu qu'on lui demande de prendre sa retraite cette fois-ci. Dès que nous avons vu l'audacieux chauffeur grimper sur son échafaud et réalisé ce qui allait se passer, nous nous sommes levés et nous sommes enfuis comme des lapins, tous aussi effrayés que le chauffeur en avait l'air. Nous n'avons cependant pas oublié d'emporter nos chaises avec nous. Le groupe a entamé une danse gitane inappropriée, l'interprète s'est retourné et nous nous sommes installés dans nos sièges avec un soupir de soulagement que lui et nous ayons échappé à nos vies.

Mais ce n'était pas la dernière fois que nous étions déplacés, car le final était une pièce de pantomime, dans laquelle la dame d'âge moyen jouait l'héroïne, dans une longue traîne qu'elle tenait soigneusement tout le temps ; l'autre dame jouait le rôle du jeune amant en collants jaunes et en manteau rouge ; le tumbler, les clowns et le directeur, tous portant des casquettes russes et des chemisiers garnis de peau de lapin sur leurs pantalons de travail, intervenaient chacun à sa manière dans le cours du véritable amour ; et le gros acrobate avec une cagoule à cornes écarlates sur les inévitables bas de satin cramoisi et rouges, apparaissait comme un diable amical et faisait danser tout le mobilier de scène pour détourner l'attention du reste de la troupe des pitreries des amants. Le diable a fini par tirer un grand feu d'artifice juste devant les « stalles », et cette fois nous nous sommes levés et avons couru, sans tenir compte de nos chaises. Ce n'était cependant pas aussi dangereux qu'il y paraissait, car le feu d'artifice s'est rapidement éteint, et pour ma part, j'étais si faible de rire à ce moment-là que je ne pouvais même pas démarrer lorsqu'un pétard a explosé sous mon nez.

Tout le centre du ring avait été envahi par une nuée de jeunes gens et de jeunes gens de la classe paysanne, qui n'avaient visiblement pas payé une peseta pour ce privilège. Le directeur, arborant une monstrueuse moustache de l'empereur Guillaume qui remontait farouchement jusqu'à ses sourcils, leur avait parfois demandé doucement de se retirer et de ne pas gêner les dames. Ils se retiraient toujours avec une parfaite politesse, pour revenir dès qu'il avait le dos tourné. Le cirque terminé, cette partie du public bloquait aussitôt la seule issue, et nous laissait le temps d'observer l'envers du décor de la pantomime, ce qui était remarquable. Une feuille de toile peinte se dressait, maintenue en place par quelque mystérieuse loi de cohésion, car elle n'avait aucun support visible ; et comment le diable rouge, qui devait peser une bonne quinzaine de pierres, parvint à sauter par la fenêtre sans tout faire tomber, sera toujours pour moi un mystère insoluble.

La *fonda* était moins hôtel que jamais ce soir, et on nous prévenait que nous devions, bon gré mal gré, partir par la diligence de nuit, car un *viajante* (commis-voyageur) avait occupé ma chambre et voudrait se coucher quand la réunion de la Foire du Commercial Club fermait vers 2 heures du matin. Mais les plaisirs de la Foire n'étaient pas encore terminés pour nous, et la petite fenêtre donnant sur la place principale devenait maintenant pour moi une sorte de loge royale à l'opéra, à la musique et tout.

A neuf heures, la fanfare s'est postée sous ma fenêtre et le feu d'artifice a commencé. Un autre point que je n'ai jamais bien compris est pourquoi les feux d'artifice espagnols, même dans les petites villes isolées comme Villamartín, sont toujours bons ; et comment se fait-il que chaque petite ville isolée parvient à garder son propre fabricant de feux d'artifice. Mais la profusion de dessins en cercles entrelacés d'arabesques me fait soupçonner une origine arabe pour celle-ci comme pour tant d'autres voyages populaires en Espagne.

Les feux d'artifice de Villamartín étaient magnifiques, ne différant de ceux des grandes villes que par la quantité, pas du tout par la qualité, et les décors étaient tout à fait les plus attrayants pour la foule, dont les instincts hérités sont tous pour l'arabesque dans l'art.

Après le feu d'artifice est venu un cinématographe, toujours accompagné de l'orchestre, dont le répertoire était composé de six morceaux très bien joués, qu'ils avaient répétés à intervalles réguliers toute la journée. Les gens sont devenus extrêmement enthousiastes devant les images animées, et ont crié, ri et applaudi comme des enfants, contre le fugitif qui bouleverse tous ceux qu'il rencontre en échappant à ses poursuivants, contre l'amant illicite qui se cache sous la table et la retourne si facilement. comme renverser la soupe sur les genoux de la dame, et à toutes les autres vieilles plaisanteries fades qui semblaient toutes nouvelles à ces sudistes peu avertis. Nous ne risquions plus de nous endormir et d'oublier notre diligence. Personne d'autre qu'un sourd-muet n'aurait pu fermer un œil sur la place principale de Villamartín cette nuit-là.

Après minuit, à la fermeture du cinématographe, je me suis allongé tendrement en imaginant pouvoir dormir un peu ; mais la clameur des voix ne diminuait en rien. Au contraire, à mesure que la nuit avançait, il commençait à monter de plus en plus fort, jusqu'à devenir un rugissement parfait. De temps en temps, cela s'éteignait pendant quelques minutes, jusqu'à ce qu'une voix enfantine crie quelque chose que je ne pouvais pas comprendre, puis cela recommençait pire que jamais, toujours bon enfant, mais semblant de plus en plus impatient, comme si la retenue de soi la foule était rapidement épuisée.

Enfin, vers une heure et demie, un bruit lointain comme le tonnerre se fit entendre au-dessus de tout le vacarme humain, et alors la foule parut devenir complètement folle, criant et criant comme Bedlam se déchaînait. Il était temps de se préparer à partir de toute façon, alors je me levai de mon lit d'insomnie et me dirigeai vers la fenêtre.

Puis j'ai vu ce que tout cela signifiait. C'était l' *encierro* , l'amenée des taureaux pour la corrida du lendemain. Dans ce cas, il ne s'agissait pas de taureaux adultes ; seulement des bœufs d'un an, et il n'y en avait que deux, le reste des futures victimes étant des génisses. Car les taureaux de combat coûtent beaucoup d'argent, et Villamartín est une petite ville et pas particulièrement riche : les sportifs de ring ici doivent donc se contenter de génisses bon marché et de « yarlin' », comme on dit dans le Devon.

À entendre les cris de joie qui s'élevaient lorsqu'ils arrivaient en vue, on aurait cru que tout Villamartín était sorti pour recevoir les bœufs et leurs appâts : mais en réalité tout Villamartín, à l'exception de la lie, était depuis longtemps rentré chez lui pour se coucher, et les une foule hurlante se composait uniquement de quelques hommes d'âge mûr, intéressés financièrement par les arènes, et d'une foule de garçons et d'hommes, la hétérogénéité et les bobtails de la classe ouvrière, car les ouvriers respectables et leurs familles n'approuvent pas. du « sport ». Ces deux éléments du système social espagnol constituent aujourd'hui l'immense majorité de ceux qui soutiennent encore ce qu'on appelle « le sport national ». Pourtant, les touristes semblent s'imaginer qu'ils représentent la nation ! Les classes dirigeantes reconnaissent si bien que la corrida ne séduit plus que la racaille et ceux pour qui, à un titre ou à un autre, elle est une source de revenus, que des tentatives législatives ont été faites pour interdire les corridas du dimanche, car si elles n'avaient lieu qu'en semaine, cette lie de la classe ouvrière aurait du mal à y assister au prix d'une journée de salaire, et toute cette inquiétude brutale s'arrêterait bientôt. fin. Mais les intérêts en jeu sont extrêmement forts et le capital a un grand pouvoir en Espagne ; aussi la corrida continue-t-elle, et les touristes vont la voir, et les réformateurs sociaux espagnols haussent les épaules lorsque des étrangers leur disent que le premier pas vers la réforme sociale en Espagne doit être la suppression des arènes, qui l'argent d'entrée des étrangers contribue largement à leur subsistance et leur simple présence est censée exprimer leur approbation par les amateurs.

Mais c'est une autre des tragédies de l'Espagne, et Rosario et son fils, qui détestent le nom même de corrida, bien qu'ils soient de simples paysans et n'aient jamais entendu parler de la Société pour la Prévention de la Cruauté envers les Animaux, n'en parlèrent pas. cette nuit-là avec moi alors que nous assistions au passage tumultueux d'une génisse particulièrement vive à travers la place sous ma fenêtre. Au-delà des considérations humanitaires, c'était un spectacle assez pittoresque, car les victimes du lendemain, entourées et dirigées par une demi-douzaine de vieilles vaches robustes avec des cloches au cou, étaient précédées et suivies par les *garrochistas* , ces bergers du bétail sauvage, avec les selles à haute pointe, les grands étriers carrés et les longues perches à pointes de fer, qui forment un groupe si efficace sur les cartes postales censées représenter la vie quotidienne de l'Espagne. Une partie de la populace était sortie à la rencontre du cortège avec des torches, et celles-ci allumaient encore tandis que la foule affluait, faisant de curieuses croix jaunes lorsqu'elles tombaient sur l'éclat des arcs de lumière de la ville.

On m'a dit qu'on avait un jour proposé de fonder à Madrid une branche de la Société pour la Prévention de la Cruauté envers les Animaux, et que pour obtenir des fonds, une grande corrida avait été organisée. Je ne sais pas si Ben Trovato est responsable de cette histoire, mais j'ai moi-même rencontré un membre de cette société, une dame anglaise d'âge mûr, qui refusait de s'abonner à un spectacle en Espagne parce qu'il devait avoir lieu un dimanche, puis elle s'est violemment disputée avec son mari parce qu'il refusait de lui prendre des billets pour la corrida du jour de Pâques ! Il s'agit d'une histoire vraie, même si le célèbre conteur italien pourrait être fier d'en être le père. Je me souviens aussi d'un curé britannique d'opinions évangéliques extrêmes, qui a donné lors d'un déjeuner un récit complet, vrai et particulier, avec des détails réalistes, de l'éventration d'un cheval et de la blessure d'un *torero* dont il avait été témoin, agrémenté du expressions habituelles d'horreur face à la dégradation innée d'une nation qui a soutenu de telles barbaries. Une personne méchante présente a fait remarquer que l'on croyait que l'évêque de Gibraltar s'était opposé à ce que ses aumôniers assistent à la corrida ; ce à quoi le naïf vicaire répondit : « Ah, mais vous voyez, je suis entré sans mon collier de clergé », remarque d'immoralité stupide qui clôtura la conversation.

Je n'étais pas tout à fait désolé quand vint le moment de partir pour Algodonales. Je n'avais jamais entendu un bruit aussi prolongé et incontrôlé émis par des êtres humains auparavant, et même si tout cela m'avait amusé, je m'en fiche de ne plus jamais entendre un tel bruit. Lorsque nous sommes sortis sur la place brillamment éclairée, la plupart des gens semblaient ivres, mais aussi racailles qu'ils fussent, ils étaient civils jusqu'au bout et, avec bonne humeur, se sont écartés en groupe pour nous faire de la place. passer dans l'obscurité relative de la rue où nous attendait la diligence, nous étions bien entendu les seuls passagers à vouloir quitter la ville à ce moment-là.

Un déversoir préhistorique.

CHAPITRE VII

Philosophie de la montagne – Une mère et son enfant de Rembrandt – Des champs de coton égyptiens – Le Khalif et la *cañeria* – Mon logement dans une boulangerie – Une hospitalité embarrassante – Une bannière arabe – Des réservoirs souterrains – Le chemin de croix.

Il faisait nuit noire et le ciel était couvert lorsque nous sommes partis de Villamartín, et les craquements et les cahots du véhicule fou qui descendait la pente abrupte depuis la ville jusqu'au pont sur le Guadalete m'auraient fait monter le cœur dans la bouche si je n'avais pas été trop fatigué et somnolent pour se soucier de ce qui s'est passé. Rosario sourit de mes terreurs. Serrana (femme de la montagne) de naissance, elle ne s'est pas du tout alarmée lorsque la diligence semblait plonger tête baissée vers la perdition. "Même si nous étions bouleversés", dit-elle, "nous ne serions pas blessés, car la route était si étroite et les berges si abruptes que nous ne pourrions pas tomber bien loin." Elle m'a aussi dit qu'il y avait une bien meilleure route de l'autre côté, mais comme nous partions tard et que nous étions légers, le chauffeur, une vieille connaissance, avait choisi un raccourci qui en hiver est un cours d'eau. .

Protégés par la Providence qui protège les imbéciles, nous débarquâmes bientôt sur la grande route dans un dernier sursaut à faire trembler les os, et de là nous fîmes plusieurs kilomètres dans un confort relatif, à tel point que nous nous endormîmes tous les trois, et le garçon ainsi à peine s'est-il réveillé que nous sommes arrivés à proximité de son village natal : car c'est la route du Roi, et bien entretenue, comme le sont toutes ses classes, par les cantonniers du gouvernement. Cependant, j'ai été réveillé par un arrêt et des voix dans une *venta au bord de la route* , une buvette paysanne avec un porche profond et des poteaux entourés de vignes installés devant pour m'abriter du soleil. Comprenant que nous devions être là dix minutes, pendant que le chauffeur se rafraîchissait avec *de l'aguardiente* (dont j'ai poliment refusé l'offre, car il s'agit d'un spiritueux féroce fabriqué en grande partie sous ses formes moins chères à partir de pommes de terre), je suis descendu pour réchauffer mon frigo. membres par le mouvement, car nous étions maintenant assez haut et l'air était froid.

Derrière nous, déjà très loin, les lumières de Villamartín scintillaient encore aussi gaiement que si la nuit était encore jeune. Les nuages noirs s'étaient brisés et la jeune lune sortait une corne mince du milieu d'eux, tandis qu'à proximité, un champ d'herbes brûlantes jetait une lueur rembrandtesque sur une belle jeune femme assise devant une *choza* construite de bambous et de tiges de maïs, avec un bébé au sein. On se demandait pourquoi diable elle était éveillée et levée à quatre heures du matin, mais une voix à mon côté l'expliqua :

« *Señora, por Dios, une périlla pa' pan !* » [« Madame, pour l'amour de Dieu, un petit chien (½d.) pour du pain ! »]

Le mendiant omniprésent, en l'occurrence un enfant en haillons de huit ou neuf ans, guettait un éventuel sou de la part d'un voyageur fatigué qui pourrait donner la pièce afin de se libérer des plaintes professionnelles peu musicales.

J'ai faiblement donné la *périlla* . Aucun autre mendiant n'était à proximité, et la photo en valait la peine. Lors de mes voyages en Espagne, je regrette continuellement de ne pas être né peintre.

, ce fut une autre *nuit blanche* pour moi. Quiconque connaît la joie et la gloire de l'aube et du lever du soleil sur les collines comprendra qu'on ne perdrait pas volontairement un instant du changement lumineux de l'ombre la plus sombre à l'aube éclatante. Il ne fait pas pleinement jour sous ces latitudes avant six heures du mois de septembre, et la beauté du matin ne culmine que vers huit heures. Le garçon dormait sans rêves, et la pauvre Rosario, fatiguée, somnolait avec la tête sur son épaule, mais je restais assis et regardais jusqu'à ce que mes yeux soient éblouis par la splendeur du soleil sur les collines éternelles.

Vers 7h30, nous sommes arrivés à une *venta* près d'un beau nouveau pont avec une arche enjambant la rivière. Il a été construit il y a seulement quelques années, lorsque la grande route a été prolongée jusqu'à Algodonales. Jusqu'alors ce village prospère, avec quelques 7000 habitants et un important commerce de fruits et légumes et de bois de noyer, n'avait de communication avec le monde extérieur que par un chemin muletier. Maintenant, il se trouve sur l'une des routes principales de Ronda à Jerez, et j'ai entendu dire que depuis que j'y suis, il y a un service d'automobile depuis Jerez. Du pont à Algodonales, il y a une montée ombragée, le paysage devenant de plus en plus beau à chaque détour ; et Algodonales lui-même est un des plus jolis villages que j'ai vus en Espagne, tous des vergers et des noyers, avec la musique des eaux courantes partout où l'on va.

Il conserve encore son nom arabe, qui signifie « champs de coton », et la tradition du coton cultivé là-bas « *en tiempos antiguos* ». On peut comprendre que la culture du coton ait pu être une industrie de base chez les Arabes venus d'Egypte, car les vallées alentour sont bien abritées et une réserve d'eau inépuisable est apportée des collines au-dessus et distribuée par une fontaine arabe à quatorze mètres. bouches. Aux étés les plus chauds, elle ne fait jamais défaut, et la ville et les *huertas* sont toujours approvisionnées selon des lois d'irrigation datant de l'époque arabe, selon un ordre de préséance strict que personne ne songe jamais à contester.

On m'a montré le petit jardin d'un vieillard pauvre, riche en légumes verts et en fruits mûrs, et on m'a raconté comment, lorsqu'il a porté plainte contre un moulin à farine récemment érigé par un homme riche, pour avoir pris son eau, l'affaire a été immédiatement tranchée. en sa faveur, car sa petite *huerta* se trouvait sur l'ancienne *cañeria* (système d'irrigation) et détenait donc des droits inaliénables pour toujours. Cela m'a rappelé l'histoire d'un pauvre homme de Cordoue à qui le grand calife Abderrahman III S'ADRESSAIT. Il a payé un prix énorme pour quelques pieds de terrain au bord de la rivière, car le pauvre homme montrait que s'il perdait ce terrain, les droits d'eau de sa *huerta* seraient compromis.

Tout au long des *cañerias*, qui partout sauf dans les rues sont ouvertes à l'air libre, les fougères maidenhair poussent en masse, et toutes les rives sont vertes de végétation sauvage. On voit ici, comme dans bien d'autres endroits, que l'Espagne n'a besoin que de l'irrigation pour devenir l'un des pays producteurs de maïs et de fruits les plus riches d'Europe, car sous ce climat, une fois qu'on a de l'eau, une culture se succède toute l'année. .

La venue de Rosario avait été annoncée d'avance et il me semblait que tout le village attendait pour l'accueillir. C'était joli de voir le soin qu'elle et ses amies prenaient pour que je ne me sente pas laissé pour compte, et avant de savoir où j'étais, je me trouvai installée comme invitée dans la maison de la plus jeune mais la plus prospère de ses sœurs, et je ne pouvais absolument pas, sans une véritable impolitesse, chercher, comme je l'avais prévu, deux chambres dans la rue principale, d'où j'aurais une vue sur les noyers, les *huertas* et les collines.

Le mari de la sœur était le principal boulanger du lieu, et son ancienne boulangerie de construction arabe, avec ses vastes greniers sombres et ses fours caverneux, semblait couvrir environ un acre de terrain. Ils m'avaient aménagé leur propre chambre, avec du linge magnifiquement brodé, sur leur beau lit de cuivre, et le seul lavabo de la maison, un tout petit lavabo en fer émaillé, planté sur l'une des nombreuses chaises qui constituent le meuble principal. d'une chambre espagnole, qu'elle soit riche ou pauvre. Ils s'excusèrent de ne pas m'avoir vidé les tiroirs, car ils étaient pleins de vêtements d'enfants, et ils n'osèrent pas supposer que je les honorerais en acceptant leur hospitalité jusqu'à ce que je voie si je pourrais supporter une maison aussi pauvre. .

Je n'y avais que deux objections. La première était que l'entrée spacieuse était le lieu de rendez-vous favori de toutes les femmes du quartier, avec leurs bébés, qui pleuraient beaucoup ; et la seconde était que l'unique petite fenêtre de la chambre donnait sur une porcherie. Rosario s'en excusa en disant qu'elle savait que les dames anglaises n'aimaient pas les odeurs, mais si je pouvais autrement me sentir à l'aise ici, la porcherie devrait être nettoyée tous les jours lors de ma visite, au lieu, comme c'était l'habitude, une fois par mois.

Je n'aimais vraiment pas cette porcherie, mais il était impossible de blesser les susceptibilités d'une famille entière si pleine d'hospitalité sincère en refusant la chambre, et je savais que je verrais davantage la vie paysanne en tant que pensionnaire du *tahona* [6] que je ne pourrais le faire dans un logement autre que Rosario. J'ai donc gracieusement permis à la jolie Dolorès aux yeux bleus de préparer des lits pour elle, son mari et ses enfants sur le sol du grenier, et je l'ai incitée, en guise de faveur, à ne pas vider sa seule commode pour moi.

Et là j'ai dormi une semaine, avec les cochons devant, les volailles derrière, et un poney dans une étable à ma droite, qui se déchaînait régulièrement toutes les nuits et m'obligeait à appeler mes hôtes pour le rattraper, de peur qu'il ne se casse la sienne. à genoux devant une mangeoire en pierre et un récipient à eau laissés dans la cour par une génération oubliée. Car je savais que s'ils ne m'avaient pas donné leur chambre, ils entendraient eux-mêmes le bruit, et je ne pouvais pas laisser leur poney souffrir, car ils étaient trop hospitaliers avec moi. En fermant ma fenêtre et ses volets, j'ai pu exclure la majeure partie de l'odeur des porcs, et l'air ne manquait pas, car la lourde porte s'était détachée à moitié de ses gonds avec le temps et ne pouvait se fermer à moins de six pouces. Il fallait le réparer avec une chaise, mais, comme Rosario l'a souligné, je n'aurais pas besoin d'être le moins du monde nerveux s'il s'ouvrait tout seul, « parce que j'étais entre amis ; pas dans une *fonda* , où l'on ne savait jamais qui pourrait venir frapper à sa porte la nuit.

Il est habituel que des familles entières d'Espagnols, même d'une classe beaucoup plus riche, utilisent en commun une coiffeuse et un lavabo. En effet, dans un appartement meublé que nous avions loué cher un été au bord de la mer, nous n'avons trouvé qu'un petit lavabo fourni pour tout notre groupe, composé de trois adultes et d'un domestique. Ainsi, ni Rosario ni Dolorès ne pensèrent que je pourrais me laver avec ma porte entrouverte, et je surmontai ce léger inconvénient en accrochant ma robe de chambre par-dessus l'interstice, tandis que mon hôte et ses apprentis restaient assis et fumaient juste dehors.

La seule pensée de la famille semblait être de savoir comment m'assurer le plus de plaisir possible, et chaque jour des expéditions étaient planifiées. Tout le village était venu nous voir partir : moi sur mes *jamugas* , avec mon hôte conduisant l'âne, Rosario sur un autre âne ou une mule conduite par son fils, assise sur le *serón* (sacoches) contenant notre nourriture pour la journée et mes outils et appareils photographiques ; car (bien que ce soit un peu hors sujet) le but premier de mes expéditions en montagne est archéologique, et je suis toujours à la recherche de châteaux en ruine ou d'autres vestiges intéressants qui valent la peine d'être fouillés. Cela rend les bagages assez lourds, mais c'est un une solide satisfaction de prétendre que ses voyages d'agrément sont entrepris pour la cause de la science.

Une de nos escapades depuis Algodonales fut vers Zahara, la forte forteresse dont j'ai déjà parlé. Le nom de mon hôte était Salvador Malo (Méchant Sauveur !), et il aimait se faire dire que, bien que méchant de nom, il ne l'était pas de nature. Je lui ai imposé ce brillant *jeu de mots* à Zahara, où il m'a tiré de force jusqu'au sommet du château en ruine. Il semble avoir été détruit par un tremblement de terre, tant les masses de maçonnerie tombées sont brisées et renversées. On dit que les chrétiens ont abandonné Zahara à cause du manque d'eau pendant la guerre de Grenade, et on peut bien le croire, car ils ne semblent jamais avoir compris la nécessité de maintenir les admirables systèmes arabes, soit de stockage de l'eau, soit d'irrigation ; et une fois qu'ils ont laissé se détériorer les grands *aljibes souterrains* [7], la garnison de Zahara a dû être à la merci de l'ennemi, puisque les seules sources se trouvent hors des murs de la vieille ville, à deux ou trois cents pieds au-dessous de la forteresse.

La vue depuis les tours en ruine est superbe, et la petite ville qui grimpe sur la colline escarpée regorge de vestiges intéressants, dont le plus important est peut-être un mètre carré de soie rouge de fabrication arabe appelée *tafetán* , avec les restes de quelques caractères arabes. en blanc. C'était la bannière des musulmans, cédée après la prise de Grenade à Ferdinand et Isabelle. Il est désormais considéré comme une relique religieuse et est porté une fois par an en procession dans les rues à l'image du saint patron de Zahara. Il ne faut pas oublier de mentionner que le seul accès à Zahara, avec ses 1700 habitants, est un chemin cavalière. Des boiseries en noyer très soignées sont ici réalisées, comme aussi à Algodonales, mais le style Zahara est plus nettement arabe, et j'ai vu des consoles et une boîte à épices sculptées d'ornementations de « stalactites » qui pourraient sortir d'une mosquée. Ils avaient été fabriqués par le charpentier du village comme cadeau de mariage à sa femme.

Des voyages plus longs m'étaient prévus, toujours dans des endroits inaccessibles aux véhicules à roues, comme Grazalema, perché à l'ombre de San Cristóbal, le plus haut sommet de la Sierra de Ronda. Ici, d'admirables étoffes sont encore tissées à la main et se vendent à bon prix dans tout le pays, car elles ont la réputation d'être indestructibles. La ville autrefois florissante est aujourd'hui réduite à un village et nombre de ses belles maisons sont en ruines.

Cependant, la plus grande partie de mon séjour à Algodonales s'est déroulée dans le voisinage immédiat, qui est si richement boisé et si bien arrosé qu'il présente un contraste des plus pittoresques avec la montagne sinistre, qui, disent les indigènes, domine de 700 mètres au-dessus du village. Je ne pense pas qu'elle soit aussi haute que cela - en fait, je suppose que la falaise sombre qui jaillit tout droit du niveau de ma porcherie dans le ciel bleu au-dessus, ne mesure pas vraiment plus de 400 mètres depuis la porcherie jusqu'au sommet. ou 500 pieds. Mais les villageois pensent qu'ils devraient le savoir, car sur ce rocher aride sont perchées trois croix de fer, et chaque année les jeunes hommes et les jeunes filles parcourent péniblement un chemin qui semble convenir uniquement aux chèvres, dans l'accomplissement de l'exercice religieux connu sous le nom de Chemin. de la Croix. Les personnes âgées et les enfants sont excusés, car seuls les jeunes actifs peuvent franchir en toute sécurité ce chemin de pierre, et pour eux il y a un humble autel dressé à mi-chemin, où ils adorent pendant que le prêtre dit une messe pour le retour sain et sauf des aventureux. pèlerins.

La rue qui mène à ce chemin de montagne s'appelle Calvaire, et toute la cérémonie est une survivance des jours passés, où le Théâtre de la Passion se déroulait dans chaque ville de montagne, avec des acteurs vivants au lieu des images aujourd'hui portées en procession, et chaque pénitent devait marcher sur ses pieds nus et ensanglantés le long du chemin de croix avant de pouvoir espérer être ratatiné de ses péchés.

« UNE SELLE POUR LA FÉMINITÉ. »

CHAPITRE VIII

Pain raffiné et culte du soleil - Sandales préhistoriques - Une tonnelle de lauriers roses - Un Saint-Jean andalou - Mode et sentiers - Les *mauvais pas* - Le repos de midi - Une tempête en montagne - Tonnerre, éclairs et inondations - Des âniers au bon cœur — Un refuge bienvenu.

Bien trop tôt, le temps qui m'était imparti a pris fin et je me suis retrouvé à sept heures d'un magnifique matin de septembre en train de faire mes adieux à mes aimables amis, alors que je partais pour un voyage de 30 kilomètres à travers les montagnes jusqu'à la gare de Morón. de la Frontière. Mon hôte, en guise de cadeau d'adieu, m'a offert un curieux pain de sa propre fabrication, dans ce qu'on appelle un dessin *de caracól* - un symbole solaire primitif d'origine égyptienne, s'il l'avait connu. Je lui ai demandé où il avait obtenu le dessin et il a répondu : « De son père : ce n'était rien, mais comme j'aimais *les cosas antiguas* (vieilles choses), il lui est venu à l'esprit de le faire. » J'ai découvert depuis que cette forme de « petit pain » est particulière aux Algodonales, et mon cadeau d'adieu est conservé dans une vitrine avec d'autres survivances intéressantes du culte du soleil dans le Tartessus des Grecs, la Bétique des Romains et la L'Andalousie d'aujourd'hui.

Ce fut l'une des balades les plus longues et les plus belles que j'ai jamais faites, mais aussi la plus aventureuse. J'avais en effet écourté ma visite de quelques jours car certains indices laissaient présager un mauvais temps, et ce sentier de montagne, qui n'est souvent qu'un chemin de chèvre, est impraticable après la pluie, alors qu'une partie peut être emportée par les eaux. dans la rivière Guadálporcón, à des centaines de mètres en contrebas.

Nous avons grimpé encore et encore pendant quelques heures, jusqu'à ce que les vignes et les oliveraies soient laissées derrière nous et que des forêts de chênes verts, couvertes de glands, prennent leur place. Ce chêne, qui pousse presque jusqu'à la limite où la neige s'étend parfois jusqu'en juin, n'est que le deuxième en valeur après l'olivier dans les domaines de montagne, car il coûte très peu de travail, et ses glands sont la meilleure nourriture que l'on puisse donner au des troupeaux de cochons bruns aux poils longs qui hantent ces hautes solitudes.

Nous continuâmes notre route, tantôt en haut de la colline, tantôt en descente à l'ombre des chênes, tantôt le long d'un cours d'eau à travers des bosquets de ronces et de lauriers-roses qui, sous ce climat, deviennent presque des arbres lorsque leurs racines peuvent atteindre un ruisseau. Au-dessus d'un de ces bosquets, une vigne sauvage, poussant sur un rocher au-dessus, avait étendu ses branches enchevêtrées, et les chevriers l'avaient coupée et dressée pour former un abri imperméable au soleil. Un troupeau de chèvres paissait autour, gardé par un homme et un garçon portant de larges chapeaux de paille, des vestes de coton bleu et des pantalons courts avec des chaussettes rayées et des sandales en *sparte torsadé*, tout comme celles en usage il y a trois mille ans ou plus parmi les animaux. leurs ancêtres tartessiens. Ils dormaient à moitié sous leur berceau de feuilles de vigne et de fleurs de lauriers-roses, mais se levèrent à notre approche et insistèrent pour que je m'assoie pour me reposer à l'ombre, pendant qu'ils discutaient dehors, au soleil, avec José. Il faisait si frais et si joli que j'aurais volontiers fait une sieste là-bas, mais il était encore trop tôt pour cela et il nous restait encore de nombreux kilomètres à parcourir.

Le cri de détresse d'une chèvre brisa le calme ensoleillé qui nous entourait, et le garçon courut sur la colline comme un lièvre pour voir ce qui était arrivé à ses protégés. La dernière fois que je vis en m'éloignant, c'était le petit troupeau de chèvres debout sur un rocher bien au-dessus de nous, agitant la main en guise d'adieu, avec un chevreau blessé en bandoulière autour du cou. On rencontre constamment des incidents de ce genre, et bien sûr, cela nous rappelle inévitablement le petit Saint-Jean avec son agneau. Lors d'une récente foire de campagne, j'ai vu deux hommes se relayer pour porter dans leurs bras une chèvre de taille normale, qui s'était blessée à la jambe pendant le trajet vers la ville. C'était moins pittoresque qu'un chevreau sur les épaules, mais l'esprit était le même ; car la chèvre pouvait encore marcher, de sorte que ce n'était pas la nécessité mais la bonté qui dictait son action.

Nous avons rencontré peu de monde dans ces collines magnifiques mais désolées. José m'a raconté qu'au bout de quelques semaines, lorsque les glands mûrissaient, plusieurs familles venaient des villages alentours et vivaient dans *des chozas* pendant la récolte. Les *chozas* de la Sierra sont très différentes de celles des plaines. Ils sont construits en pierres posées à sec les unes sur les autres, et couverts d'*alfa* provenant des ruisseaux, et ils ont presque toujours une sorte de cheminée, car le froid ici les nuits d'automne et les jours de pluie est considérable. Mais ces cabanes construites en pierre peuvent être rendues très confortables et chaleureuses, en mortier les murs intérieurs et le toit avec quelque chose de plus durable que le roseau, et je ne peux imaginer de vacances d'été plus délicieuses que celles passées dans un *choza bien fait* au milieu de ces magnifiques montagnes. — à condition que la *choza* se trouve à proximité d'un château ou d'une nécropole tartessienne où fouiller pendant les intervalles pour profiter de la vue.

Les quelques personnes que nous avons rencontrées apparaissaient toujours à des moments inopportuns. Une grosse jeune femme montant un tout petit âne aux très larges *jamugas* et portant un magnifique parasol de soie à volants, apparut soudain au milieu d'une colline escarpée, si escarpée et si parsemée de rochers que moi, me sentant discrétion d'être le plus courageux, j'étais descendu de mon âne pour marcher. En fait, je descendais très souvent pendant ce voyage en descente, car en de nombreux endroits, je sentais que la seule façon d'éviter de plonger par-dessus la tête de l'âne serait de s'accrocher à sa queue, et cela me semblait dans l'ensemble plus sûr et plus sûr. plus digne de me fier à mes propres pieds. La jeune femme à l'ombrelle s'approchait au fur et à mesure que je descendais, mais je suis sûr qu'elle aurait tenu plusieurs fois la queue de l'âne plutôt que d'en descendre une fois si nos situations avaient été inversées, car je n'ai jamais vu d'expression plus affirmée. de paresse fade que la sienne. Elle était trop endormie même pour répondre au « Allez avec Dieu » que nous lui avons lancé, et c'est un manquement aux bonnes manières que seule la torpeur d'un embonpoint extrême pouvait tolérer. Je ne sais pas très bien comment nous avons réussi à la dépasser, elle et son convoi de serviteurs et d'ânes chargés de bagages : je me souviens seulement que j'ai dû grimper au sommet du rocher le plus proche et rester là longtemps pour ne pas gêner. pendant que le train passait.

Elle était la fille d'un propriétaire voisin, qui vivait dans une belle maison bâtie sur les ruines d'un château, au sommet d'une colline à notre gauche, comme me l'apprit José. Il ne se souvenait ni du nom de la famille ni du nom du château, et je n'avais pas particulièrement envie de le savoir non plus. Ce qui m'intéressait, c'était l'idée d'un riche propriétaire terrien se construisant une belle maison sur le versant d'une colline vers laquelle aucune route ne pouvait être tracée. C'était pour les oliviers et les chênes-lièges, dit José : ce *caballero* en possédait des milliers et des milliers et il venait d'Arcos dans la Sierra avec toute sa famille pour « prendre l'air de la montagne » quand arrivaient les récoltes.

Notre prochaine rencontre fut plus excitante. Il nous fallut traverser le flanc d'une colline abrupte qui descendait brusquement jusqu'à la rivière en contrebas, par un sentier juste assez large pour que l'âne et le mulet puissent mettre un pied devant l'autre, et pas plus. Cela n'aurait rien été en soi si le versant avait été recouvert de végétation comme le reste de la montagne. Mais c'est le « mauvais pas » du col, dit José, cet endroit qui, après un orage, même de pluie d'été, est non seulement dangereux mais impossible, car le flanc de la colline ici est d'une sorte d'ardoise schisteuse et il y a très peu d'eau. assez pour envoyer tout le chemin glisser jusqu'à la rivière. C'était désormais parfaitement sûr, dit José, car il n'y avait pas eu de pluie depuis trois mois et tout était sec et poussiéreux. Mais Mon Honneur comprendrait bien, voyant le mauvais pas de ses propres yeux, pourquoi il n'aurait pas pu tenter de l'emmener jusqu'à Morón, même s'il aimait lui plaire, si le redoutable orage était survenu la nuit dernière, comme il l'avait fait. j'avais un peu peur que ce soit le cas.

« Mon Honneur » a effectivement compris et a regardé en arrière plutôt anxieusement vers les collines derrière, où un fond charmant mais inquiétant de nuages bleu-violet mettait en fort relief le magnifique soleil qui nous entourait. José pensait-il que l'orage éclaterait pendant la journée ? Ne ferions-nous pas mieux de nous diriger vers une maison où nous pourrions nous abriter si nous étions surpris par la pluie ?

Mon honneur doit se libérer de l'anxiété. En aucun cas nous ne pouvions nous précipiter ici, où un faux pas serait fatal, et où il n'y avait aucune maison à plusieurs kilomètres à la ronde. Et la tempête était encore lointaine, de l'autre côté de San Cristóbal : peut-être, si Dieu le voulait, elle ne nous atteindrait pas ; et au pire, nous devrions avoir largement dépassé le col avant qu'il n'arrive.

En règle générale, j'attache le licol autour du cou de mon âne et je le laisse choisir son chemin, mais ici José le conduit, laissant le mulet de bât suivre du mieux qu'il peut. Il était évident qu'il se sentait un peu anxieux et il expliqua qu'un animal lourdement chargé avait dû glisser à un endroit où le chemin disparaissait complètement et que nous avions dû faire un détour en haut. Depuis quelques minutes, nous entendions une voix chanter, et juste à ce moment-là, un garçon monté sur un âne apparut. Ce garçon a procédé avec la plus grande nonchalance à tracer un nouveau chemin à travers les schistes lâches, plutôt que de prendre la peine de quitter la ligne directe comme nous l'avions fait. Il a crié à son âne, lui a donné de violents coups de talon, s'est enfilé dans les habituelles sandales *en sparte* avec des semelles d'un pouce d'épaisseur, et a pris le mors dangereux au trot ! Ce n'était pas fait pour l'effet, comme on aurait pu l'imaginer, car il ne prêtait aucune attention à nous, et nous l'entendions chanter gaiement tandis qu'il continuait sa route, ignorant apparemment qu'il avait risqué une mort subite et terrible par sa témérité.

Ensuite notre chemin descendit, et à une heure, comme les nuages semblaient s'être dissipés, nous osâmes nous arrêter pour nous reposer sous deux beaux noyers qui s'étaient semés au-dessus de la rive de la rivière et qui commençaient maintenant à prendre une apparence respectable. proportions, mais toujours bien en dessous de nous. José a dételé ses animaux, a monté une sorte de tente avec la couverture de mes *jamugas* et le tissu de sa mule, pour nous donner de l'ombre, et après avoir déjeuné, il s'est couché la tête sur mon fourre-tout et moi sur le mien. sur mon coussin d'équitation, et nous avons tous deux bien dormi pendant plus d'une heure. Nous ne pourrions pas en permettre davantage, avait-il dit, si je devais prendre le train de cinq heures à Morón, car nous étions déjà en retard à cause de mes fréquentes pauses pour admirer le paysage, et nous avions encore un très long chemin à parcourir. aller.

Pendant que nous dormions, les nuages se sont levés et je me suis réveillé pour trouver une chaleur orageuse et suffocante dans l'air, le soleil obscurci et aucun souffle de vent nulle part. José avait l'air grave et remercia sincèrement Dieu que nous ayons franchi le col. Si nous avions été surpris par ce temps de l'autre côté, nous n'aurions eu d'autre choix que de retourner à Algodonales, et la Señora n'aurait pas franchi ce col avant l'été prochain.

Pendant qu'il parlait, il sellait précipitamment les animaux et rangeait le panier-repas, etc., dans les sacoches, tandis que je détachais mon fourre-tout et sortais un parapluie et un imperméable, dont j'aurais sans aucun doute très bientôt besoin.

« Il n'y a pas d'alternative », a déclaré José, « je dois prendre votre honneur pour m'abriter dans la Venta del Albercón. Nous ne sommes qu'à une demi-lieue du chemin, mais si nous ne trouvons pas d'abri, nous serons noyés. Quel idiot j'ai été de permettre à Votre Honneur de quitter Algodonales, mais je l'ai fait pour le mieux, et Salvador a convenu que la tempête n'éclaterait pas avant demain.

Bien avant d'arriver à la *venta,* nous étions mouillés jusqu'aux os. La pluie tombait en une nappe ininterrompue, à travers laquelle des éclairs nous éblouissaient à des intervalles effroyablement fréquents, accompagnés de coups de tonnerre qui sonnaient parfaitement terribles dans leurs réverbérations sur les collines.

Dès que possible, José se dirigea vers les berges du ruisseau et traîna les animaux au risque de se casser les pattes parmi les pierres brutes qui remplissaient le lit. Déjà les plus grosses pierres étaient presque recouvertes, et José dit que si nous tardions à traverser jusqu'à ce que nous arrivions au gué, la rivière nous arriverait jusqu'au cou. De là nous nous frayâmes un chemin, je ne sais comment, à travers les lauriers-roses et les ronces, jusqu'à ce qui n'était en réalité qu'un chemin de chèvres, à une vingtaine de pieds en amont de la berge, et à ce moment-là la situation était si critique que José cessa de s'excuser, car toutes ses énergies étaient consacrées à pousser les bêtes terrifiées. Heureusement, ils le connaissaient et l'aimaient, et sa voix caressante apaisait même le mulet, qui était jeune et devenait à moitié fou de terreur lorsque l'éclair brillait dans ses yeux.

Nous avons dépassé le gué où la piste des Algodonales traversait une route secondaire d'Olvera à Villamartín, en la laissant sur notre gauche. C'était déjà un torrent déchaîné de huit à dix pieds de profondeur et qui s'élevait de minute en minute, et tous les petits cours d'eau affluents qui étaient des déserts pierreux lorsque nous avons commencé étaient maintenant des ruisseaux troubles, se précipitant pour grossir le flot. Je n'ai jamais rien vu d'égal à la rapidité avec laquelle les eaux se sont accumulées et j'ai vraiment commencé à me demander si José et moi serions un jour revus par nos familles respectives, car il semblait qu'à tout moment nous risquions d'être submergés par une avalanche. des pierres et des schistes tombaient des sommets au-dessus de nous par ces torrents de cauchemar qui avaient soudainement surgi là où, une heure plus tôt, tout était sec en poussière. Il m'est également venu à l'esprit que ma famille, qui était en Angleterre, n'avait pas la moindre idée de l'endroit où j'étais, mon voyage ayant été une inspiration soudaine dont je ne les avais pas informés ; et j'imaginais mon amie Rosario cherchant distraitement mon cadavre en compagnie de la veuve et des enfants de José (j'appris plus tard qu'il était célibataire) et télégraphiant sauvagement pour annoncer la nouvelle, gênée par l'ignorance de l'adresse de ma famille.

Heureusement, ces sombres pressentiments ne se sont pas réalisés. Un coup de tonnerre qui parut ébranler le monde entier, et un éclair si proche au-dessus de nos têtes que nous en étions presque aveuglés, annoncèrent notre arrivée à la *venta* , et en un instant je me trouvai soulevé de l'âne et à moitié transporté dans la maison par les gens aimables qui s'y trouvaient, tandis que José retirait les sacoches - qui ne pouvaient pas passer par la porte - de sa mule et conduisait les deux pauvres bêtes effrayées et à moitié noyées à travers une cuisine propre et blanchie à la chaux jusqu'à une vaste écurie au-delà. , où il les a caressés et apaisés jusqu'à ce qu'ils soient tout à fait calmes et heureux, avant de penser à son propre confort. La tempête était si soudaine que, même s'il avait sorti une couverture supplémentaire pour moi, il n'avait pas pu ou pas voulu s'arrêter et enfiler sa propre couverture, qui se trouvait dans les sacoches sous mes bagages, et toutes mes persuasions avaient échoué. l'inciter à prendre le mien, qui avait été jeté sur les bagages, au départ, pour protéger mon appareil photo du soleil.

On a l'impression à l'étranger que les Espagnols ne sont pas gentils avec leurs animaux, mais c'est une grave erreur .

« Comment ne pas faire de notre mieux pour nos ânes, alors que nous dépendons d'eux pour notre subsistance ? un de mes *arrieros* a remarqué que je louais ses tendres soins à une mule blessée.

Il est vrai qu'on voit souvent dans les villages de la Sierra, même des mulets et des ânes très jeunes et très actifs, avec les genoux gravement cassés ; mais quand on réalise que la plus grande partie de leur travail doit être accomplie sur des chemins tels que ceux que j'ai essayé de décrire — car, grâce à la négligence des classes dirigeantes, il y a des milliers de villages en Espagne qui ne peuvent être atteints que par de tels chemins — il faut admettre qu'il est étonnant que la condition des bêtes de somme ne soit pas pire. Et en effet, je sais pertinemment que beaucoup de pauvres hommes qui travaillent la terre ne laissent jamais leurs ânes avoir faim pendant qu'ils mangent un morceau de pain pour eux-mêmes, de sorte que mon cœur se serre souvent de voir les animaux maigres et en mauvaise condition, sachant que cela signifie il y a du besoin à la maison.

Ayant tous mes bagages avec moi (un autre avantage de voyager à dos d'âne), j'ai pu me débarrasser immédiatement de mes vêtements mouillés et, pendant que je me changeais dans un loft spacieux au-dessus de la cuisine, où la famille dormait et gardait son maïs. , haricots, melons d'hiver et autres provisions, la jolie fille de la *ventera* m'a dit que, bien que les tempêtes d'automne et d'hiver fussent assez fréquentes sur ces collines, on n'en avait jamais vu surgir si soudainement ni avec une telle rapidité si tôt dans la saison. Nous apprîmes par la suite qu'il s'agissait bien plutôt d'un cyclone que d'un orage ordinaire, et qu'il fit de terribles dégâts de l'autre côté de la chaîne de montagnes, inondant tout un village au bord d'une rivière et noyant une malheureuse famille gitane campée sous un pont. dans le lit du ruisseau, que personne ne s'attendait à ce que l'eau atteigne avant au moins un mois plus tard.

CHAPITRE IX

Humour rustique – La *venta hantée* – Tombes préhistoriques – Un voyage différé – Plus d'hospitalité montagnarde – La fin de ma balade – Un train perdu – Une nuit dans une *posada* – Le chevaleresque José – Compagnie mixte – Adieu les collines.

La pluie tombait à torrents et les nuages étaient si noirs qu'à trois heures de l'après-midi nous étions assis dans la pénombre ; mais le temps ne nous pesait pas trop, car je m'amusais à observer les aménagements de ma jolie fille et de son amant, un jeune timide avec une étrange mèche de cheveux blancs sur le front. Et il y avait un vieil homme desséché, vêtu de façon pittoresque d'une courte veste marron renforcée dans le style décoratif de la province aux coudes, aux poignets, au col et aux coutures, avec du tissu noir coupé en dessin, et portant une très belle salopette de cuir brodée allant de la taille jusqu'aux genoux, qui avait une humeur sournoise qui provoquait des éclats de rire dans la compagnie. Il a aiguisé son esprit sur Mariquita et son Rafael, mais j'ai pris soin de ne pas comprendre ces plaisanteries, sachant qu'elles sont susceptibles d'embarrasser une modeste matrone britannique ; et dès que je le pus, je détournai la conversation en demandant s'il était vrai qu'il y avait un *susto* (effroi), *un miedo* (peur) ou *un duende* (fantôme) hantant la rivière, comme j'en avais entendu parler à Algodonales. Il n'était pas tout à fait vrai que j'avais entendu une telle histoire, mais je sais par expérience qu'une enquête de ce genre, si elle est faite avec sympathie, fait souvent ressortir une histoire populaire intéressante.

AMOUREUX RUSTIQUE.

C'est ce qui s'est produit dans ce cas, et l'histoire s'est avérée si étrange que je dois la raconter dans son intégralité.

J'ai appris que la *venta* est hantée par le fantôme d'un chat blanc, qui apparaît devant la porte et disparaît en remontant le ravin en direction d'un endroit appelé Las Cuevas.

Comment savaient-ils que c'était un fantôme et non un vrai chat ?

Parce qu'il n'y avait pas de chat blanc sur place, et parce qu'il répondait lorsqu'on lui parlait. Beaucoup de gens l'avaient vu, et s'ils disaient

« *Gatito, gatito, porque tan flaquito ?* »

(Petit chat, petit chat, pourquoi es-tu si maigre ou si faible ?)

Le chat répondrait

« *Parque 'tamo' li'to'* »,

qui est la prononciation paysanne de « *estamos listos* ». La signification correcte de ceci est « *Parce que nous sommes prêts* » ou « intelligents » (*listo* a les deux sens), mais ils ont donné ici à « *listo* » le sens de « fini » ou « fini ».

Mais pourquoi le chat est-il monté aux Cuevas (grottes) ? Et dans quelles grottes est-il allé ? Et qui était considéré comme « terminé » ?

Eh bien, il est allé là-bas parce qu'il y avait d'autres fantômes là-bas, dont beaucoup étaient des animaux de toutes sortes de formes ; mais le chat était le seul à parler. Il y avait toujours eu du *susto* dans ce ravin. Les *cuevas* ? Eh bien, ce n'étaient que des grottes, comme toutes les autres grottes de la Sierra. Les bohémiens y dormaient en se rendant d'une foire à l'autre, et les bergers aussi étaient heureux de s'y abriter contre des tempêtes comme celle-ci. Mon honneur aimerait-il les voir ? La tempête était en train de passer, et ils pourraient m'emmener là-haut dans un instant, avant que je continue mon voyage.

José était tout à fait disposé à m'accompagner à Las Cuevas, mais il me fit remarquer qu'il était déjà si tard que nous ne pouvions pas espérer prendre le train de cinq heures à Morón, car la route, bien que relativement sûre pour le reste du trajet, serait boueux par endroits et ralentirait notre progression. La Señora doit comprendre qu'il ferait nuit avant notre arrivée, et les Señoras aimaient rarement monter à cheval la nuit, bien qu'il ait observé ce jour-là que les Señoras anglaises, s'ils étaient tous comme moi – le premier spécimen de cette race qu'il rencontrait – étaient bien plus vaillants que ceux de son propre pays.

La famille *Ventera* , désormais bien décidée à surmonter toutes les difficultés en vue d'une visite qui « donnerait de l'importance » à ses fantômes, se jeta dans la brèche. Pourquoi ne devrais-je pas passer la nuit chez eux ? Il est vrai que ce n'était qu'une maison de pauvres gens, mais j'aurais un *chat* dans la cuisine, le matelas de Mariquita et le linge de lit de sa commode, tout neufs pour son prochain mariage. Et puis je pourrais continuer le lendemain à mon aise pour prendre le train de l'après-midi, car il ferait certainement beau demain après la tempête et la boue aurait séché ; quant à la nourriture, si je condescendais à partager le *puchero familial*, il serait aujourd'hui très riche, car ils avaient tué une volaille pour y mettre, et il y avait des œufs frais et du fromage de chèvre, et beaucoup de vin.

Qui pourrait résister à une telle offre ? Certainement aucun archéologue sur la piste des grottes et des fantômes.

Et maintenant vient la partie vraiment étrange de mon histoire. J'ai trouvé que les Cuevas étaient une série de tombeaux à chambres, plus ou moins détruits par le vent et la pluie des siècles, mais incontestablement sépulcrales, la nécropole d'une race qui utilisait encore des outils en pierre, autant de restes de ceux-ci gisent dans les débris. autour a témoigné. Et le lendemain, avec l'aide de José et des fils de la veuve *Ventera*, je me mis à l'ouvrage pour en ouvrir un encore intact, et je trouvai, comme je m'y attendais, un squelette humain étendu de tout son long sur le sol, et avec lui des tessons. de poteries brisées qui m'ont permis d'étonner mes amis paysans en faisant une vague estimation des dizaines de siècles qui s'étaient écoulés depuis que « ces morts » avaient été enterrés ici.

J'ai vu d'un coup d'œil que les Cuevas avaient une importance scientifique, car à proximité j'ai trouvé les reliques d'un temple remarquable au soleil, avec son autel de pierre pour, je le crains, les sacrifices humains et un siège de pierre pour les prêtres. Il était hors de mon pouvoir de négliger une telle occasion de recherche, et je renvoyai José dans son propre village pendant que je m'attardais une semaine à la *venta*, creusant les tombes toute la journée. Et j'ai dormi, accompagné de Mariquita, dans une petite maison de deux pièces construite près de la maison de sa mère pour qu'elle y vive quand elle se marierait, et je partageais les repas simples mais excellents de la famille, qui supprimait avec la plus grande considération l'ail tant que je resté avec eux.

Et maintenant le point de ma longue histoire. Jusqu'à l'ouverture des tombes et la découverte des squelettes, personne dans le quartier n'avait la moindre idée qu'il y avait jamais eu de sépultures à Las Cuevas. Comment alors le lieu a-t-il acquis la réputation d'être hanté ? Le *susto* était ancien, car la *ventera* était loin d'être jeune, et elle se souvenait avoir entendu son grand-père dire que *son* grand-père, comme lui, avait vu le chat blanc sur le seuil de la *venta*, que la même famille possédait depuis des générations.

Après examen, j'ai découvert que la maison actuelle, reconstruite lors du mariage de l'actuel propriétaire il y a environ vingt-cinq ans, se dressait sur les ruines d'une construction tartessienne dont les murs, épais d'un mètre, étaient encore visibles, formant la limite du domaine. un sol pavé sur lequel étaient disposés des tables et des bancs pour les voyageurs fréquentant les lieux. Avant la reconstruction, les murs en ruine renfermaient un réservoir ou un réservoir pour les pluies hivernales, d'une profondeur d'environ dix pieds. Elle avait été comblée avec des pierres provenant du flanc de la colline, car les eaux stagnantes s'avéraient malsaines ; mais le lieu a conservé son ancien nom, la *Venta* de l' *Albercón* ou réservoir. Il n'y avait aucun doute là-dessus, ces murs en ruine étaient pré-romains, car il me fallut travailler des jours entiers pour parvenir jusqu'à eux qui fermaient l'entrée d'un de mes tombeaux à chambre ; et le mortier se cristallisait avec le temps.

Pourquoi, je le demande encore — car je suis tout à fait incapable de répondre moi-même à la question — ces paysans andalous illettrés croient-ils voir le fantôme d'un chat blanc sortir d'une maison moderne et disparaître dans une sépulture qui date peut-être de quelque part à l'époque où les habitants de l'Égypte ancienne adoraient un chat, parmi d'autres divinités animales ? La seule chose que je peux certainement dire, c'est que cette légende est une légende dont personne ne peut dire l'origine, et que personne ne serait plus étonné que ces voyants fantômes d'apprendre qu'un chat était quelque chose de plus qu'un chat lorsque ces tombes ont été détruites. d'abord creusé dans le roc. Par une certaine jalousie concernant ma découverte, avec laquelle tout archéologue sympathisera, j'ai légèrement mal décrit le lieu des grottes hantées. Mais chaque mot de l'histoire est strictement vrai, et je suis tout à fait disposé à donner des détails complets à quiconque s'intéresse scientifiquement à la question. Cependant, il n'entendra parler du chat fantôme que s'il parle librement espagnol et adopte une attitude de crédulité respectueuse, car aucun paysan espagnol ne parlera de fantômes s'il pense qu'on se moque de lui.

Quand j'ai finalement quitté la *venta*, j'ai dû louer un âne supplémentaire pour transporter le chargement de tessons de poterie, de briques, de pierres et de mortier que j'avais rassemblés dans le quartier de Las Cuevas, sans parler des crânes, des mâchoires et des os. des dents, que Mariquita frissonnait et refusait de toucher lorsque je les emballais. Mais le reste du voyage jusqu'à Morón s'est déroulé dans un temps parfait et rien de digne de mention ne s'est produit en cours de route.

J'ai raté mon train, à cause de mon habitude invétérée de m'arrêter pour étudier les pierres sur la route. Et le résultat a été que j'ai dû passer la nuit dans une petite pièce loin d'être propre au-dessus de la *posada* où José enfermait ses bêtes, car les seules escales étaient pleines de *viajantes* et je ne trouvais nulle part où dormir. José lui-même m'a servi, car une *posada* ne rend aucun service, même si un modeste pourboire m'a permis d'obtenir une paire de jolis draps propres de la part de la propriétaire de l'écurie. Il m'a apporté du café chaud et fort du café qu'on trouve toujours même dans les petits villages espagnols, a cajolé de l'eau chaude d'un endroit inconnu, car il n'y a jamais de bouilloire dans une *posada* , et a dormi la tête sur mes bagages au pied. des escaliers menant à ma chambre.

"Ce n'était pas un endroit pour une dame", a-t-il déclaré, "mais au moins, il connaissait les gens pour être honnêtes, et je pouvais me sentir assez en sécurité (comme c'était le cas) avec lui à portée de main."

Je n'ai attrapé que trois puces dans mon lit , ce que je pensais être une allocation modérée pour une chambre au-dessus d'une écurie, et quand j'ai été réveillé par les piétinements et les piétinements des nombreux animaux en dessous de moi, j'ai souri en pensant à l'horreur de ma famille auraient-ils pu voir mes quartiers cette nuit-là. Ils se sont habitués, par la force des choses, à l'idée que je dorme sur des paillasses dans des chalets, mais c'était ma première découverte d'une *posada* .

Je ne sais pas si j'ai envie de répéter l'expérience, mais pour une fois, cela en valait la peine. L'inconfort était compensé par le pittoresque de l'écurie par laquelle je devais passer pour entrer et sortir de ma chambre, avec les animaux et leurs propriétaires vaguement soulignés à la lumière de deux ou trois anciennes lampes à huile d'olive accrochées çà et là. sur les murs. Une jeune mère madone avec un bébé au sein, appuyée contre une paire de paniers que son mari avait soutenus par un tas de paille et recouverts d'un tapis à rayures gaies, formait un joli contraste avec un vieil homme aux cheveux gris qui préparait son souper sur un poêle en briques noircies dans un coin voisin. Et les gens de la maison, gros, beaux et d'apparence agréable, étaient assis sur un drôle de petit palier à mi-chemin de l'étage, cousant et bavardant sous une ampoule électrique à deux bougies suspendue à un fil si épais de mouches qu'il ressemblait à une corde de chanvre. Ils semblaient assez indifférents à l'entourage, mais je vis qu'ils surveillaient les allées et venues en contrebas, prêts à récupérer à tout moment leur argent auprès du client dont les mouvements indiquaient un départ anticipé avec son âne. La galerie donnait sur une petite cuisine où ils préparaient leurs propres repas, bien qu'ils refusaient, comme la loi le permet, de cuisiner les miens. Des ustensiles en laiton poli brillamment y étaient suspendus, et quelques morceaux de poterie grossière ornaient l'étagère de la cheminée. Parmi ceux-ci se trouvait une curieuse vieille assiette de fabrication locale, qu'ils me vendirent pour quelques sous lorsque je pris congé le matin.

C'est ainsi que s'est terminé ce voyage dans la Sierra. Un froid dans l'air m'annonça que l'hiver approchait tandis que je descendais à cheval jusqu'à la gare, escorté jusqu'à la porte cochère par le fidèle José ; et avec un soupir de regret, j'ai vu mes *jamugas* expédiés au fourgon à bagages, sachant qu'ils devraient désormais rester inactifs à la maison pendant de nombreuses semaines.

UN VÊTEMENT FUNÉRAIRE DU XVE SIÈCLE.

CHAPITRE X

Coutumes du deuil – « Entretenir » les morts – La veille des funérailles – Des amis sympathiques – « Accompagner » les personnes en deuil – Une erreur verbale – Des masques noirs lors d'un bal – Une maison drapée de noir – Le piano verrouillé – Trois ans de réclusion – Le deuil des pauvres – Chemises noires mais visages rieurs – « Tué au combat » – L'héroïsme de Rosa – « Mon papa » – Pourquoi Paz sera une vieille fille.

En Espagne, le deuil est un aspect important de la vie familiale et sociale. Même dans les grandes villes, on ne constate qu'une légère tendance à évoluer avec le temps, et hors de Madrid, de Séville ou de Barcelone, l'observance rigide des anciennes coutumes est, comme les coutumes elles-mêmes, tout à fait orientales.

Je me souviens avoir été tenu éveillé presque toute une nuit dans une grande ville par un extraordinaire concert de bruits lamentables provenant d'un immeuble voisin. Il y eut d'abord un long gémissement de ténor, montant et descendant dans une tonalité mineure, puis un gémissement exactement similaire dans un contralto profond, et enfin dans des aigus aigus, évidemment venant d'un enfant. J'appris le lendemain matin qu'un enfant était mort dans la maison en question et que le père, la mère et un petit frère avaient « entretenu » les morts toute la nuit. Cette manifestation de chagrin n'est plus aussi courante aujourd'hui qu'elle l'était il y a quelques années, même parmi les classes les moins instruites, mais d'autres particularités à peine plus conformes aux idées modernes s'observent chez les endeuillés de tous rangs.

L'une des plus étranges à nos idées est la coutume de tenir ce qu'on pourrait appeler une veillée autour du cadavre la nuit qui suit la mort. Les funérailles doivent avoir lieu dans les vingt-quatre heures, excellente règle sanitaire que nous, Anglais, pourrions adopter avec avantage. Mais, comme me l'a fait remarquer calmement une jeune femme en profond deuil de sa mère adorée : « Il est vrai que dans le climat froid de l'Angleterre, les morts ne se décomposent pas aussi rapidement qu'ici. » Il est vrai aussi que vingt-quatre heures suffisent amplement pour mettre la famille en deuil dans un pays où chaque femme a, bien entendu, un costume noir dans sa garde-robe toute l'année, pour ne pas perdre de temps à confectionner des vêtements pour les funérailles, et la nuit qui suit un décès, tous les amis les plus intimes sont prêts à s'asseoir en signe de sympathie.

Une grande gentillesse bien réelle est manifestée en cas de maladie grave. Les infirmières qualifiées sont rarement ou jamais appelées, mais les amis se relaient pour s'asseoir avec la famille et le patient et, s'ils ne sont pas riches, les approvisionnent en poules, en œufs et tout ce qui peut être utile au malade. -chambre. L'habitude d'« accompagner » le malade est cependant parfois embarrassante pour les étrangers. Un jour, alors qu'un membre de ma famille était censé être *in articulo mortis* , son ami espagnol le plus intime a presque insisté pour partager mes gardes de nuit ; et quand enfin je le persuadai que même sa présence sympathique pouvait s'avérer préjudiciable à quelqu'un pour qui le calme absolu était la seule chance, il dit avec une intense conviction :

« Au moins, promets-tu de m'envoyer chercher à toute heure du jour ou de la nuit, quand tu sauras que la dernière heure est proche, pour que j'assiste à la montée au ciel d'une si noble âme !

Mon appréciation de ce que je savais être destiné à la plus vraie gentillesse n'atténuait guère ma répugnance à la simple suggestion d'une telle intrusion dans la vie privée à un tel moment. Heureusement pour les sentiments de don Antonio comme pour les miens, la maladie prit une tournure favorable, et les larmes de joie de notre ami à la bonne nouvelle effacèrent rapidement le choc qu'il avait inconsciemment infligé à nos susceptibilités au moment de la crise. Un autre ami, par pure courtoisie et bonté de cœur, parvint à choquer encore davantage nos idées britanniques : il vint en toute hâte, en apprenant que le patient était abandonné, offrir ses services pour l'organisation des funérailles !

Nos idées de garder la chambre du malade libre de tout mouvement et de tout bruit, et notre refus de recevoir au chevet de notre lit tous les aimables amis espagnols qui venaient s'enquérir, leur parurent vraiment très étranges, car chez eux la sympathie s'exprime nécessairement en leur fournissant beaucoup de compagnie « pour remonter le moral du malade » et de ses proches. Je me souviens avoir été pressé un jour par un ami d'aller rendre visite à la mère d'une jeune fille qui souffrait désespérément d'une méningite - une maladie qui (si elle est correctement diagnostiquée) semble curieusement courante parmi les classes aisées de ce pays. J'ai hésité, au motif que ma très légère connaissance avec la dame ne justifiait guère que je m'immisce dans son chagrin et son anxiété.

"Mais c'est ma cousine, et tu es mon amie, et elle remarquera certainement ton absence si tu n'y vas pas."

Je suis allé. J'ai compté douze femmes et filles dans la chambre du patient, car j'étais obligé de monter à l'étage et de regarder la pauvre fille par la porte ouverte, sous peine d'être considéré comme cruellement méchant par la mère.

Elle mourut, comme il fallait s'y attendre, quelques jours plus tard, et je dus me présenter à la maison de deuil le soir des funérailles, accompagné du seul membre de notre famille appartenant à la génération de la défunte. J'avais une robe noire, mais ma fille n'en avait qu'une blanche, et nous avions espéré que cela pourrait être accepté comme excuse pour sa non-apparition. En aucun cas. La cousine et ses deux filles sont venues en personne, enveloppées de la tête aux pieds dans des châles de soie noire, pour insister pour que nous les accompagnions toutes les deux à « *dar el pésame* », pour exprimer leur sympathie à la personne en deuil.

Ce fut l'une des expériences les plus pénibles que j'ai vécues en Espagne. Nous, les personnes âgées, étions tous assis autour de la pièce sur des chaises, des canapés et des canapés trop lourds pour bouger d'un pouce de leur place désignée, et un par un nous avons été conduits dans une petite pièce intérieure où la mère, aveugle à cause des pleurs, était assise recroquevillée avec ses coudes sur ses genoux et sa tête sur ses mains, exprimant haut et fort sa douleur effrénée.

« Oh, ma fille, ma chère compagne ! Oh, ma fille, ma chère compagne ! elle gémissait encore et encore d'une voix rauque de sanglots, et ne sachant pas du tout ce qu'elle disait.

Nous avons dû nous asseoir et embrasser sa joue en larmes et dire à quel point sa Belén avait été une fille belle et charmante, et offrir une prière conventionnelle pour une consolation divine, puis quelqu'un d'autre est venu prendre notre place, au milieu d'un nouvel élan. de sanglots et de gémissements. La pauvre âme s'était mise dans un état d'hystérie, mais à travers tout cela, elle était consciente qu'elle répondait aux attentes de ses amis et faisait ce qu'il fallait envers sa fille en se montrant ainsi impuissante et brisée par ses ennuis. La retenue en de telles occasions est considérée comme une preuve de froideur de cœur et d'un manque de respect et d'affection envers les morts.

Quand je suis sorti après mon douloureux entretien avec la mère, j'ai trouvé tous les jeunes cousins et compagnons de la pauvre Belén en éclats de rire, et ils se sont tous retournés vers moi en s'exclamant :

« Oh Doña Elena, comme ton Olivita est drôle ! Quelles choses amusantes elle dit ! Et quelles étranges coutumes vous avez dans votre pays !

Il semblait que mon "Olivita" avait essayé d'expliquer dans son espagnol encore imparfait qu'en Angleterre les jeunes hommes et les jeunes filles étaient autorisés à sortir en se promenant ensemble, sans chaperons comme ici par "Maman" d'un côté et "ma tante" de l'autre. . Et par erreur pour *pasear* , pour sortir se promener, elle avait utilisé le mot *besar*, qui signifie embrasser. De sorte que nos personnes en deuil l'ont amenée à dire que c'était la coutume en Angleterre que les hommes et les filles s'embrassent chaque fois qu'ils se rencontraient dans la rue, et que leur amusement à cette idée avait complètement effacé de leur esprit pour le moment la mélancolie. raison de leur rencontre.

Les dames aînées prenaient tout cela comme une évidence.

« Pauvres enfants », disaient-ils ; « Ils sont très fatigués et rient facilement. C'est tout à fait naturel, et cela arrive généralement dans ces tristes occasions.

Comme on peut l'imaginer, un chagrin aussi bruyant ne dure pas longtemps ; mais même si je pensais comprendre le tempérament espagnol, j'ai été plutôt choqué lorsqu'un jour, deux filles portant des masques noirs et des dominos m'ont abordé lors d'un bal de carnaval et se sont révélées être les sœurs d'une jeune mariée décédée avec son bébé. , moins d'un mois avant.

Ils se jetèrent sur ma merci, craignant que je ne les reconnaisse, et me prièrent de ne pas trahir leur escapade à leur mère, qui croyait qu'ils passaient la soirée chez un ami malade, et dont le consentement avait été difficilement obtenu pour eux. même pour faire cette course, si peu de temps après la mort de leur sœur. Je pense qu'il s'agit d'un cas exceptionnel de « gel rapide, long dégel », mais on trouve souvent des femmes en profond deuil parlant avec amertume des restrictions imposées par la coutume à leur vie sociale et même à leur vie familiale lorsqu'un proche parent décède.

J'ai entendu dire que toute la maison, depuis la porte de la rue jusqu'au boudoir des dames, était tendue de draperies noires pendant les neuf jours de deuil rigoureux après la mort subite du maître de la maison, et pendant tout ce temps les femmes durent asseyez-vous dans la pénombre, matin, midi et soir. Les filles n'ont pas été autorisées à toucher le piano pendant trois années complètes après la mort de leur père. Un de leurs amis et le mien m'a raconté que les filles, qui aimaient beaucoup la musique et étaient de bons pianistes, se moquaient de la maladie, tant elles ressentaient profondément la perte de leur occupation préférée après que leur premier chagrin soit passé, mais rien. inciterait la mère à faire déverrouiller le piano. À la mort de leur père, elles étaient de jeunes filles fraîchement adolescentes, pleines de vie, de bonne position sociale et disposant de beaucoup d'argent pour satisfaire tous leurs caprices. Quand je les vis après trois ans de réclusion, elles étaient pâles, maigres et mélancoliques, et ressemblaient à des femmes de trente ans plutôt que de vingt ans dans leurs voiles de mousseline enveloppants, car même si elles avaient renoncé au crêpe, elles étaient toujours vêtues de noir de la tête aux pieds. .

L'amie en question, une jeune femme mariée avec un mari dévoué et deux jolies petites filles, venait elle-même de sortir d'un an de stricte retraite après avoir perdu sa mère. Elle m'a dit qu'elle était considérée par l'ancienne génération comme une créature contre nature, car elle avait recommencé à jouer de son piano bien-aimé.

« Vous ne pouvez pas dire à quel point j'ai parfois eu envie de musique, à mesure que je m'habituais à ma perte », a-t-elle déclaré, « mais je ne pouvais pas me résoudre à jouer. Cela aurait semblé si terrible à mes amis et à mes relations. J'ai souvent été terriblement triste. Je suis parfois devenu presque fou à cause de la dépression. Mon mari m'a suppliée de voyager avec lui, de jouer du piano, de faire tout ce qui pourrait diminuer ma tristesse. Mais comme je ne lui obéis jamais quand je suis heureux, vous devinez combien je faisais peu d'attention à ses vœux lorsque je pleurais ma mère. Cela fait maintenant un an qu'elle est décédée, et je n'y peux rien si mes voisins me critiquent. Je *dois* recommencer à vivre.

Ce qu'il y a d'étrange dans cette exagération choquante de l'apparence extérieure du chagrin, c'est que si presque toutes les femmes que l'on rencontre se plaignent de son absurdité, de ses effets néfastes sur la santé, de ses atteintes cruelles à la jeunesse et au bonheur, aucune d'entre elles n'a le courage de se rebeller activement. .

Les pauvres, même s'ils se lèvent nécessairement en toute hâte pour aller chercher leur salaire journalier, sont tout aussi stricts que les riches dans leur costume de deuil. Lorsqu'un parent décède, tout doit être noir : des parements noirs sont cousus sur les devants et les poignets des chemises des hommes, des manteaux de coton noir sont portés, des cravates noires à la place des cols et des chapeaux de feutre noir, même en plein été. Les femmes, de leur côté, portent des sous-vêtements noirs sous leurs robes noires et s'attachent la tête dans des mouchoirs noirs, mettant parfois en gage tous leurs vêtements colorés pour payer les vêtements conventionnels du malheur. Sous ces apparences sombres, on voit souvent des sourires rayonnants et des yeux pleins de vie et de plaisir ; car les ouvriers ne sont que sincères, et quand ils se sentent heureux, ils le montrent. Mais quand le pays est en difficulté, des villes et des villages entiers semblent le ressentir ; comme, par exemple, pendant la guerre du Maroc de 1909. Le massacre de quelque deux mille soldats dans le piège mortel du Gurugú à Melilla a endeuillé un grand nombre de familles pauvres ; et encore en 1913, pendant la campagne de Larache, comme on l'appelait ici, le deuil était généralisé. Chaque jour apportait la nouvelle qu'un ou deux, dix ou vingt hommes étaient tombés dans la guérilla menée contre l'Espagne par le grand bandit El Raisuli : et ici non seulement la famille immédiate du mort porte du noir pour lui, mais le deuil est *de rigueur* parmi toutes les relations collatérales même avec les cousins au deuxième et au troisième degré.

Cela m'est venu à l'esprit un jour où je voulais photographier un ruisseau où des femmes et des filles se lavaient, car chacune d'elles ce jour-là portait du noir. Nous avons finalement renoncé et avons attendu une autre occasion, car, comme je l'ai fait remarquer à mon photographe, nous devrions présenter sous un soleil radieux au moins une fille habillée de couleurs.

« C'est très vrai », fut sa réponse, « mais il y a beaucoup de deuil. Vous voyez, il y a tellement de soldats qui meurent au Maroc en ce moment.

Et de nombreux officiers aussi, fut mon ajout mental, car ses paroles renvoyèrent mes pensées avec un douloureux retour vers une scène de tragédie domestique dont j'avais été témoin peu de temps auparavant.

Un garçon de vingt et un ans, fraîchement sorti de l'Académie militaire de Tolède, avait été tué lors de son premier combat, moins d'une semaine après son débarquement en Afrique. Son frère et sa sœur cadets se rendaient en voiture pour assister au *Jura de la Bandera* (serment aux couleurs) des nouvelles recrues sur le terrain d'armes à l'extérieur de la ville où ils habitaient. Ils achetèrent un journal du matin et y lurent la nouvelle de la mort de leur frère, « qu'il a glorieusement rencontré alors qu'il tentait de sauver un soldat blessé ». Leur père, qui était médecin militaire, était absent de la maison ; leur mère, invalide et souffrant de troubles cardiaques, ne lisait jamais un journal. Les deux pauvres enfants, car ils n'étaient rien de plus, résolurent de lui cacher ce qui s'était passé jusqu'au retour de leur père. Pendant ce temps, pour amortir le coup, il lui télégraphia que leur Antonito était blessé, et elle en conclut qu'il ramenait le jeune homme à la maison pour le soigner, et pendant trois jours mortels Julian et Adelita gardèrent leur secret et surveillèrent leur mère. préparer la chambre et préparer des boissons rafraîchissantes et des bouillons fortifiants pour le garçon qui était déjà dans sa tombe.

Ma fille, qui était une de leurs grandes amies, m'a raconté qu'Adela et son frère se sont complètement effondrés lorsqu'ils étaient avec elle et hors de la vue de leur mère, mais ils ont réussi d'une manière ou d'une autre à se ressaisir et à lui montrer des visages courageux, même lorsqu'elle les appelait directement des condoléances d'amis sympathiques de la *Cancela* pour leur demander leur avis sur tel ou tel arrangement qu'elle avait pris pour le confort de leur frère disparu. Ils pensaient que leur père, étant médecin, saurait lui raconter ce qui s'était passé sans danger pour sa santé, à son retour à la maison, et cela leur donnerait la force de jouer leur rôle.

Pauvres enfants et pauvre mère ! Lorsque, le troisième jour, le fiacre arriva et que le père descendit seul, Doña Ramona n'eut pas besoin de dire la vérité. Elle a crié : « Mon fils est mort ! Je l'ai toujours su », et je me suis évanoui sur le sol. Et même alors, Adela et Julian ont maîtrisé leur propre chagrin, tandis qu'ils l'ont aidée à la porter à l'étage et à la coucher sur le lit qu'elle n'a plus quitté pendant plusieurs semaines.

Et ici, je voudrais raconter une autre petite histoire, également de courageuse retenue face à la mort, bien que d'un caractère différent.

Quelle que soit l'attitude de certaines classes d'Espagnols à l'égard de leur religion et de leurs prêtres, il est certain que la plupart des dames de bonne naissance croient implicitement aux dogmes et à l'enseignement de leur Église. Et parmi ces principes de vérité dont ils sont absolument convaincus, c'est qu'une âme qui laisse le corps intact souffrira doublement au purgatoire, à moins que l'onction suprême ne soit omise en raison d'une obstruction volontaire de la part d'un autre. Dans un tel cas, celui qui interfère avec les derniers rites doit en supporter la peine, qui ici, de l'avis d'un catholique strict, équivaut à peine moins qu'une damnation éternelle.

Une de mes amies a vu sa mère soudainement frappée d'une pneumonie, et les médecins lui ont dit que le cas était tout à fait désespéré et que la mort devait survenir dans les trois jours. Aucun membre de la famille n'avait eu la moindre idée qu'il y avait un danger et lorsque Rosa revint à l'infirmerie après avoir entendu le verdict, sa mère lui reprocha d'être restée si longtemps absente.

«Je t'ai entendu parler», dit-elle; « Avec qui étiez-vous et de quoi parlait toute la conversation ? »

«C'était la… la… blanchisseuse», dit Rosa, «vous savez comme elle est insouciante.»

Sa grand-tante, une vieille dame sévère qui dirigeait Rosa et sa sœur avec une barre de fer, a appelé la jeune fille hors de la pièce.

« Pas un instant ne doit être perdu », a-t-elle déclaré. « Il faut immédiatement faire venir le curé, de peur que votre mère ne meure subitement sans les Saintes Huiles. »

Et voici que Rosa, une personne rondelette, placide et jusqu'ici apparemment sans caractère, montrait de quoi l'amour filial était capable. Je terminerai l'histoire avec ses propres mots, comme elle me l'a racontée quelques mois plus tard.

« Je savais que si le prêtre venait, ma mère serait terriblement effrayée. Elle n'avait alors aucune peur et allait-elle passer ses derniers jours sur terre dans un état de panique ? «Je n'enverrai pas chercher le prêtre», dis-je à ma grand-tante, car c'était *mon* devoir de l'envoyer en l'absence de mon père, parce que j'étais l'aînée des enfants et une parente plus proche que ma grand-tante. Elle était très en colère. 'Tu sais ce que ça veut dire?' elle a demandé et j'ai répondu "Oui". Je savais quelle serait ma punition et j'étais prêt à rester pour toujours au purgatoire pour épargner à ma mère la peur et la douleur de savoir qu'elle devait tous nous quitter. J'avais très peur, mais je ne voulais pas céder, et mon père est un libre penseur, alors quand il est rentré à la maison, il a dit que j'avais bien fait. Mais après la mort de ma mère (elle mourut tout à fait paisiblement, pensant qu'elle ne faisait que s'endormir), ma conscience me tourmenta beaucoup et j'allai raconter ce que j'avais fait à notre confesseur. Et il a été très gentil avec moi. Il a dit : « Mon enfant, il y a des moments où ce qui semble être un péché mortel n'est qu'un péché moindre. Et il ne m'a fait qu'une petite pénitence, car il disait qu'il savait que j'avais beaucoup souffert.

Je fais généralement très attention à m'abstenir d'exprimer toute sorte d'opinion sur les rites et les règles d'une religion qui n'est pas la mienne ; mais cette fois je me suis oublié. Je dis à Rosa qu'elle s'était comportée noblement et je l'embrassai sur les deux joues aussi chaleureusement que si j'avais été une dame espagnole. Avec d'immenses difficultés, j'avais convaincu le père et la terrible grand-tante de laisser Rosa m'accompagner au bord de la mer, car elle souffrait depuis la mort de sa mère et il était considéré comme impossible qu'elle quitte la maison de sa propre ville. , même pour les promenades que le médecin avait recommandées comme exercice nécessaire.

« Chère Doña Elena, tu es trop bonne pour moi », dit-elle en me rendant mon étreinte avec effusion ; « Comme je suis heureux que papa me laisse venir rester avec toi. Paz et moi devenions tous les deux terriblement gros assis à l'intérieur toute la journée, et oh ! si *triste* . Ma mère aimait la société et les divertissements, comme vous le savez, et elle nous emmenait tous les jours à la Promenade ou en visite, et maintenant nous ne pouvons plus sortir du tout, sauf à la messe, et nous grossissions de plus en plus. Paz a son *novio* , mais je n'avais rien pour me distraire jusqu'à ce que tu m'amènes ici. Sans mon cher papa, j'aimerais rester avec toi tout l'été.

Son « cher papa » était un homme à l'apparence distinguée qui gagnait un bon revenu dans un bureau du gouvernement, mais qui, après avoir écrit un poème ou deux lorsqu'il était plus jeune, traversait la vie en se faisant passer pour une âme égarée dans un désert de faits sans intérêt. Il portait des cheveux plutôt longs rejetés en arrière de son front dans un désordre pittoresque. Le pittoresque était cependant quelque peu minimisé par ma simple Rosa, qui, voyant une bouteille de mon nettoyant pour cheveux espagnol préféré sur ma table, observa naïvement :

« Mon papa utilise ça. Ses cheveux sont devenus fins sur le dessus de sa tête, et cela l'inquiète tellement ! Pensez-vous que ce truc est bon ? Paz et moi le frottons à tour de rôle sur son cuir chevelu tous les soirs pendant une demi-heure avant qu'il se couche, mais je ne vois pas beaucoup de différence.

« Mon papa » n'était en aucun cas un veuf inconsolable. Tandis que les femmes de la famille portent leur deuil jusqu'aux extrémités exagérées que j'ai décrites, les hommes reprennent leurs habitudes habituelles très peu de temps après les funérailles. Ainsi, les filles de Papa devaient souvent veiller très tard le soir pour s'occuper de ses cheveux jacinthes avant qu'il se couche, mais elles prenaient tout cela comme une évidence et auraient été extrêmement surprises si je leur avais laissé entendre que la santé délicate et la santé de Rosa. des nerfs trop sollicités pourraient être une excuse suffisante pour la libérer de ces tâches nocturnes. C'est un autre aspect de la tradition orientale : l'incapacité des hommes et des femmes à comprendre que le mari ou le père n'a pas le droit, simplement parce qu'il est le mari ou le père, d'exiger de ses femmes le service d'esclaves. à toute heure du jour ou de la nuit, quels que soient leur convenance, leur bonheur ou leur santé.

Alors que leur mère était morte depuis un an, et que Rosa et Paz avaient retrouvé leur esprit naturel et étaient prêtes à profiter à nouveau de la vie, leur père eut une crise de grippe et les deux filles furent paniquées à l'idée de se retrouver doublement orphelines. . Il n'était pas gravement malade, mais il se plaignait beaucoup de lui-même, et pendant des mois après, dès qu'il attrapait le moindre rhume ou ressentait la moindre petite indigestion, il revenait de son bureau et se couchait directement, et alors il attendait ses deux filles. être prêt à l'attendre. Paz devait toujours préparer ses repas, car elle savait mieux que le cuisinier comment il les aimait aromatisés ; et Rosa devait être disponible pour s'asseoir avec lui, lui faire la lecture et généralement anticiper chacune de ses exigences. Et comme elles ne savaient jamais quand il pourrait se sentir mal et rentrer se coucher, et comme, bien sûr, il n'avait jamais songé à leur envoyer un préavis depuis son bureau, ses filles n'osaient littéralement plus sortir du tout après le déjeuner.

J'ai été choqué quand j'ai découvert la vie qu'ils menaient. La *novio* de Paz avait rompu les fiançailles, nominalement parce qu'elle ne pouvait pas s'acquitter de ses visites hebdomadaires chez sa mère, qui était très soucieuse de l'étiquette et n'avait aucune sympathie pour l'hypocondrie de « mon papa », et la seule lueur d'éclat sur les pauvres L'horizon des filles était l'apparition d'un amant pour Rosa, la tranquille des sœurs, qui n'avait jamais attiré l'attention comme la belle Paz. Il était bien inutile de les inviter à sortir, de leur proposer de tenir compagnie à papa à tour de rôle , de faire des visites impromptues sur le chemin des cinématographes ou des théâtres pour avoir l'occasion de les trouver libres. Papa venait toujours soit de se coucher, soit il était simplement attendu à la maison pour dîner ; leur devoir envers lui était devenu une obsession, et cette obsession était encouragée par lui pour des motifs purement égoïstes, ainsi que par la vieille tante parce que, à son avis, les filles commettraient une grave violation de la bienséance en entrant si tôt dans la société (bien plus d'un an). an !) après le décès de leur mère. Et le pire encore, papa, par pure jalousie, s'est opposé à l'amant de Rosa et lui a interdit la maison, prétendant avoir découvert que ses moyens étaient incertains et annonçant qu'il n'avait pas l'intention de dépenser son argent durement gagné pour subvenir aux besoins de un gendre oisif.

Mais pour une fois, Papa a trouvé son égal. L'amant n'était ni oisif ni impécunieux, mais un homme de caractère et de bonne position, et il était sincèrement attaché à notre placide Rosa. Ainsi, un beau matin, les amants se réunirent à la messe et se marièrent d'une manière particulière, je crois, à l'Espagne.

Juste avant la fin de la messe, ils se sont avancés, se sont déclarés mari et femme et ont demandé la bénédiction de leur union. Le prêtre peut s'y opposer, mais il ne peut pas refuser, car il doit prononcer la bénédiction après avoir dit la messe, et cela sert de bénédiction qui sanctionne ces mariages volés.

Alors Rosa partit avec son mari et fut heureuse, et retrouva bientôt sa rondeur normale, douce mais galbée, tandis que la pauvre Paz restait à la maison et s'occupait de son père jusqu'à ce qu'elle vienne à peser environ deux quintaux.

Je l'ai rencontrée quondam *novio* peu après le mariage de Rosa et je lui ai gentiment reproché d'avoir abandonné la fille à qui il avait « fait semblant » pendant si longtemps.

« Ne me blâmez pas, » dit-il ; « C'est entièrement la faute de son père s'il ne la laisse pas faire suffisamment d'exercice pour réduire sa graisse. Je ne suis pas grand (il mesurait environ cinq pieds, un petit Adonis mince de poche), et je n'ai pas le courage de me rendre ridicule en épousant une femme qui me fera deux avant qu'elle ait trente ans.

Je ne pouvais m'empêcher de penser qu'il y avait quelque chose à dire de son côté ; mais une fois de plus, les cruels résultats de cette branche de l'étiquette espagnole devinrent apparents. Si Paz avait pu mener une vie naturelle, marchant le jour et dansant la nuit, comme elle le faisait du temps de sa mère, elle n'aurait perdu ni sa silhouette ni son amant, car avant de prendre le deuil, elle et Rosa étaient parmi les plus joyeuses et les plus actives de toutes les filles de leur groupe. Et maintenant, on ne peut lui espérer un avenir plus brillant que celui d'être la tante vierge des enfants de Rosa, une sorte de corvée de ménage et d'aide de la mère pour la vie ; — aimée, il est vrai, des neveux et des nièces, qui la considéreront avec un regard tendre. une affection presque sinon tout à fait égale à celle accordée à leur mère elle-même, mais toujours juste « ma tante », une femme dans une position subalterne, à qui l'on donne un foyer pour ses services d'infirmière lorsque les enfants sont jeunes et de duègne lorsque les filles grandissent. Elle sera toujours joyeuse et philosophique, car Paz est faite ainsi, et elle sera toujours pratique et serviable dans la maison. Mais elle sera une vieille fille, une bonne épouse gâtée, et elle le ressentira jusqu'au bout. Et tout cela parce que, alors qu'elle était encore adolescente, elle a été obligée de rester assise à l'intérieur pendant un an après la mort de sa mère et est donc devenue si grosse que son amant a été effrayé. Pauvre Paz ! Elle est l'une des nombreuses victimes d'une coutume ridicule et indéfendable et d'un sens du devoir erroné.

CHAPITRE XI

Recevoir à la ville et à la campagne - Invités critiques - Un bal d'abonnement - *Le dernier cri* de Londres - Danser dans une tourbière - Pourquoi les dames sont rentrées chez elles - La recherche de la gaieté espagnole - Un artiste déçu - Appels l'après-midi - Hospitalité arabe - Dames au travail - Ponctualité espagnole — Un nouveau manteau d'hiver — Le compliment de Maria — Portes ouvertes aux vieilles servantes — Carmen la *cigarrera* .

Se divertir ne coûte pas cher en Espagne, du moins dans les petites villes. Dans les grandes villes, il en va autrement, et il vaudrait peut-être mieux commencer par raconter un incident dont j'ai entendu parler à propos de quelques amis très aimables qui demeuraient dans l'une des « capitales », c'est-à-dire le chef-lieu des grandes provinces. en laquelle l'Espagne est divisée. Ici, il y a beaucoup de *cursileria* — un terme d'argot qui se traduit mieux par « snobisme » — et comme toute dame qui donne une fête souhaite dépenser plus que toute autre dame, et comme l'orgueil est partout plus abondant que les pesetas, peu d'hospitalité est manifestée. à ou par des gens qui ne sont pas riches.

Posé pour le photographe.

Une héritière avait épousé le chef d'une vieille et noble famille qui ne possédait pratiquement rien en dehors du domaine familial en Castille. Juste au moment où sa fille aînée revêtait sa première robe longue et allait être présentée à la cour, mon amie perdit presque tout son argent à cause d'une malheureuse spéculation de la part de son mari, car le mari, remarque-t-on, est le maître absolu des affaires. la propriété de sa femme en Espagne. Après le premier choc, la Condesa s'installa dans une maison plus petite et adapta son mode de vie à son changement de situation, tandis que le Condé , colonel de la garde du roi, se rendit à Madrid comme d'habitude pour remplir son devoir à la Cour.

L'une des choses sauvées du naufrage était un piano à queue, car la Condesa était une musicienne de premier ordre, et le dix-huitième jour de fête de Salud, une fête fut organisée dans le double but d'« offrir la nouvelle maison » à leur grand cercle de connaissances, et donner à la jeune fille un peu d'amusement à la maison, puisqu'il était désormais hors de question qu'elle fasse une saison à Madrid. Les trois filles se mirent au travail et confectionnèrent des fleurs en papier – une jolie réalisation dans laquelle excellent les dames espagnoles – et des guirlandes de feuilles pour orner le patio. La Condesa elle-même supervisait la préparation de divers petits rafraîchissements délicats pour ses invités, et tout, lors de cette nuit mouvementée, était aussi brillant et attrayant que le bon goût et des mains volontaires pouvaient le faire.

Mais il n'y avait ni glaces, ni champagne, ni dîner fixe, ni orchestre, les filles de la maison se relayant pour jouer d'interminables *seguidillas* , *rigodones* et valses pour leurs invités. Et quand la danse fut terminée et que la Condesa et ses filles se tenaient dans le patio pour dire au revoir à ceux qu'elles avaient fait de leur mieux pour divertir, elles entendirent une dame aristocratique dire à une autre de son espèce :

« Avez-vous déjà été invité à quelque chose d'aussi minable ? En réalité, si Maria de las Nieves ne pouvait pas se permettre quelque chose de mieux que cela, elle n'avait aucune raison de nous inviter !

Mais cet exemple de courtoisie aristocratique s'étalait dans une « capitale », et les choses sont heureusement bien différentes dans les lieux plus reculés.

J'y ai vu des jeunes gens se réunir pour parler, rire et danser pendant des heures, tout à fait satisfaits d'un rafraîchissement plus coûteux qu'une bouteille d'eau avec un seul verre dans lequel ils buvaient tous à tour de rôle ; tandis qu'une dame qui organisait des réceptions hebdomadaires auxquelles nous étions invités une fois par an était considérée comme une hôtesse assez libérale car elle fournissait du café faible et des biscuits *à volonté.*

C'est dans une ville rurale que j'ai eu le plaisir d'assister à mon premier et unique bal d'abonnement en Espagne. Le prochain mariage du roi avait mis tout ce qui était anglais à la mode, et nous fûmes reçus, en entrant dans le théâtre, où se tenait le bal, par le jeune gentleman qui nous avait procuré les billets, habillé en Pierrot mais portant un chapeau melon de chez Christie's. , dont l'étiquette s'afficha par un ingénieux tour de main en me conduisant dans la salle de danse, autrement dit la salle du théâtre.

C'était le Carnaval et la plupart des danseurs étaient déguisés. La salle était joliment décorée, et les loges et le cercle vestimentaire étaient remplis de spectateurs. Toutes les dames plus âgées portaient des mantilles noires ou blanches ou des châles de Manille, et on aurait dû avoir une impression d'élégance ou même d'élégance. Mais quelque part, quelque chose n'allait pas à nos yeux anglais , et au lieu d'admirer le *coup d'œil* , on cherchait pourquoi on avait l'impression de s'être accidentellement introduit dans une fête à Whitechapel.

"Danseras-tu avec moi?" demanda le Pierrot à une fille de notre parti, qui, d'ailleurs, portait une robe de mendiant réaliste, tout en haillons rouges et jaunes, ce que ses amis espagnols trouvaient très absurde parce qu'elle n'avait coûté que quelques pesetas. Et tandis que le couple s'éloignait ensemble, j'ai soudain découvert pourquoi la scène me faisait penser à une danse coster londonienne. Tous les jeunes hommes et beaucoup de vieux portaient un chapeau - généralement un chapeau melon - et même s'il l'enlevait pour faire de la valse, ce que peu d'entre eux faisaient, il le portait soigneusement sous son bras pendant qu'il dansait, sans se préoccuper des inconvénients que cela occasionnait. son partenaire.

« Que penses-tu de notre bal ? » a demandé une connaissance, qui fumait une cigarette et portait son chapeau.

J'ai eu la maladresse de dire que cela nous paraissait étrange de voir autant de chapeaux partout, et j'ai remarqué que le visage du jeune homme s'est effondré. J'ai appris par la suite que le quilleur de Christie's était considéré comme absolument le *dernier cri* d'Angleterre et que, dans ce cas, il était considéré comme approprié aussi bien à la salle de bal qu'à la rue.

Les divertissements étaient adaptés au rang et à la mode de la ville, de sorte que tout le monde se comportait avec une grande dignité, et il n'y avait rien de l'amusement exubérant que nous nous attendions à voir lors d'un bal de carnaval. Les dames dans les loges jetaient continuellement des serpentines et des confettis sur les danseurs, jusqu'à ce que le sol s'enfonce de plusieurs centimètres, et une Irlandaise de notre groupe a déclaré qu'elle avait l'impression de danser dans l'une de ses tourbières natales. Mais personne ne s'est enthousiasmé et un artiste anglais, à la recherche de couleurs locales, a commencé à déplorer l'absence de lumière et de vie qu'il croyait indissociables de la société espagnole.

Un peu avant une heure du matin, il y eut un mouvement universel vers le centre du théâtre, et à un signal donné, le ciel parut s'ouvrir et une masse de fleurs en papier, de confettis et de bonbons cachés derrière les guirlandes drapant le plafond, tombèrent sur notre salle. des têtes, tandis qu'un certain nombre de pigeons blancs étaient lâchés et volaient avec terreur ; mais personne n'était toujours excité. Quand ce fut fini, le Pierrot qui dirigeait notre groupe appela à part l'aîné des Anglais et lui demanda de ramener ses dames à la maison, « parce que d'autres dames viendraient maintenant » — une allusion douce sur laquelle tous les Anglais et la plupart des Les dames espagnoles partirent en toute hâte. L'artiste était le seul d'entre nous à rester, espérant qu'avec l'arrivée des « autres dames », il pourrait voir quelque chose de la célèbre animation qu'il voulait introduire dans ses tableaux de la vie espagnole. Il nous raconta le lendemain qu'il s'était arrêté jusqu'à 4 heures du matin, puis qu'il était rentré chez lui escorté par la moitié de l'armée espagnole et toute la marine espagnole, représentée au bal, la plupart plutôt et quelques-uns très ivres, mais solennels pour le public. dernier.

« La gaieté espagnole est une imposture », déclara-t-il avec indignation, et il partit en colère, secouant de ses pieds la poussière de notre ville.

Mais quand j'ai appris à mieux connaître la société espagnole, j'ai compris pourquoi toutes les dames et beaucoup d'hommes étaient si solennels à cette occasion. S'agissant d'un abonnement et donc d'un bal semi-public, ils ont considéré qu'il s'agirait d' *une infra fouille.* pour montrer qu'ils étaient amusés. Je n'ai jamais assisté à un autre bal de ce genre, car je préfère le plaisir naturel entre les jeunes lors d'une fête, mais je n'aurais manqué celui-là pour rien au monde ; c'était si délicieusement différent de tout ce qu'on avait jamais vu.

L'appel en Espagne dans l'après-midi est très différent de la visite de garde d'un quart d'heure ou de la remise formelle de cartes qui sont d'usage en Angleterre - ou c'était le cas lorsque j'ai quitté mon pays natal il y a une dizaine d'années.

Ici, c'est une affaire sérieuse pour ceux qui ont une occupation quelconque, car on est censé rester jamais moins d'une heure, et en effet vos amis intimes sont blessés si vous ne restez pas tout l'après-midi.

Il est absolument contraire à l'étiquette de sortir lorsque vous avez des visiteurs, quelle que soit l'importance de l'engagement que vous avez pris avant l'apparition des invités non invités. J'ai connu des amis qui n'arrivaient pas à l'heure prévue à un dîner cérémonieux chez nous, et la réponse la plus suffisante à mes reproches a été : « J'étais vraiment désolé, mais que devais-je faire ? Nous avons eu des visiteurs.

Ce respect exagéré des devoirs d'hospitalité dans votre propre maison, associé à un mépris calme de toute obligation imposée par un engagement de rendre visite à vos voisins, est une autre des innombrables survivances de la tradition arabe et, en tant que telle, doit être respectée par tous ceux qui souhaitent profitez de l'amitié des Espagnols. Elle est plus forte dans le sud que dans le nord, où l'influence orientale fut relativement éphémère et n'eut aucune impression durable sur les indigènes. Et on dit même qu'à Barcelone, les Catalans arrivent parfois à l'heure lorsqu'ils ont conclu un engagement commercial. Ceci, m'a-t-on dit de manière crédible, est une des causes, ainsi qu'un effet, de la prospérité catalane. Mais les Catalans ont la réputation de se vanter de leurs vertus, et ce mépris ridicule de la ponctualité et du reste est l'un de leurs nombreux offenses aux yeux, *par exemple,* des Andalous, qui sont aux Catalans comme l'huile à l'eau et ne seront jamais d'accord. avec eux sur n'importe quelle question, jusqu'à la catastrophe.

L'extraordinaire indifférence des Espagnols à l'égard des heures fixes et des engagements préalablement pris ne m'a pas causé peu de problèmes à propos de la photographie placée en tête de ce chapitre. Je voulais emmener un joli groupe formé jour après jour par les amis chez qui je logeais, assis au travail dans leur charmant vieux patio, avec quelques petites nièces qui jouaient autour d'eux, et un air typiquement espagnol d'aisance et de confortable *négligé* qui régnait. toute la scène. Je leur ai donc demandé d'être dans leur rocking-chair habituel un certain jour, fixé par eux-mêmes, et je me suis arrangé avec le photographe pour qu'il vienne ce jour-là à trois heures, car c'était l'heure à laquelle mes amis étaient toujours assis là avec leur les travaux d'aiguille et l'heure de la journée où la lumière du patio, ombragé par un grand oranger, permettait une photographie réussie.

À trois heures, la terrasse était vide, à l'exception d'une petite nièce et de sa nourrice. Les filles, m'a-t-on dit, s'habillaient pour l'occasion. A trois heures trente, le photographe est arrivé. À ce moment-là, la petite nièce, qui s'ennuyait beaucoup, s'était mise à pleurer et elle a continué à pleurer jusqu'à ce qu'il faille finalement l'emmener. C'était un joli bébé et je ne voulais pas la perdre de la photo. A quatre heures, alors que la lumière dans le patio était déjà mauvaise, les jeunes filles apparurent enfin, non pas, comme cela avait été convenu, dans leurs robes de tous les jours, prêtes à s'asseoir pour quelques heures de travail à l'aiguille, mais dans le costume de des paysannes se levaient pour la foire, et bien évidemment des dames déguisées. Ce n'était pas non plus la seule déception pour un écrivain qui voulait une photo de dames espagnoles à la maison, car la vue de l'appareil photo avait attiré tous les enfants des amis de mes amis à sa portée, et mon hôtesse m'a dit que ce serait une grande offense. donnés s'ils n'étaient pas autorisés à figurer sur la photographie.

Comme il était évidemment inutile maintenant de tenter de réunir le genre de groupe que je souhaitais, je cédai avec toute la grâce que je pouvais commander. Le bébé en pleurs a été ramené, pleurant toujours et refusant d'être réconforté même par quelques fleurs artificielles offertes par sa mère, qui avait enfilé un magnifique châle de Manille comme vêtement approprié pour coudre dans le patio. Les enfants d'en face s'installèrent comme bon leur semblait, et les grandes dames s'installèrent comme le recommandait le photographe. Quand tout fut prêt, environ une demi-heure plus tard, le soleil se cachait derrière un nuage, le bébé poussa un hurlement supplémentaire, mon ami particulier devint flou et, bien sûr, la photo fut irrémédiablement gâchée.

Lorsque les enfants superflus se sont enfuis en pensant que tout était fini et que la plupart des dames ont pris congé, le soleil est réapparu et le photographe a photographié en toute hâte les deux plus jolies filles, la mère du bébé se faisant passer pour la nourrice des nièces aînées. , qui bâillaient violemment et nous informaient que leurs poupées s'étaient endormies.

Tout bien considéré, je pense que le résultat était assez bon, mais ce n'est pas une image de dames espagnoles assises chez elles en train de coudre dans les attitudes reposantes caractéristiques d'un pays où une heure vaut une autre. J'y ai renoncé après avoir perdu tout un après-midi et une certaine somme d'argent de la manière décrite ici. Ni les dames ni le photographe ne semblaient le moindrement préoccupés par le fiasco, et les premiers n'étaient pas du tout contrits de l'avoir provoqué par leur manque de ponctualité. En effet, l'un d'eux, ajoutant l'insulte à l'injure, m'a informé que si j'avais demandé à Señor Fulano au lieu de Don Mengano de prendre ces photos, j'aurais obtenu de meilleurs résultats. Et je pense que c'est une bonne chose pour moi que je me sois abstenu de souligner les admirables images que mon photographe produisait lorsqu'il n'avait pas affaire à des dames du monde.

Les sujets de conversation lors de ces soirées de couture amicales ont tendance à être quelque peu limités, mais celui qui ne manque jamais de plaire est de s'habiller sous toutes les formes.

Le lendemain du fiasco de la photographie, c'était la fête de Maria de las Mercédés, l'une des deux señoritas se faisant passer pour une paysanne au puits du patio. Et dans l'après-midi, j'ai été invité à manger des gâteaux et à boire du vin, et à être présenté à divers interlocuteurs venus me féliciter comme d'habitude. Mercédés avait reçu, comme cadeau de fête de son frère, un nouveau manteau d'hiver à la dernière mode, et elle devait d'abord l'enfiler pour l'exhiber à chaque femme et fille qui l'appelait, puis chaque fille qui appelait devait le prendre. le manteau et l'essayer elle-même. Comment ont-ils pu faire cela, je ne peux pas imaginer, car c'était une journée d'été brûlante à Saint-Martin, et par respect pour une dame qui avait un rhume, nous étions tous ensemble dans un petit salon avec les fenêtres fermées. Mais l'un après l'autre, les jeunes amis de Mercédés se glissaient dans le vêtement, étudiaient son apparence dans les miroirs dont chaque sala espagnole est abondamment équipée, suggéraient des améliorations dans tel ou tel détail, et terminaient invariablement par demander combien coûtait le manteau et dire le propriétaire que c'était une merveilleuse affaire.

Si les señoritas avaient elles-mêmes apporté des cadeaux, leur insatiable curiosité aurait pu trouver une excuse quant au prix du cadeau du frère ; mais non : les jours de fête espagnols (qui équivalent à nos anniversaires), c'est l'héroïne du jour qui fait des offrandes, représentées par des gâteaux et du vin, au lieu de les recevoir. J'espère que mes lecteurs ne crieront pas « assez de tête du roi Charles » si je remarque à nouveau qu'il s'agit d'une tradition orientale, tout comme de nombreux gâteaux eux-mêmes sont préparés d'après des recettes orientales.

L'habitude de demander le prix de ce qu'ils admirent est ici universelle et n'est pas du tout considérée comme de mauvaises manières. La première dame espagnole que nous avons connue en Espagne nous a demandé ce que nous payions à l'hôtel où nous logions. Lorsque nous prenions une maison, on nous demandait toujours quel loyer nous payions, et quand finalement nous achetions la maison dans laquelle nous espérons finir nos jours, tous nos amis espagnols nous demandaient quel était le prix et levaient la main en signe de félicitation. s'exclamant: "Comme c'est bon marché!" C'est toujours un compliment de dire que vous avez fait une bonne affaire, et si vous voulez vous ennuyer, vous n'avez qu'à dire : « Comme ils vous ont trompé !

Une vieille servante qui a vécu avec nous pendant de nombreuses années a accumulé tout son salaire et n'a rien dépensé en dehors des « pourboires » qu'elle recevait des visiteurs. À ma connaissance, elle ne s'est jamais achetée de nouvelle robe pendant tout le temps où elle était avec nous, mais elle portait mes vieux vêtements lorsqu'elle faisait son travail, et une jupe en tissu marron, ou comme elle l'appelait, « Carmélite », lui a été offerte. par un visiteur, pour la messe et la rue, année après année, jusqu'à ce que quelqu'un d'autre lui offre une serge bleue qu'elle retourne et lui redonne un aspect neuf. Elle avait fait le vœu depuis son enfance de ne jamais porter dehors d'autre couleur que le marron, en l'honneur de Notre-Dame du Carmel ; mais le vœu est passé au second plan lorsqu'elle a reçu la serge bleue, et cela lui durera probablement jusqu'à sa mort, car elle a bien plus de soixante-dix ans.

Cette vieille dame, la première fois qu'elle m'a vu dans une robe neuve (et assez chère), s'est approchée et a touché la soie avec beaucoup de soin, et a tourné autour de moi avec des expressions d'admiration enthousiaste, telles que :

« Señora, comme c'est beau ! Comme tu es beau dans ton nouveau costume ! Je ne t'ai jamais vu aussi bien et aussi gros ! (Comme en Orient, les femmes grosses sont ici très admirées.)

Et pour finir, elle dit :

« Señora, le matériel est excellent. Combien avez-vous payé pour cette robe et où l'avez-vous obtenue ? Demain, j'irai au magasin et je m'en achèterai un autre !

Je crains de ne pas avoir reçu cette proposition avec enthousiasme ; mais au bout d'un moment je m'habituai à parler de ce genre, car je découvris que la vieille Maria n'avait pas plus l'idée de copier mes vêtements que de faire un voyage en Angleterre, et qu'elle avait simplement l'intention de suggérer cette forme de flatterie la plus sincère qu'on trouve en imitation.

J'ai rencontré de nombreux incidents étranges montrant comment, dans certains cas, la familiarité la plus complète prévaut entre maître et serviteur, tandis que dans d'autres, il existe un abîme qui semble infranchissable.

Les domestiques, hommes et femmes, qui ont travaillé dans une maison même pendant une courte période, surtout à la campagne, en sont plus ou moins libérés pour le reste de leur vie. Ils peuvent partir vers d'autres situations, ou se marier et fonder leur propre maison, mais toujours lorsqu'ils viennent voir leur ancienne maîtresse, ils entrent comme si la maison leur appartenait et sont traités comme s'ils avaient parfaitement le droit d'être. là. Une blanchisseuse ou une femme de ménage arrive avec trois ou quatre petits enfants à ses trousses, et ceux-ci restent toute la journée assis dans la buanderie ou dans la terrasse pendant que la mère fait son travail. Je dois dire que les petites choses se comportent généralement très bien, étant formées à la dure école de la nécessité, et dès qu'elles savent marcher et parler, elles commencent à faire les courses du ménage. Ils deviennent bientôt utiles de cette manière, car les courses sont ici innombrables. Sauf dans les grandes maisons de campagne qui dépendent en grande partie de leurs propres fermes et jardins fruitiers pour leurs provisions, il est rare d'avoir un cellier, et chaque centime des articles ménagers, jusqu'au sel, au poivre et aux épices, est acheté au jour le jour. Comme aucune tentative n'est faite pour fournir une liste de besoins pour les repas de la journée lorsque le cuisinier se rend au marché, chaque article utilisé dans la cuisine doit être obtenu quand on en a besoin - un système qui explique en grande partie le manque de ponctualité des repas dans les maisons espagnoles, et pour la tendance nationale qui en résulte à diverses formes de dyspepsie.

Cela ne s'applique évidemment pas aux pauvres, dont la nourriture est des plus simples. Ils mangent du pain et *de la morcilla* ou *du chorizo* (variétés de saucisses séchées très parfumées à l'ail) pour leur déjeuner, et *du puchero* ou *du cocido* - dont nous parlerons plus tard - pour leur dîner. Dans les villes, ils achètent tout à la journée, comme leurs employeurs. Mais à la campagne, ils vivent en grande partie de ce qu'ils cultivent eux-mêmes, à moins que toute la famille ne travaille à la ferme pour un salaire comprenant la nourriture. Et ils prospèrent grâce au pain, *à la morcilla* et à l'eau, pas même au café que boivent les campagnards, comme je l'ai découvert en acceptant leur hospitalité lors de mes excursions archéologiques. Ainsi, ils n'ont pas besoin de courir continuellement au magasin *de produits comestibles* , comme leurs amis de la ville, ce qui est tout aussi bien lorsque la ville la plus proche peut être située entre deux et dix milles.

Pour revenir aux mœurs des domestiques espagnols. Un soir, j'étais assis avec des amis autour d'un café après le dîner lorsqu'une créature pittoresque vêtue d'un vêtement violet de pénitence, avec un mouchoir blanc sur la tête et une paire de jumeaux dans les bras, est entrée pour dire à la famille qu'elle avait avait une lettre de son frère, soldat au Maroc. Ils étaient tous manifestement intéressés, et tandis que j'écoutais leurs questions sympathiques sur la santé et le bonheur du jeune homme, je finis mon café et tendis ma tasse pour en demander une nouvelle provision. La porteuse des jumeaux s'interrompit net dans son discours en constatant que je refusais le sucre.

« Est-il possible que la Señora boive du café sans sucre ? Je n'ai jamais entendu parler d'une telle chose. N'est-ce pas très désagréable au goût ?

Et puis, là, elle a déplacé les deux bébés sur un bras, a pris la cuillère inutilisée de ma soucoupe, l'a trempée dans ma tasse et a essayé par elle-même quel goût avait le café sans sucre.

J'avais beaucoup de mal à m'empêcher de rire, tant la simple inconscience offensante de cette femme était si drôle. Un de mes amis m'a demandé en anglais...

« Que pensez-vous de l'impudence espagnole ? mais personne d'autre n'y prêta attention.

Cet acte particulier était inhabituel, car tout le monde prend du sucre dans son café, de sorte que peu d'occasions se présentent pour une servante de goûter le café non sucré dans la tasse de son maître. Mais la familiarité autorisée qui la sous-tend est largement répandue.

Parfois, cependant, un excès de familiarité entraîne une punition digne, comme dans un cas qui s'est produit dans l'hôtel dans lequel nous avons séjourné lors de notre première arrivée en Espagne.

Un jour, j'étais seul dans notre petit salon, jouant de la guitare, quand la porte s'est soudainement ouverte et est entrée une grande femme corpulente avec de grands yeux noirs, une rose fanée dans les cheveux et une cigarette à la bouche. Elle s'est affalée sur le seul fauteuil de la place, a pris la guitare de mes mains insensibles et a déclaré : « En tout cas, je peux jouer mieux que ça ! et a entonné les accords vibrants qui précèdent chaque chanson du sud de l'Espagne.

Il était parfaitement vrai qu'elle jouait mieux que moi, mais cela ne voulait pas dire grand-chose, car elle n'aurait guère pu jouer moins bien. Et j'étais tellement amusé par son assurance calme que je me suis assis et j'ai ri, pendant qu'elle faisait tinter la guitare et frappait le sol avec son pied chausson, se préparant à se mettre à chanter. Mais le concert fut rapidement interrompu par l'entrée d'une femme de chambre indignée, qui s'empara de la guitare et passa violemment le guitariste avec un *Anda ! Soyez à votre écoute !* (« Allez ! Sortez ! ») plein de colère et d'indignation.

« Elle semble aimer la musique », dis-je avec désapprobation, car toute la scène avait été pour moi comme une pièce de théâtre.

« Passionné de musique ! *Californie!* » rétorqua la femme de chambre. "C'est la blanchisseuse et elle est ivre !"

Une enquête plus approfondie a révélé que la blanchisseuse était une *cigarrera* de profession – d'où la cigarette, car les femmes respectables en Espagne ne fument pas. Et elle s'appelait Carmen ! Les nuances de Bizet et de son « toréador » ! Hélas! La logeuse l'a renvoyée le lendemain matin, et je n'ai jamais eu une autre scène de cette pièce jouée devant moi. À propos, je peux remarquer que l'ivresse chez les femmes est extrêmement rare en Espagne, et je ne me souviens que d'avoir été en contact direct avec une autre vieille dame atteinte d' *aguardiente* au cours de toutes les années que j'ai vécues ici.

PARTIE III.
HIVER

CHAPITRE XII

Une fête de décembre – Le « Mystère » – Une guerre sainte – L'histoire des *Saisies* et de leur danse – Le Triduum de Carnestolendas – Le vrai Don Juan – Les Danseurs de la Fête-Dieu – La défaite de Don Jaime de Palafox – Le Navire de Noël – Marzapan et *Polvorón* – La messe du coq la veille de Noël – Les « Nativités » – Le « déjeuner » de minuit dans la maison – La « Bonne nuit » des pauvres.

Probablement tous ceux qui s'intéressent à l'Espagne ont entendu parler de la célèbre Danse des Saisies devant le maître-autel de la Cathédrale de Séville lors de certaines fêtes, *comme* celle de l'Immaculée Conception de Notre-Dame en décembre, le Carnaval en février et la Fête du Corpus. Christi en juin. Mais personne, ni en Espagne ni ailleurs, ne peut donner d'informations précises, sous forme de chapitres et de vers, sur l'origine de la danse, et encore moins sur son nom.

LA DANSE DES SISE DANS LA CATHÉDRALE DE SÉVILLE.

(D'après la photo de Gonzalo Bilbao. Avec la permission du propriétaire, le comte de Rosebery, KG)

En espagnol, le mot *seises*, pluriel de *seis*, signifie « six », et il est habituel de conclure que le nom a été donné parce que six petits garçons exécutaient les curieux mouvements du vieux monde connus sous le nom de « danse ». Mais en réalité, dix petits garçons y participent, et un écrivain du XVIIe siècle parle de douze et un autre de sept, et bien que j'ai l'impression que ces deux chiffres soient des lapsus de copistes, il n'y a aucune preuve que ce nombre ait jamais été calculé. précisément six, comme cela devait être le cas pour que ce soit l'origine du nom. Il semble donc que l'hypothèse selon laquelle *saisir* ici signifie six (et pourquoi pas six au lieu de six comme s'il s'agissait de dés ?) était une de ces généralisations philologiques hâtives basées sur le seul son qui surgissent constamment pour intriguer l'historien consciencieux.

Ceux qui se fient à la traduction évidente du mot tel qu'il est écrit aujourd'hui suggèrent qu'à l'origine il n'y avait que six jeunes danseurs, et que les quatre autres étaient les serviteurs de l'archevêque, placés en guise d'ornement aux quatre coins de la salle. le tapis sur lequel se déroule la danse — et c'est d'ailleurs un très beau tapis ancien. Mais ici nous rencontrons l'objection que, tandis que les garçons du coin sont les plus grands des dix, ceux qui fréquentent l'archevêque sont les plus petits, et de plus, deux et non quatre suivent à sa suite. Pour nous qui savons combien est grande la force de la tradition dans le sud de l'Espagne, il est inconcevable que le doyen et le chapitre, ou l'archevêque, ou même le pape lui-même, puissent arbitrairement et sans but apparent, à un moment qui n'est pas fixé dans aucun record, en ont ajouté quatre de plus aux six garçons dont le numéro est censé avoir donné le nom à leur danse. Il n'est pas non plus probable que cette danse particulière aurait dû prendre une importance numérique plus importante alors que dans toute la chrétienté les danses religieuses du Moyen Âge étaient en voie de disparition ou étaient délibérément supprimées par l'Église.

L'explication la plus rationnelle semble être celle d'un de mes amis, un orientaliste distingué, qui a avancé une théorie selon laquelle la danse est une survivance du rituel mozarabe et que les petites « Seises » étaient à l'origine les *sais* , ou serviteurs des prêtres. , à l'époque où l'arabe était la seule langue utilisée à Séville, non seulement par les musulmans dans leurs mosquées, mais aussi par les chrétiens arabisés qui maintenaient leurs propres formes de culte bien qu'ils aient oublié leur propre langue. Deux petits *sais* sont vus dans l'une des illuminations des *Cántigas* d'Alphonse le Sage (1252) en présence d'un prêtre qui adore l'image de Notre-Dame du Siège (*Sede* - maintenant sur le maître-autel de la cathédrale), et ils reçurent des rations et une éducation par une bulle du pape Eugène IV. en 1438. Mais nulle part nous ne trouvons aucune mention de leur nombre, comme nous pourrions difficilement ne pas le faire s'il avait été limité à six ; tandis que rien ne semblerait plus naturel que la conversion du *sais arabe en seis* espagnol , lorsque le castillan devint la langue de l'Andalousie reconquise par la loi d'Alphonse le Sage.

Sans la perte des actes et des archives relatifs aux fidèles mozarabes de ce diocèse et à leur église métropolitaine de Sainte-Marie au cours du demi-siècle troublé entre 1200 et la reconquête de 1248, nous aurions pu savoir quelque chose sur la véritable origine des Seises. , de la fresque médiévale de "Notre-Dame du Vieux Temps", et d'autres de la tradition mozarabe, des célèbres corporations et confréries qui sortent en procession pendant la Semaine Sainte , et d'autres détails curieux du rituel sévillan évoqués plus tard. chapitre.

Je prendrai dans leur ordre les fêtes animées par la Danse des *Saisies* , en commençant par l'Octave de l'Immaculée Conception de la Sainte Vierge (pour donner à la fête son titre officiel complet), car celle-ci n'est pas seulement première dans le temps, sa veillée a lieu le 7 décembre, alors que l'hiver a à peine encore commencé dans ce climat privilégié, mais c'est en fait la plus grande fête de toute l'année ecclésiastique à Séville, dont la ville du début à la fin s'est auto-constituée championne de ce « Mystère ».

Personne ne semble savoir quand la croyance selon laquelle Marie et son Fils sont nés sans intervention humaine a commencé à gagner du terrain à Séville, mais Don Manuel Serrano, qui a passé la majeure partie de sa vie à étudier l'histoire et l'art de l'Église sévillane, croit avoir la preuve que sa « naissance sans péché » a été vénérée dès le IVe siècle et que saint Isidore, le « savant docteur » de Séville, l'a trouvée dans le rite primitif et l'a transférée dans sa propre liturgie peu de temps avant le rite primitif. Invasion musulmane. Et comme le rituel isidorien ou sévillan (*Rito hispalense*) était celui utilisé ici par les Mozarabes dans toute la domination de l'Islam jusqu'à ce que San Fernando le remplace par le rite romain en 1248, les archéologues sévillans ont des raisons de prétendre que ce siège était *par excellence* . la terre de la Sainte Vierge » (*tierra de Maria Santisima*) tout au long de son histoire mouvementée. En tout cas, un élément de preuve en faveur de leur affirmation est que la fête de l'Immaculée Conception de la Vierge ne figure pas dans le rituel mozarabe de Tolède avant l'an 1300, alors qu'elle semble avoir été ici en plein essor en 1248, car Alphonse le Sage dans sa *Chronique* fait référence à l'usage à Séville du rituel de « Saint Isidre é de San Leadre » (SS. Isidore et Léandre), qui contient cette fête.

La croyance au « Mystère » n'a en aucun cas été universellement acceptée après la reconquête, même à Séville, quoi qu'il ait pu être le cas parmi les fidèles Mozarabes, mais l'émotion ne s'est vraiment enflammée qu'au XVIIe siècle. Puis les franciscains et les jésuites s'unirent pour œuvrer à son acceptation par l'Église entière, tandis que les dominicains la contestaient, et Séville prit la tête de ce qui devint presque une guerre sainte. Des actes de dévotion extraordinaires ont été observés, parmi les plus remarquables étant la revente de lui-même en esclavage par un esclave affranchi, qui a donné le prix de sa propre chair et de son sang au culte du « Très Pur ». Lui et ses camarades nègres entretenaient un autel à la Conception dans l'église Notre-Dame des Anges, et c'est pour cela que l'esclave affranchi désirait récolter de l'argent. Et un prêtre dans un excès d'extase avait effectivement l'AM (Ave Maria) marqué sur son visage.

L'incendie d'un monastère dominicain a été considéré comme une intervention de la Providence contre ceux qui « insultaient » Notre-Dame en niant sa naissance miraculeuse, et cela a donné lieu à de graves émeutes, qui ont finalement été réprimées par les autorités ecclésiastiques plaçant sur la porte du monastère le inscription « Marie conçue sans péché ». À cette période de tempête et de stress doivent être attribuées les nombreuses répétitions du monogramme AM (Ave Maria) que l'on voit sur les portes des vieilles maisons de presque toutes les villes et villages d'Andalousie et d'autres provinces où la controverse faisait rage, et de ce siècle date l'ajout d'une image de la Vierge à presque chacune des processions de la Semaine Sainte, avec la bannière qui l'accompagne appelée *Sin Pecado*, parce que brodée de ces mots en témoignage de l'immaculée conception de Marie. De cette époque aussi se trouve une remarquable chape de fête dans l'église de San Lorenzo à Séville, faite de brocart blanc tissé partout avec le monogramme AM et les initiales SPO, de sorte que sur chaque pli on lit : « Je vous salue Marie ! Né sans péché originel" (*Ave Maria, Sin Pecado Original*).

Et voilà que l'antique Danse des Saisies devenait l'un des éléments les plus brillants de la fête de la Conception. Jusqu'alors, on s'en doute, aucun soin particulier n'avait été accordé aux costumes des garçons, mais en 1654, on jugea souhaitable de les mettre « au goût du jour ». On donnerait beaucoup pour savoir comment ils étaient habillés avant cela, car probablement les costumes étaient traditionnels et vieux de plusieurs siècles dans leur style, voire dans leur matériel. Mais les riches et pieux Sévillans n'avaient, comme aujourd'hui, que peu de respect pour les reliques du passé. Le Chapitre qui a considéré comme une grande action d'enlever les robes dans lesquelles San Fernando a été enterré en 1252 et de les remplacer par le costume de son époque (dans lequel le cadavre embaumé du grand général et saint monarque est encore exposé aux yeux de ses fidèles trois fois par an) - un tel chapitre serait incapable de voir quoi que ce soit qui mérite d'être conservé dans les vêtements des danseurs du XIIIe siècle, disons. Et ils trouvèrent facilement un vieux couple pieux pour présenter un nouvel ensemble complet d'« ornements » pour la fête de la Conception dans la Cathédrale, y compris des costumes pour les *Saisies*.

Les bienfaiteurs étaient Don Gonzalo Nuñez et son épouse, Doña Mercia, récemment revenue des Indes avec une belle fortune. Il était vieux et estropié de goutte et d'autres maladies, mais il fut transporté dans la cathédrale sur un fauteuil de transport pour assister à l'octave de la fête du 7 au 14 décembre 1654, et il put ainsi être témoin de « l'incroyable délice de toute la ville » devant les splendides aménagements fournis pour la cérémonie populaire par sa munificence et celle de sa femme.

Ce ne sont pas moins de 150 000 ducats, soit 40 000 £ de notre argent, que les pieux couples ont mis de côté pour doter la fête de l'Immaculée

Conception, « afin de la rendre aussi splendide que celle de la Fête-Dieu », et ils ont donné l'argent dans leur aussi toute leur vie, au lieu de le léguer par testament pour en jouir eux-mêmes aussi longtemps qu'ils vivraient. Il y avait de nouveaux vêtements bleus et blancs pour les prêtres, des draperies bleues et blanches pour la chaire, le pupitre de lecture et le trône de l'archevêque, des bannières bleues et blanches, et même des coussins bleus et blancs sur lesquels l'archevêque pouvait s'agenouiller dans le chœur et devant le maître-autel. Maintenant, pour la première fois, les petits garçons reçurent des vêtements bleus et blancs, « couleurs du Mystère », et le projet établi par le généreux Don Gonzalo était si complet que, comme le disent les archives, « même les enfants chanteurs appelaient Seises ». » avaient « toutes leurs frontières et franges d'un coût et d'une richesse égales » à celles du doyen lui-même.

Les femmes n'étaient pas non plus entièrement laissées de côté dans cette dotation, car il était ordonné que « certaines jeunes filles pauvres » recevraient une dot sur les 40 000 £, et ces jeunes filles devaient marcher dans les processions tout au long de l'Octave, vêtues pour correspondre aux Seises en blanc. des robes et des manteaux à capuche bleus, tels que Murillo le représentait alors dans ses représentations de la Vierge. Doña Mercia, pour sa part, a doté la *Capilla de las Doncellas* (Chapelle des Jeunes Filles) dans la cathédrale, et ici jusqu'à ces dernières années, les dots fournies par son mari et elle-même étaient distribuées chaque année, et ici les filles sans portion vont même maintenant prier pour les bons maris. , même si malheureusement la plupart des fonds de dotation ont mystérieusement disparu dans le dernier quart du XIXe siècle.

L'un des détails intéressants de cette donation est la lumière qu'elle jette sur l'état de l'industrie du tissage de la soie à Séville au XVIIe siècle. Tous les vêtements, de quelque classe que ce soit, l'autel et autres tentures, les costumes des Seises et les robes des jeunes filles, devaient être « des meilleurs matériaux possibles », et ils devaient « être tissés à cet effet dans le ville de Séville, qui dans un tel tissage ne cède la place ni à Milan ni à Naples. Tel est le libellé de l'acte de donation. Si Don Gonzalo lui-même avait été marchand de soie, nous aurions pu soupçonner un préjugé en faveur de ses propres manufactures ; mais ce n'était pas le cas, il avait fait fortune en tant que commerçant général avec le Nouveau Monde.

L'industrie de la soie de Séville date de l'époque arabe et semble avoir connu son apogée au XIe siècle sous le règne bienfaisant des rois Abbadites, qui y portèrent la civilisation et le luxe à un niveau plus élevé que jamais atteint à Cordoue, toujours plus distingué pour la littérature et la science que pour les arts ou les industries. Les Beni Abbad étaient des Arabes yéménites et leur famille, ainsi que de nombreuses autres personnes d'origine yéménite (contrairement à ce que l'on croit généralement), s'étaient établies pacifiquement aux côtés des indigènes chrétiens au VIIIe siècle. Ils appréciaient pleinement les avantages du commerce et de l'industrie, car les Yéménites n'étaient pas des nomades comme beaucoup d'autres Arabes, mais avaient développé, avec l'aide de leurs conquérants les Perses, une civilisation et un art remarquables dans leur capitale bien-aimée, Sana, la dont les gloires traditionnelles étaient encore le thème de leurs poètes plusieurs siècles après l'occupation arabe de l'Espagne. Ainsi, dans les soieries, les damas et les brocards fabriqués à Séville jusqu'au XVIIe siècle, on retrouve dans le dessin une curieuse influence égypto-persane, influence qui, chose étrange, persiste encore aujourd'hui dans le beau travail des femmes andalouses, que ce soit dentelles, broderies ou fils tirés, et dans les oiseaux et bêtes traditionnels naïfs peints sur les poteries de Triana. Ces dessins sont si caractéristiques qu'il est facile de reconnaître l'école d'art de Séville depuis les premiers temps arabes jusqu'à nos jours, tandis que les productions du XVIIe siècle peuvent être datées avec une assez grande précision par un nouveau trait apparu alors, comme un résultat de la dévotion sévillane à l'Immaculée.

Cependant, nouveau n'est pas le mot correct, car il trouve sa racine dans le lotus sacré d'Égypte, dont les feuilles pointues symbolisaient la flamme de la vie, vénérée depuis les âges préhistoriques.

Dès le XIIIe siècle, ce lotus ou lys (*azucena*) avait été adopté comme symbole héraldique par l'Ordre chevaleresque de Notre-Dame de l'Ancien Temps, et en 1400, lorsqu'ils commencèrent à reconstruire la cathédrale de Séville, il fut considéré comme le symbole héraldique. armes du Chapitre. Aujourd'hui, en raison de la dévotion générale au « Mystère », l'appareil est devenu connu sous le nom d'« Armes héraldiques de la Vierge », et désormais le pot ou le vase, avec le lys à deux branches qui en jaillit, est omniprésent dans le design andalou. . Le calice de la fleur de lotus s'est transformé en vase, tandis que les étamines et les pistils se sont développés en deux branches. Certains artistes sont en effet allés jusqu'à peindre la Vierge assise sur un nénuphar à deux tiges, dont l'une avait sa racine dans le sein de sainte Anne, sa mère, et l'autre dans celui de saint Joachim, son père. . On imagine mal qu'une idée aussi étrangère à l'hagiologie occidentale ait surgi spontanément après la suppression du rite mozarabe au profit du romain lors de la reconquête de Séville, alors qu'il serait naturel que l'art de l'Église mozarabe soit influencée par les idées orientales à l'époque où les membres de cette Église étaient en contact intime avec la civilisation arabe et étaient pratiquement isolés du reste de la chrétienté. Quant à la tradition égyptienne (ou copte), les Arabes yéménites l'auraient apportée avec eux au VIIIe siècle, lors de leur arrivée en Espagne après la conquête de l'Égypte, et elle serait renforcée par l'intimité étroite qui existait au XIe siècle. entre les califes fatimites et la cour abbadite de Séville.

Grâce à Don Gonzalo Nuñez, la célébration de l'Immaculée Conception est célébrée à Séville depuis 1654 avec plus de magnificence que partout ailleurs. Les colonnes des transepts et de la nef sont drapées de haut en bas de rideaux de velours cramoisi, pour lesquels les marchands de Séville ont souscrit 17 000 £ vers la fin du siècle, l'ensemble du retable et du maître-autel sont recouverts de plaques d'argent ciselé. , et la custode est placée dans un sanctuaire d'or entouré d'un couronnement de diamants flamboyants, chacun aussi gros qu'un petit pois. Celui-ci est élevé au-dessus de l' autel lui-même et brille d'une manière éblouissante à travers la faible lumière des bougies placées autour de lui. Lorsque la cloche de l'Élévation sonne, après la danse des Seises, les rideaux de velours rouge qui cachent l'Hostie se tirent lentement ; une douce musique orchestrale remplit l'air ; le cardinal archevêque s'avance pour donner la bénédiction, et les milliers de fidèles s'agenouillent en adoration silencieuse. On réalise alors en effet l'emprise extraordinaire que le « Mystère » a pris sur l'imagination des Sévillans.

Les petits Seises, si farfelus qu'ils soient à d'autres moments, se comportent en cette occasion avec une grande gravité. Rempli d'une fierté honorable, convaincu que leur danse est l'événement vers lequel se dirige tout le magnifique rituel de toute l'année cathédrale, chaque petit garçon sent que tout dépend de la perfection de sa propre interprétation. Si un seul *Seis* se trompait dans les moindres détails, toute la danse majestueuse se briserait dans la confusion. Car cette « danse » est en réalité une série d'arabesques compliquées tracées par de petits pieds sur un tapis de velours, chaque mouvement naissant et dépendant de ceux d'avant et d'après. Il existe plus de deux cents compositions musicales, mais il n'y a qu'une seule règle pour la danse, et un enfant de chœur, aussi intelligent soit-il, doit la pratiquer pendant une année entière avant de pouvoir être promu à la dignité de *Seis* , le sommet de son art. ambition. En effet, être *Seis,* c'est un peu comme gagner une bourse, car lorsqu'il devient trop grand pour son costume et que sa voix commence à se briser, son avenir est pris en charge par le Chapitre, qui le forme au sacerdoce s'il a un penchant pour cela, ou l'initier à un métier qui lui permettra éventuellement de gagner sa vie, à moins, comme c'est souvent le cas, qu'il soit le fils de parents capables de lui donner une carrière professionnelle.

Leurs robes sont encore confectionnées à la mode du XVIIe siècle, quoique quelque peu modifiées, et, hélas ! ce n'est plus « les meilleurs matériaux » que l'on puisse obtenir à Séville. Les malles d'autrefois ont dégénéré en culottes jusqu'aux genoux, mais on voit encore les chaussures blanches et les bas blancs qui étaient autrefois des bas de malle, les chapeaux ronds relevés d'un côté avec des plumes, les pourpoints de satin blanc à bandes. de bleu bordé d'or, et des banderoles assorties suspendues aux épaules, comme le faisaient autrefois les élégants manteaux dont ils sont la modeste survivance. Malgré tous les changements et la gloire diminuée de leur tenue vestimentaire, les petites Seises frappent une note du passé alors qu'elles se précipitent à travers la large allée jusqu'au chœur avant que leur danse ne commence, huit d'entre elles passant le long de la passerelle grillagée menant du chœur. au maître-autel, tandis que les deux plus petits se placent de part et d'autre du grand pupitre de lecture sculpté avec ses immenses missels anciens, prêts à prendre place d'honneur derrière le cardinal-archevêque lorsqu'il passera de son trône à l'autel. Les minuscules personnages bleus et blancs constituent une touche enchanteresse d'insouciance enfantine parmi les pourpres sombres des robes des chanoines et le brun riche des stalles de cèdre sculpté, dont ils peuvent à peine regarder le haut, car ils ne sont que sept ou huit. ans; et ils se tiennent d'abord sur un pied, puis sur l'autre à travers les longues vêpres entonnées par les hommes de chœur et le clergé bénéficiaire, essayant en vain de se comporter comme s'ils étaient des grands garçons pas du tout fatigués par le bourdonnement du téléphone et de l'antiphone. leurs petites têtes.

Enfin, le chant du soir est terminé et leur moment de moments arrive. Précédé par le *Pertiguero* avec sa baguette d'argent d'office, en perruque-cravate, à large col tombant et en robe de serge noire du XVIe siècle, le Chapitre défile en procession solennelle le long de la passerelle grillagée allant du chœur au maître-autel, le Cardinal- Archevêque dans sa magnifique robe écarlate avec un *Seis* de chaque côté fermant la marche. Les dignitaires s'agenouillent tous à côté de larges chaises du XVIe siècle aux larges bras placées à droite au pied des marches de l'autel, et restent à genoux pendant toute la danse ; l'orchestre se met en marche et l'hymne des crises commence. Il n'est jamais accompagné de l'orgue, mais toujours d'un orchestre à cordes composé de laïcs, placé en face des sièges des dignitaires, à gauche des marches de l'autel. Et cet orchestre laïc suggère que la danse a été initiée avant que les orgues ne soient utilisés dans l'Église espagnole primitive.

Il n'y a rien d'oriental ni dans l'hymne ni dans la musique de la danse qui le suit ; tout est doux, tendre et respectueux comme devrait l'être une cérémonie religieuse célébrée par des enfants dans une église. Mais à la fin de chaque couplet, nous sommes soudain rappelés à l'Orient par le crépitement des castagnettes tenues tout ce temps cachées dans les paumes des mains des garçons, et maintenant jouées par eux avec une maîtrise du crescendo et du diminuendo, qui montre comment le les castagnettes peuvent être des instruments de musique, pas seulement de bruit rythmique. Ici encore, le ton de la tradition frappe, car les castagnettes sont orientales et doivent avoir été introduites dans le service de la cathédrale, comme la danse elle-même, par les chrétiens arabisés de Séville sous l'Islam.

L'hymne comporte deux couplets et la danse est répétée deux fois ; puis les dix petits garçons montent légèrement les marches, cinq de chaque côté de l'autel, rendent leur révérence aux éléments enfermés dans la custode d'or au-dessus de l'image de « Marie très pure », belle sculpture en bois de Martinez. Montañes – et disparaître dans la sacristie au fond de cette richesse d'argent et de brocart fournie par Don Gonzalo, oublié depuis longtemps. Mais avant que ne commence la musique de la Bénédiction, la moitié de l'assistance assise dans le transept se lève et se dirige en toute hâte vers la Porte des Polonais sous la Giralda, car c'est par là que le Cardinal sort vers son palais à travers la place, et le Les pieux Sévillans pensent qu'une bénédiction particulière leur sera réservée s'ils peuvent intercepter son passage et embrasser sa belle bague d'améthyste alors qu'il quitte la cathédrale après la danse des Saisies dans l'octave de l'Immaculée Conception de Notre-Dame.

La prochaine fois que les garçons danseront, c'est pendant les trois jours du Carnaval, et si nous demandons pourquoi cette occasion très laïque a été choisie, les archives du Chapitre nous en donnent l'explication .

En 1682 mourut à Séville un certain Don Francisco de Contreras de Chaves, chevalier de l'ordre de Santiago, gentilhomme du roi, familier du Saint-Ordre de l'Inquisition, et un des *Veintecuatros* (vingt-quatre), un ordre de noblesse. accordé à Séville et à Séville seule, au XIIIe siècle. Cet individu distingué était affligé des amusements vains et mondains auxquels on se livrait pendant les *Carnestolendas* (du latin *carnis tollendus*), qui sont les trois jours au cours desquels on mange de la viande en préparation des quarante d'abstinence commençant par le mercredi des Cendres ; et il espérait tendrement qu'en introduisant la Danse des Saisies dans les offices de la cathédrale de ces trois jours, la marée des divertissements profanes pourrait être endiguée. Il voulut donc qu'après la mort de sa femme, toute sa « grande fortune » soit consacrée au « triduum des Carnestolendas » afin que ces jours soient célébrés dans la Cathédrale avec autant de pompe et de magnificence que la Conception et la Fête-Dieu.

Lorsque sa succession fut nettoyée, il fut constaté que treize mille *pesos escudos de plata* (environ 1 260 £) étaient disponibles à cet effet, et en témoignage de gratitude envers leur généreux bienfaiteur, le Chapitre ordonna à tout le petit clergé et aux personnes à charge de « le Sainte Maison »pour assister à ses funérailles, la moitié portant des bougies jaunes et l'autre moitié blanches, tandis que le cercueil était recouvert du drap utilisé lors des inhumations des prébendaires. En outre, une messe de requiem a été célébrée dans l'église de San Francisco (aujourd'hui hôtel de ville) où le défunt inquisiteur a été enterré, et le chapitre y a assisté en chapes et barrettes, et les musiciens de la cathédrale ont chanté la messe, qui a été récitée par trois dignitaires. , le sermon étant prêché par un quatrième.

« De cette manière, dit un écrivain contemporain, le Chapitre a fait honneur à Don Francisco de Contreras pour avoir laissé toute sa fortune pour améliorer le culte de Dieu, de qui il aura reçu sa récompense ».

Don Francisco mourut la même année que Murillo, mais on ne nous dit pas que le Chapitre lui ait accordé de tels honneurs funéraires. Vraisemblablement, ils pensaient qu'après avoir payé ses tableaux, ils avaient fait leur devoir envers l'artiste, bien qu'il ait consacré sa vie au service de la religion, peint trente-deux tableaux de la Conception et tourné le dos aux honneurs et récompenses du monde, de peur de devrait offenser le Saint-Office en produisant des œuvres autres que religieuses.

Les robes fournies pour les Saisies par le legs de Don Francisco sont du même style et des mêmes matières que celles portées pour la Conception, mais là où ces dernières sont bleues, le costume de Carnaval est rouge, et ces costumes rouges et blancs sont également portés à la Fête-Dieu. , qui a lieu début juin. Il y a cependant une différence notable entre cette cérémonie et les deux précédentes, car alors qu'elles se déroulent dans l'enceinte de la Cathédrale, cette procession du Corpus sort avec l'Hostie dans les rues, passe devant l'Hôtel de Ville où se trouvent tous les rangs et modes des gens. la ville se rassemble pour le recevoir, sur des stands érigés pour l'occasion, et fait une longue tournée au cœur de la partie la plus ancienne de Séville avant de retourner avec son fardeau sacré à l'Église Mère.

La fête de la Fête-Dieu, bien qu'officiellement instituée au XIIIe siècle, et probablement une survivance d'une de ces cérémonies païennes pour lesquelles les premiers Pères, au lieu de se disputer, si sagement adaptées au culte chrétien, ne se développa dans toute sa splendeur qu'en 1613. , et puis le bienfaiteur qui l'a doté n'était autre que cet intéressant personnage historique, Don Mateo Vazquez de Leca, archidiacre de Séville, connu dans la poésie et la romance sous le nom de « Don Juan ».

Fils unique de parents riches décédés alors qu'il était encore jeune, il devint prêtre et obtint une place élevée au Chapitre dès l'âge de vingt-trois ans. Il n'est pas étonnant que, comme le dit un contemporain, « comme son âge était court et ses loyers longs, ses démarches ne fussent pas aussi bien équilibrées que l'exigeait son état ecclésiastique ». Sa somptueuse demeure était en effet conduite selon des principes qui convenaient davantage à un ploutocrate qu'à un prêtre, et sa vie licencieuse était le scandale de la ville. Mais à trente ans, "Dieu plut de l'avertir du péril dans lequel il se trouvait", par une intervention miraculeuse qui a été attachée par erreur au nom de Don Juan Mañara, contemporain de Murillo qui donna beaucoup d'or à l'hôpital de la Caridad. à Séville, et ordonna que « Ici repose le pire homme qui ait jamais vécu » soit inscrit sur sa pierre tombale dans l'église de l'Hôpital. Grâce à cette démonstration d'humilité posthume, les romanciers ont attribué l'aventure de Don Mateo à Don Juan Mañara, au lieu du véritable héros, l'Archidiacre, qui était en réalité une personnalité beaucoup plus pittoresque.

Nous étions en 1600, jour de la fête de la Fête-Dieu — et il ne faut pas craindre d'erreur sur la date, car l'événement figure dans les archives du Chapitre. Don Mateo, plus soucieux de son élégance personnelle que de sa sainte fonction, s'habilla pour l'occasion d'un magnifique sous-vêtement de brocart, espérant que l'éclat de la soie et du fil d'or brillerait à travers la soie diaphane de sa soutane et la dentelle transparente de sa robe. son rochet. Car il avait son esprit et ses yeux fixés sur une mystérieuse dame qu'il avait récemment observée parmi la congrégation dans la cathédrale, et il espérait que son beau visage et sa silhouette richement vêtue pourraient gagner sa faveur en ce jour de joie religieuse et laïque. Tout au long de la longue cérémonie dans la cathédrale et du lent déroulement de la longue procession, il parvint à la garder en vue, et quand enfin il fut libre de se dépouiller de son costume ecclésiastique et d'aller où il voulait, il la trouva en train d'attendre. lui à l'extérieur du bâtiment sacré et essaya immédiatement de lui parler.

Mais la dame était très timide, malgré ses regards coquets envers l'archidiacre pendant la cérémonie, et quand il s'approchait d'elle, elle s'éloignait si vite qu'il ne pouvait même pas apercevoir son visage sous le long voile noir qui lui entourait la tête et les épaules. Il ne pouvait pas non plus la rattraper, bien qu'il la suivit dans tout le centre de la ville, dans la Macarena et autour des murs de la ville jusqu'à ce qu'elle le ramène dans la cathédrale.

Dans le bâtiment, c'était maintenant le crépuscule, car tout l'après-midi avait été consacré à la poursuite, et la dame allait de chapelle en chapelle et d'autel en autel, jusqu'à ce qu'elle s'arrête enfin devant celui de Notre-Dame des Anciens Temps. Don Mateo tremblait, car cette image avait toujours été sa dévotion particulière. Mais la chair, après tant d'années d'auto-indulgence, était trop forte pour l'esprit. Il serra la dame dans ses bras, oubliant le lieu sacré où il se tenait, et arracha son voile, désireux de voir les beaux traits de la femme qui l'avait défié si longtemps. Un mot lui fut soufflé à l'oreille, comme un soupir d'un autre monde.

« L'ÉTERNITÉ ! » fut le mot qu'il entendit, et dans les longues allées vides, il sembla flotter au loin, pour ensuite se relever et rouler plus fort – plus fort jusqu'à sonner comme le tonnerre aux oreilles du misérable prêtre.

Et puis, dans un horrible râle d'os secs, le corps vivant et chaud qu'il tenait dans ses bras s'enfonça en un tas informe sur le sol. Ce pour quoi il avait commis un sacrilège n'était qu'un squelette desséché et désintégré.

A partir de ce moment, l'archidiacre mena une nouvelle vie et, dans son profond repentir, il devint le plus pieux de tous les prêtres du Chapitre. Il quitta sa magnifique demeure et s'installa dans une vilaine maison située dans l'allée de Santa Marta, à l'ombre de la Cathédrale ; il consacra toute sa fortune à des usages pieux et charitables ; et il dota pour toujours de grosses rentes pour la fête de la Fête-Dieu, parce que ce jour-là, Dieu avait jugé bon de le délivrer de sa vie de péché. Il donna pour la fête pas moins de cent chandeliers d'argent, des tentures et un dais pour le maître-autel, et des autels d'argent à porter en procession dans les rues. Il donna un ensemble complet de vêtements blancs destinés à être utilisés uniquement ce jour-là, pour tout le Chapitre, le petit clergé, les chanteurs, musiciens et serviteurs de l'autel, y compris bien sûr les Seises. Il donna des façades pour les autels portatifs, des tentures pour la chaire et la croix de la cathédrale, des rideaux pour le sanctuaire d'argent et de riches draperies pour la plate-forme sur laquelle le sanctuaire avec la custode intérieure est transporté à travers la ville. Et il dota les prédicateurs, les sonneurs de cloches, les illuminations et la procession, bref tout ce qui concerne la fête, sans excepter la Guilde de Notre-Dame de la Grenade, qui entretient un autel dans la chapelle de la Grenade (grenade) sous le Giralda, et conserve encore les lourds poteaux sur lesquels, jusqu'à une époque récente, ils portaient la plate-forme avec le sanctuaire, à la manière authentique et ancienne de l'arabe.

Dès les premiers temps, à la procession de la Fête-Dieu assistaient non seulement les petites Seises en costume de gala, mais aussi des groupes d'hommes et de femmes danseurs semblables dans leur idée aux Géants et aux Grosses Têtes qui figurent dans la fête de Notre-Dame de la Pilier de Saragosse, tel que décrit au chapitre XVII. Ceux-ci ont été supprimés depuis si longtemps que peu de gens savent ce qu'ils étaient autrefois, mais je trouve une mention des Géants en 1690, lorsque le gouverneur civil ou *Asistente* , comme on l'appelait alors, s'unit à l'archevêque Don Jaime de Palafox, dans une tentative déterminée de réprimer les célébrations qu'ils considéraient comme incompatibles avec la dignité de l'Église.

Ils savaient très bien que si le public était informé à l'avance de ce qui était prévu, il serait impossible de réaliser leur projet, aussi rien n'a-t-il été dit jusqu'à six heures du matin de la fête. Puis on annonça qu'aucun groupe de danseurs ne pourrait entrer dans la cathédrale, sous peine d'une amende de cent ducats pour le chef d'un tel parti, et de cinquante ducats et de quatre ans de prison pour le porteur de l'un de leurs étendards. Mais l'archevêque et l' *Assistente* comptaient sans leur hôte, car bien que le peuple, stupéfait par cette ingérence inattendue dans ses droits immémoriaux, restait silencieux comme abasourdi par le coup, les avocats de la Mairie (qui pourvoyaient les fonds des « Danseuses »)) s'est adressé directement à la Cour de Justice, et bientôt l'archevêque a été informé qu'il n'avait aucun statut juridique en la matière, que les « danseurs » devaient immédiatement prendre leur place habituelle dans la procession à l'intérieur de la cathédrale et que la cérémonie devait avoir lieu. dans l'ordre habituel.

L'Archevêque, furieux de voir son autorité contestée, ordonna que si les Danseurs entraient dans la Cathédrale, la procession serait immédiatement retirée, et l'Hostie dans sa magnifique *Custodie d'argent* (une réplique en miniature de celle érigée dans le « Monument » pendant la Semaine Sainte) doit être ramené à sa place. Mais maintenant les prêtres, les frères et autres ecclésiastiques se tournèrent contre lui, disant qu'ils avaient été invités par le Chapitre à assister à la célébration de l'hostie parmi le peuple et qu'ils ne pouvaient pas quitter la cathédrale tant que ce devoir sacré n'était pas accompli.

Pendant ce temps, le public, en colère et déçu, attristé par une querelle sur ce qu'il tenait pour sacré, et terrifié à l'idée que la colère divine ne descende sur la ville parce que la fête n'était pas honorée selon le rituel de ses ancêtres, se rassemblait sur la Place. de San Francisco, et réclamaient à grands cris le départ de la procession, tandis que les esprits les plus doux et les plus craintifs s'agenouillaient tout au long des rues et priaient Dieu de lever les difficultés qui s'étaient produites si soudainement et de manière inattendue.

Finalement l'Archevêque se retira, sa place fut prise par un moindre dignitaire, et le cortège sortit de la Cathédrale avec les Danseurs à leurs places habituelles, suivis de la Confrérie des Tailleurs (dont nous parlerons plus tard), des Capucins, des Mercenaires. , les Augustins et les Carmes, le Tribunal de l'Inquisition, les chanoines et l' *Assistente* , qui ne pouvait cacher son indignation devant la défaite de lui-même et de l'archevêque, dont toute la ville se réjouissait tout au long du parcours.

Don Jaime de Palafox fit alors appel au roi et au pape, mais tout ce qu'il obtint fut un ordre que les femmes soient exclues des danses et qu'aucun masque ou autre déguisement ne soit porté par les danseurs de la cathédrale, aucune tentative n'étant faite pour mettre un terme aux danses elles-mêmes, car « ce genre de fête avait toujours existé à Séville ». L'archevêque n'était chargé ni d'empêcher ni de gêner l'entrée des danseurs dans la cathédrale, et il reçut une tape sur les doigts du roi pour avoir tenté « d'introduire des nouveautés ».

Don Jaime de Palafox n'était pas homme à se reconnaître battu, et dix ans plus tard vint le tour des *Seises* . Le 18 juin 1700, il reçut du Pape au Chapitre l'ordre de « supprimer l'abus des danses des Seises », pensant apparemment mettre ainsi un terme à cette représentation traditionnelle. Le doyen, cependant, était un combattant aussi vaillant que Don Jaime lui-même. Il représenta au Saint-Père que l'hymne et la danse des Saisies ne pouvaient pas être jugés équitablement par ouï-dire mais devaient être vus pour être compris, et il rappela au Pape que le premier principe du Concile de Trente était qu'aucun jugement ne devait être jugé. être accordée dans tout différend jusqu'à ce que les deux parties aient été entendues. Il est resté fidèle à son point de vue jusqu'à ce qu'il obtienne l'autorisation d'emmener les Seises, costumes, castagnettes et tout, à Rome pour danser devant le pape, et le résultat final fut que la danse resta une partie reconnue du rituel de la cathédrale de Séville. et a depuis été joué aux saisons désignées sans entracte.

C'est ainsi qu'il survit aujourd'hui, pour le plus grand plaisir de tous les bons Sévillans. Mais comme l'a dit le chroniqueur de la tentative de suppression : « Seul celui qui le voit peut le comprendre, et cela vaut la peine d'être vu. Car cela est exécuté avec le plus grand sérieux et le plus grand calme, de sorte que c'est l'une des choses les plus remarquables dans cette Sainte Église, très loin de l'irrévérence, mais plutôt un exemple d'un respect particulier envers le Seigneur.

Environ une semaine avant *Noche Buena* – la Bonne Nuit – qui est la veille de Noël, les épiceries de Séville s'épanouissent en images de natures mortes, généralement avec un immense bateau en osier comme centre, avec des rames de saucisses de Bologne, un un gros jambon comme voile et une cargaison d'or en forme d'oranges. L'argent est représenté par des oranges mandarines enveloppées dans du papier de plomb, et les coins vides sont remplis d'une variété de friandises, tandis que le gréement est constitué de banderoles en guirlandes. Une bannière aux couleurs nationales , en soie plus ou moins chère, flotte bien entendu sur l'ensemble, et ce « vaisseau amiral » est flanqué d'un escadron de petits alevins de toutes formes, mais toujours en osier. La flotte entière et ses éléments constitutifs sont proposés à la vente à des prix exagérés, et l'équipage est toujours composé d'une ou de plusieurs bouteilles de vin.

Ces paniers de viande sont achetés pour les cadeaux de Noël et, si l'on en juge par l'absence d'attractions particulières dans les autres magasins, ils constituent le type de cadeau le plus populaire, à l'exception des gâteaux à la pâte d'amande. Les confiseurs en offrent une variété considérable, la plupart sous forme de taureaux ou de dragons, mais certains représentent le jambon bien-aimé, qui est un aliment si préféré, tandis que certains, mais ceux-ci sont minoritaires, sont fabriqués de manière jolie et artistique. rondes, diamants ou formes florales. Tous sont constitués de la même riche pâte d'amande et tous sont agrémentés de fruits confits et de bonbons. Plusieurs variétés d'une sorte de nougat appelé *turrón* apparaissent également à Noël et lors de deux ou trois autres grandes fêtes, et certaines d'entre elles sont délicieuses.

Les gâteaux à la pâte d'amande, comme le *turrón* et les paniers d'épicerie, sont tous très chers, ce qui n'est pas surprenant dans un pays où même le sucre de betterave fabriqué localement est si lourdement taxé que le consommateur doit payer 70 centimes la livre pour l'obtenir. Ainsi, les friandises ci-dessus sont réservées aux riches. Le gâteau de Noël des pauvres s'appelle *polvorón* et se compose d'une curieuse substance sèche semblable à un gâteau sablé extra court, composé principalement de farine d'amande, de sucre et de blanc d'œuf. Le *polvorón de Noël* est un gros gâteau rond, d'environ un demi-pouce d'épaisseur, et il comporte généralement une orange confite au milieu, dans laquelle est collée une fleur artificielle. Il est toujours vendu sur un plateau en carton, car sa consistance est telle qu'il tomberait en morceaux sous son propre poids. Bien qu'il coûte une bagatelle par rapport à la massezapan et *au turrón* consommés dans les maisons aisées, il est néanmoins d'une excellente saveur.

En effet, je doute que les ouvriers ne préfèrent pas leur *polvorón* au massezapan, ne serait-ce que parce qu'ils en ont beaucoup plus pour leur argent. Il est d'usage d'offrir un gâteau à vos serviteurs pour Noël, et je me souviens qu'un jour, alors que je parlais d'une fête de cuisine projetée avec ma cuisinière, elle m'a poliment fait comprendre qu'ils avaient apprécié le beau dragon en pâte d'amande de au Noël précédent, ils préféreraient vraiment un *polvorón* cette fois-ci, car la même dépense pour ce type de gâteau permettrait à tous leurs amis de le couper et de revenir, au lieu de se limiter à une simple bouchée, comme c'était le cas avec les cinq -Dragon dollar de l'année dernière.

Quel que soit le gâteau que vous offrirez au *ménage* , la meilleure partie sera réservée pour être offerte au maître et à la maîtresse ainsi qu'à leur famille. Si c'est un taureau, la tête et les cornes seront conservées ; s'il s'agit d'un dragon, la tête et la queue ; et le soir après la fête des domestiques, lorsque votre dîner sera terminé, la cuisinière enfilera en toute hâte un tablier blanc et nouera autour de sa tête son plus beau mouchoir de soie, et entrera dans la salle à manger portant les restes du gâteau avec toutes ses décorations non comestibles soigneusement réarrangées pour cacher ce qui a disparu. Elle l'offrira courtoisement à tous les convives, les pressant de goûter et de voir la richesse d'un plat que les Señores ont préparé pour la délectation de ceux qui les emploient. Et le plus souvent, un membre talentueux de la maison se tient à la porte et chante à tue-tête un couplet improvisé mettant en valeur la générosité et l'amabilité de ses employeurs.

Il y a très peu d'informations sur les fêtes de Noël réellement organisées. Les arbres de Noël sont, bien sûr, assez étrangers au sol, et je n'ai jamais entendu parler de danses de Noël, en dehors de Madrid, à l'exception de celles données par des résidents étrangers. Mais la veille de Noël est célébrée par les hauts et les bas, et les riches dépensent à cette époque beaucoup d'argent dans ce qui nous semble une méthode singulière et peu pratique pour afficher leur ferveur religieuse. Cela consiste à installer un *Nacimiento* (Nativité), ou représentation de la naissance du Christ, qui est préparé dans la chapelle privée de la maison, s'il y en a une, ou dans une salle de réception principale, sous une forme aussi élaborée que la moyen du permis familial.

Même les plus pauvres essaient de procurer quelque chose de semblable à leurs enfants, et les figurines nécessaires sont vendues dans les rues et dans les magasins pendant environ une semaine avant le grand jour, à des prix variant d'un centime à des centaines de pesetas. J'ai acheté toute la scène modelée en argile grossièrement peinte par le vendeur, pour une peseta. L'écurie d'un tel *Nacimiento* a trois petits murs et pas de toit, la Vierge et saint Joseph s'agenouillent de chaque côté du Bébé, deux minuscules panaches d'herbe de la pampa et quelques coqs et poules représentent l'environnement rural que ces artistes imaginent approprié. , et, quelle que soit l'histoire biblique, le bien-aimé Saint Jean en tant qu'homme adulte se retrouvera quelque part en arrière-plan. On ne peut pas faire plus plaisir à une famille pauvre qu'en lui offrant un *Nacimiento* de cette classe. Il sera installé à la place d'honneur sur la commode, dont le dessus est toujours consacré à leurs « saints » – images effroyablement mauvaises, en règle générale – et à des photographies de famille ; tandis que, si les salaires exigus le permettent, une ou plusieurs bougies seront allumées devant le trésor chaque nuit jusqu'au « Jour des Rois », qui est notre Douzième Nuit, une fête bien plus grande pour les enfants espagnols que Noël ou le Jour de l'An. . Et le plus petit enfant apprend qu'aucun doigt sacrilège ne doit être posé sur le jouet sacré.

Les *Nacimientos* des maisons riches sont supportés au mépris absolu du coût (je me souviens en avoir vu un dont une seule figurine coûtait 4 £), mais l'idée est la même : une représentation plastique de la Nativité. Ici, cependant, il s'agit de l'occasion d'une fonction sociale, et il est curieux de lire dans les journaux le jour de Noël comment un magnifique *Nacimiento* a été érigé pendant la nuit dans la magnifique chapelle du splendide manoir des ducs de Mengano ou les comtes de Fulano, et comment, après que le révérend évêque de tel ou le savant chanoine de tel eut lu l'office et prononcé un discours inspiré, toute la famille s'ajourna à la salle à manger à 1 heure du matin et se régala d'un « succulent repas ». déjeuner », qui était « rendu d'autant plus agréable par l'abondance de *champán* ».

Dans ce pays, les articles de presse faisant état de fonctions de ce genre ne sont pas avares d'adjectifs. Les comptes sont payés comme n'importe quelle autre publicité, et les riches hôtes de la « nouvelle » noblesse aiment en avoir pour leur argent tout autant que les riches marchands et financiers. Quant à la vieille noblesse rurale, sa fortune est pour la plupart trop réduite pour être exposée à Noël ou à tout autre moment, et si elle est encore aisée, ses goûts et ses traditions sont opposés à la célébrité des journaux, de sorte que les journalistes ont peu de chance d'obtenir de l'argent. à l'intérieur de leurs vieilles maisons funéraires, encore moins d'obtenir des honoraires pour des publicités sous la forme de récits flatteurs de leurs observances religieuses.

A Séville, toutes les vieilles coutumes conservent encore une emprise extraordinaire sur l'imagination populaire. Parmi celles-ci, l'une des plus curieuses est une cérémonie religieuse appelée « Messe du Coq » (*Misa del Gallo*), qui a lieu la veille de Noël. C'est si étrange et si archaïque qu'à une époque on s'efforçait d'amener le pape à l'interdire ; mais les frères franciscains du monastère de San Buenaventura lui firent appel en personne ; l'autorisation fut donnée à une commission des Frères de célébrer la Messe du Coq au Vatican, et après l'avoir entendue par lui-même, le Pape donna une licence spéciale pour qu'elle soit continuée sous une forme légèrement modifiée.

San Buenaventura est l'église où se rendre la veille de Noël à Séville pour entendre la Messe du Coq dans sa forme la plus raffinée, avec de bons chants et un bon jeu d'orgue ; mais pour avoir une vraie couleur locale et une ferveur passionnée qui déborde de tous les liens de la retenue, il faut trouver une place debout, si possible, dans la petite chapelle de San Antonio Abad, dans la rue appelée Alphonse XII. , car c'est le lieu de villégiature choisi par les pauvres, pour qui leur religion est aussi réelle que leur pain quotidien.

La messe commence aux coups de minuit, mais quelques heures avant, la petite église sera occupée par des fidèles silencieux, agenouillés par terre en prière, les yeux fixés sur le maître-autel. Ici est exposée la Nativité, et parmi les personnages se trouve un âne, fierté et gloire de la congrégation, car c'est le seul modèle grandeur nature de ce genre que l'on puisse voir dans une église de Séville.

Les gens viennent toutes les minutes environ pour regarder le *Nacimiento* , s'agenouillent pendant un court moment en prière, puis ressortent pour rencontrer leurs amis et passer le temps jusqu'au début de la messe. Les rues sont bondées et tous les cafés et restaurants sont pleins, car les gens vont d'une église à l'autre pour voir les différents *Nacimientos* , et peu d'entre eux se couchent avant deux ou trois heures du matin ; le système doit donc être soutenu avec du café et des gâteaux, ou du vin et du jambon, ou *de l'aguardiente* et des pinces de crabe, ou de l'eau froide et des châtaignes ou des glands grillés, selon les goûts personnels et la profondeur de la bourse.

A minuit, la messe commence à San Antonio Abad avec un choc de sons barbares, le petit orgue étant renforcé par des guitares, des tambourins, des castagnettes, des triangles et un instrument oriental appelé *zambomba* , qui doit être un héritage des temps les plus primitifs de l'arabe. musique. Celui-ci est fait d'argile grossière et a la forme d'un pot de fleur, avec une taille au milieu et sans fond. L'extrémité la plus large est recouverte d'un parchemin étroitement tendu, à travers lequel est passé un mince morceau de canne, étroitement attaché en dessous. La « musique » est produite en mouillant la main puis en frottant la canne de haut en bas, et le bruit qu'elle fait est indescriptible. Si l'on imagine un tambour mugissant comme une vache qui a perdu son veau, on se rapprocherait du son de la *zambomba* : mais il faut l'entendre pour l'apprécier. Les Andalous l'adorent, et s'ils n'ont pas les moyens d'acheter une *zambomba* pour la *Noche Buena,* ils en fabriqueront une à partir d'un pot de fleur recouvert d'un chiffon humide au lieu de la peau - un substitut qui produit des bruits encore plus étranges que le légitime. navire.

Cet instrument de torture n'est plus souvent entendu dans les églises, et il est à craindre que même à San Antonio Abad, il ne cesse bientôt de ravir les fidèles de la veille de Noël ; mais lorsque nous sommes allés pour la première fois à Séville, c'était encore un élément essentiel de l'orchestre.

L'ensemble de la messe du coq n'est qu'une étape progressive menant à l'acte suprême de la « bonne nuit » : la présentation du bébé pour qu'il soit embrassé par les fidèles. Dans la plupart des églises, il s'agit d'une cérémonie solennelle, et l'on sent avec quel sérieux sont ceux qui défilent devant les marches de l'autel pour s'agenouiller devant l'image du Sauveur enfant. Les lumières flamboyantes qui entourent l'image, les magnifiques vêtements des prêtres, la faible lumière des nefs latérales d'où les fidèles voilés se glissent, s'agenouillent pour embrasser le pied du petit personnage, puis disparaissent de nouveau dans l'obscurité, - tout cela se combine pour faire de la messe du coq dans de nombreuses églises un spectacle pittoresque et émouvant. Dans de telles églises, il n'y a que l'orgue, ou peut-être un orchestre à cordes, et il n'y a rien d'archaïque dans la messe du coq traditionnelle à part le nom.

Mais à San Antonio Abad et dans d'autres églises mineures fréquentées principalement, sinon entièrement, par les pauvres, la messe a un tout autre caractère.

Dans certains d'entre eux, la musique commence dès onze heures, douce et grave au début, et augmentant progressivement en ton et en gaieté à mesure que le temps passe et que l'église se remplit de plus en plus. Et le moral du peuple s'élève avec la musique, jusqu'à ce qu'un morceau au rythme fortement marqué retentisse et que l'assemblée semble perdre complètement la tête. Ils se balancent d'un côté à l'autre, mesurent la mesure avec la tête et les mains, et finissent par emboîter le pas avec les pieds, complètement emportés par l'excitation alors que la « Bonne nuit » se rapproche de plus en plus de son apogée.

Ils se reprennent lorsque sonne la cloche de l'élévation de l'Hostie, et tous s'agenouillent, bien qu'ils soient si serrés que c'est une prouesse de gymnastique que de se relever. Il y a une pause, comme s'ils respiraient, pendant la bénédiction, puis, alors que le grand prêtre s'assoit sur les marches de l'autel avec l'image de l'Enfant sur ses genoux, la musique éclate à nouveau, orgue, guitares, tambourins, *zambombas* , dans un mélange triomphal de sons sans forme ni rythme particulier, et toute la foule se dirige simultanément vers la Nativité, un pas à la fois, sans la moindre bousculade, mais tous résolus à adorer leur Christ, à voir et touchez « L'Enfant » qui est aussi « Le Seigneur ».

Cela signifie beaucoup pour certains d'entre eux : rien de moins, en effet, qu'un augure, en bien ou en mal, pour l'année à venir. J'ai entendu une femme dans la foule dire à une autre alors qu'elle quittait l'église une veille de Noël qu'elle aurait maintenant de la chance, car *El Niño* l'avait regardée et souri alors qu'elle s'agenouillait pour l'adorer : et sa confiance naïve dans l'heureux présage m'a expliqué beaucoup de choses qui autrement m'auraient intrigué par l'attitude de la foule pendant la messe du Coq.

LA PORTE DU MARIÉ.

CHAPITRE XIII

Le pays de Colomb – Le chemin de Moguer – Un pont branlant – Une famille historique – Des yeux bleus et un cœur honorable – Le travail du fer du XVe siècle – Martin Alonso Pinzón, l'ami de Colomb – Son histoire racontée par son descendant – Palos de la Frontera —Le château des Pinzón—L'église de Saint-Georges—La Vierge de Colomb—La porte des mariés—La Rabida: ce qu'elle est et ce qu'elle pourrait être.

En règle générale, février dans le sud de l'Espagne est déjà le printemps, mais j'ai visité le pays de Colomb en 1912, et cette année inhabituelle, l'hiver s'est prolongé jusqu'à la mi-février, un mois qui tapisse généralement les champs d'iris bleus, de renoncules dorées, et des coquelicots écarlates. Ainsi, mon voyage à Moguer, Palos de la Frontera et La Rabida pourrait s'inscrire sous la rubrique Winter Sketches, et peut-être que mes lecteurs aimeront savoir qu'il est possible d'explorer ces villages isolés même par temps pluvieux.

J'ai commencé avec l'intention de creuser quelques jours dans une ville ensevelie au bord du Rio Tinto, en route vers les mines de cuivre de Tharsis, là-haut dans la Sierra de Huelva, où j'allais voir un petit musée d'objets trouvés par la Société dans ses différents puits. Mais le temps, parfait lorsque je quittai Séville, changea dans la nuit et je me réveillai le lendemain matin avec une averse de pluie qui rendit impossible les fouilles, d'autant plus que pour atteindre mon chantier, je devais traverser le Rio Tinto par un gué impraticable après la pluie. J'ai donc laissé mes *jamugas* et mes outils à la garde de l'aimable propriétaire des chambres inconfortables que j'avais été obligé d'occuper parce qu'il n'y en avait pas d'autre à plusieurs kilomètres des ruines, et je me suis rendu à Moguer, muni d'une introduction à la famille de Pinzón, descendant en ligne directe de Martin Alonso Pinzón, qui, avec ses deux frères, a accompagné Colomb dans son voyage historique de Palos de la Frontera aux Bahamas.

Je descendis du train sous une forte averse à la misérable petite gare de San Juan del Puerto, un village misérable situé sur les vasières du Rio Tinto, près de son confluent avec l'Odiel. C'est la gare la plus proche de Moguer, et ceux qui veulent visiter ce quartier, qui est très joli et plein d'intérêt historique, ne devraient pas se laisser tromper par les guides et les inciter à prendre un autre itinéraire pour se rendre à La Rabida, pour des raisons qui Je vais maintenant vous expliquer.

Moguer n'est qu'à environ un mile et demi de la gare, et une diligence accueille chaque train. Il est vrai que ce n'est pas un moyen de transport luxueux, et parfois, si l'on ne se précipite pas pour trouver un siège, on peut se retrouver laissé pour compte. Donc, à moins que le voyage ne soit une idée soudaine, comme la mienne, il est bon d'écrire à la propriétaire de la

Fonda Almirante Pinzón à Moguer, et elle vous enverra non seulement une voiture à la gare, mais vous réservera une de ses rares chambres. , et ajoutez un plat supplémentaire à son simple dîner en vue de votre arrivée. Il est toujours conseillé, lorsque cela est possible, de prévenir de votre venue dans de modestes petites auberges comme celle-ci.

La diligence n'était pas bondée le jour où je suis arrivé à Moguer pour la première fois. En fait, il ne contenait, outre moi, qu'un vieux médecin et sa jeune femme, ainsi que l'idiot du village de San Juan, qui monta sur le perron jusqu'à ce qu'il se rende compte que ses plaintes ne pouvaient rien tirer du médecin ou de moi. puis il est descendu et est retourné chez lui sous la pluie.

Non loin de San Juan, il y a un long pont bas en bois sur chevalets qui enjambe le Rio Tinto, qui ici est très large. Il craquait et gémissait beaucoup pendant que nous le traversions, et le médecin remarqua qu'il avait été condamné depuis longtemps comme dangereux par l'inspecteur des routes, et chaque fois qu'il le traversait, il se demandait s'il tiendrait le coup jusqu'à ce qu'il arrive à l'autre. côté.

« Oh, Cayetano ! Comment peux-tu dire cela, alors que nous devons revenir demain par le même chemin ! cria sa femme.

J'ai regardé l'eau jaune et trouble, déjà gonflée par la pluie. S'y baigner serait très désagréable, même si ce n'était rien de pire qu'un bain. Mais nous avons traversé en toute sécurité et avons gravi une douce colline jusqu'à la jolie petite ville, où à chaque détour on retrouve des rappels de la richesse et de la splendeur dont elle jouissait au XVIe siècle, lorsque l'or affluant d'Amérique enrichissait tout le monde. avec ceux qui se sont aventurés dans le Nouveau Monde.

La Fonda del Almirante Pinzón est établie au rez-de-chaussée de la maison appartenant au petit-fils de l'amiral, et lorsque j'y étais, la famille, réduite en moyens comme tant de vieilles nobles, vivait à l'étage supérieur. Depuis les grands jours de leurs voyages avec Colomb, le chef des Pinzón était marin, et l'amiral, dont l'hôtel porte le nom, s'est distingué dans la guerre d'Espagne, et tout récemment, un croiseur a été envoyé pour transporter ses restes au Panthéon national des marins illustres à San Fernando. Et son fils a soutenu et son petit-fils soutient toujours les traditions d'une famille que Charles QUINT a honorée d'une concession de noblesse et des mêmes armes que celles données à Colomb lui-même - les trois caravelles historiques et la devise :

« A Castille et à Léon

Nouveau monde de Pinzón. »

(À Castille et à Léon

Un nouveau monde a été donné par Pinzón.)

Mais la fierté la plus grande des Pinzón, qui étaient riches lorsque leur grand ancêtre s'embarqua pour la première fois vers l'ouest inconnu, est qu'ils ne se sont jamais souillés les mains avec des biens mal acquis, et qu'un amiral Pinzón après l'autre a occupé de hautes fonctions sous le gouvernement. et n'a pas quitté ses fonctions plus riche que lorsqu'il y est entré. Une telle honnêteté, dans un pays où la politique et les fonctions officielles sont universellement considérées comme un chemin court vers la fortune, plaide en faveur d'un standard de moralité aussi élevé que rare. Sigismond Moret, l'homme d'État libéral qui a été trois fois intrigué hors du poste de Premier ministre parce qu'il ne voulait pas acheter le soutien de son parti, est mort pauvre, et toute la presse espagnole s'est unie pour proclamer ce fait comme le plus grand honneur qu'elle puisse lui rendre. Il est encore vain d'espérer une gestion honnête des deniers publics, mais nous devons croire qu'à long terme, l'exemple des Pinzón, des Moret et de leurs semblables prévaudra. Car c'est l'une des tragédies de l'Espagne que ses richesses naturelles, minières et agricoles, soient immenses, et qu'elle n'ait besoin que d'une administration honnête et pleine de bon sens pour devenir l'un des pays les plus riches, au lieu du plus pauvre, d'Europe.

Cette digression est excusable, car dans le pays de Colomb, on rencontre à chaque coin de rue les Pinzón, et ce sont eux et leurs semblables qui feront un jour lever la pâte. Il est habituel de dire que l'Espagne ne se relèvera jamais parce que le poids mort de l'égoïsme et de l'égoïsme qui repose sur la bonne pâte en dessous empêchera toute bonne moralité d'atteindre le sommet. Mais *qui vivra verra* . Personnellement, je crois que des fissures s'étendent dans la croûte de l'égoïsme administratif, et j'espère, avant de mourir, assister ici à un réveil semblable à celui qui s'est produit dans mon propre pays quand j'étais jeune, et où la société anglaise a soudainement commencé à se rendre compte qu'elle avait Elle n'a pas rempli tout son devoir envers les pauvres en leur donnant des couvertures et du thé au bœuf.

La petite *fonda,* avec son grand nom, n'est pas un endroit où l'on souhaite rester longtemps, car, bien que propres, les lits sont un peu durs et la nourriture est telle qu'on peut s'y attendre pour cinq pesetas par jour *tout compris* . Mais dans le modeste patio se trouve un grand tableau de la Vierge de Montemayor qui appartenait à l'amiral et à ses ancêtres. Et dans la salle à manger meublée simplement, il y a une belle tête de puits en fer forgé datant du XVe siècle, de style et de conception identiques à la chaire de la petite église de Palos de la Frontera, d'où fut lu le décret d'Isabelle la Les catholiques font appel à ses seigneurs du port pour équiper et équiper les navires *Santa Maria* et *Niña* pour l'expédition vers l'inconnu. Ces navires, selon les Pinzón, étaient la propriété de Martin Alonso Pinzón et de ses frères, bien que dans le procès intenté plusieurs années plus tard par Diego, le fils de Colomb, contre l'État, une version différente ait été donnée. Les articles relatifs à cette longue querelle ont été à la base d'une grande partie de ce qui a été écrit sur la première expédition de Colomb, donc si mes lecteurs trouvent que les traditions familiales diffèrent considérablement des histoires populaires de l'époque, ils doivent se rappeler que le point de vue de Pinzón diffère naturellement de celui de l'autre partie dans un procès malheureux, et ils peuvent choisir eux-mêmes quelle histoire ils veulent croire.

Le lendemain de mon arrivée à Moguer fut clair et ensoleillé, et la Señora de Pinzón, après avoir étudié mes lettres de créance, permit à sa jeune fille Conchita (autrement Maria de la Concepción) de me rejoindre dans mon expédition à La Rabida. C'était vraiment une grande faveur, car les mères espagnoles n'aiment jamais quitter leurs filles des yeux jusqu'à ce qu'elles soient mariées en toute sécurité. Mais Conchita avait été élevée par les religieuses irlandaises du Loretto à Gibraltar, et la Señora ne put résister à son appel pour pouvoir passer la journée avec moi pour pratiquer son anglais, qu'elle disait avoir peur d'oublier. Cela semblait rendre curieusement vivants les ossements secs de l'histoire de parcourir le sol avec cette jeune créature brillante et d'entendre ses références continuelles à « mon ancêtre Martin Alonso » alors que nous roulions le long d'une jolie ruelle jusqu'au célèbre Palos, salués par tous les hommes, femme et enfant, nous rencontrâmes une cordialité qui montra quelle estime on tient ici à la famille.

"Nous n'avons jamais été très riches", a déclaré Conchita, "même si nos vignes et nos oliveraies rapportaient autrefois beaucoup plus qu'aujourd'hui, ce n'est donc pas notre argent qui a rendu ma famille populaire ici. Non, c'est ce que mon ancêtre a fait pour l'Espagne qu'on n'oublie jamais. Vous voyez, il a vécu ici toute sa vie, alors que Colomb n'était qu'un visiteur étranger, qui venait chercher des navires et repartait. Il n'est pas étonnant que les gens se souviennent mieux de mon ancêtre que de lui.

L'intense fierté de ma petite amie pour son histoire familiale transparaissait à travers chaque mot qu'elle prononçait. Elle l'a exprimé peut-être plus ouvertement qu'une jeune Anglaise ne l'aurait fait à sa place, mais je dois dire que j'ai cordialement sympathisé avec elle. Je suis assez fier de mes propres ancêtres, dont les actes n'ont laissé qu'une légère marque dans l'histoire de leur temps. S'ils avaient aidé à découvrir l'Amérique, je n'aurais pas pu me retenir !

Palos, le port autrefois célèbre à mi-chemin entre La Rabida et Moguer, est aujourd'hui situé en hauteur et au sec, avec une bande de pâturages entre le village et l'estuaire. Même les petites caravelles de 1483 ne pouvaient plus jeter l'ancre à proximité du château en ruine, et l'endroit tout entier semble dormir, reposant sur sa renommée d'antan.

« Le château appartenait à mon ancêtre », dit Conchita en désignant un mur en ruine sur une légère éminence derrière la petite église. « Il ne restait plus qu'une tour à l'arrivée de Colomb, et la résidence de mon ancêtre était à Moguer. Mais les Pinzón y gardèrent leurs navires et c'est ici que Colomb vint chercher Martin Alonso et lui parler du voyage qu'il voulait faire. Il avait fait la connaissance de Martin Alonso à Rome, où ils étudiaient tous deux la navigation. Vous savez que c'était à l'époque l'étude préférée des hommes riches qui aimaient la mer. Comme il est ridicule de dire que Colomb est venu ici par hasard ! Vous voyez à quel point c'est un endroit isolé. Et s'il avait voulu se rendre à Huelva pour rendre visite à son beau-frère, comme le dit Washington Irving, il aurait été idiot d'aller à La Rabida, où il n'y a pas d'autre route que celle-ci, alors que Huelva était en route. la route principale. Il est écrit dans nos papiers familiaux que Colomb est venu chercher son ami Martin Alonso Pinzón et discuter avec lui des plans du voyage, et Martin Alonso l'a accompagné à La Rabida. L'histoire de sa demande à manger et à boire à La Rabida est idiote. Comme si mon ancêtre l'aurait laissé quitter sa maison sans lui offrir, à lui et à son enfant, un bon dîner ! Cela me met en colère de voir cette photo absurde à La Rabida du portier donnant du pain et de l'eau à son petit garçon. C'est assez moderne et pas du tout bien peint, je suis heureux de le dire !

Nous étions montés pour examiner le mur en ruine, vestige mélancolique de la forteresse forte qui a donné à Palos son importance en tant que ville frontière (*de la frontera*) pendant la guerre civile entre musulmans et mozarabes au IXe siècle, lorsque toute cette région était dans le mains des descendants du roi Witiza, dernier monarque légitime des Goths, que pendant vingt-cinq ans les sultans de Cordoue cherchèrent en vain à déloger. De cette éminence, je pouvais voir qu'avant de s'envaser, le petit port de Palos aurait été un abri sûr et pratique contre les vents d'ouest balayant le large estuaire.

« Deux des navires appartenaient aux Pinzón, dit Conchita, mais cette famille n'avait pas la faveur des rois catholiques — nous n'avons jamais su pourquoi — et ils ne pouvaient les prêter à Colomb sans demander la permission à la reine, qui leur avait imposé un embargo en guise de punition pour un délit inconnu. Lorsque Colomb et mon ancêtre eurent longuement discuté de l'aventure proposée, ils se rendirent à La Rabida pour demander au prieur, Juan Pérez de Marchena, d'user de son influence auprès d'Isabelle pour lever l'embargo, afin que Martin Alonso et ses frères puissent prêter à Colomb leur navires. Les Pinzón ne pouvaient pas se présenter eux-mêmes au tribunal, car ils étaient en disgrâce. J'aimerais que nous sachions pourquoi. Les papiers de famille ne nous disent rien, et il existe seulement une vague tradition selon laquelle cela aurait quelque chose à voir avec la religion. Je ne peux pas imaginer ce que cela pourrait être, car les Pinzón ont toujours été de bons catholiques et ils avaient peu de temps auparavant restauré ou reconstruit une partie de cette église qui, comme vous le voyez, est très ancienne.

Pendant que nous parlions, nous étions assis sur un banc dans la petite église Saint-Georges. A notre gauche se trouvait la chaire en fer forgé d'où l'on lisait l'appel aux volontaires ; à droite se trouvait l'ancienne image de la Vierge, que la tradition locale prétend être celle que Colomb emporta avec lui à bord de la *Santa Maria* .

Il n'est en aucun cas improbable que la tradition locale soit exacte, car l'image est médiévale et, en tant que telle, aurait fait l'objet d'une adoration particulière de la part des habitants de Palos, à l'époque comme aujourd'hui. Ainsi Martin Alonso Pinzón, le seigneur de Palos, ne pouvait pas faire plus d'honneur à son ami Colomb, et trouver un moyen plus sûr de calmer les craintes des familles de leurs équipages, qu'en prenant cette image vénérée comme patronne de l'expédition. Les navires devaient rentrer sains et saufs, disaient les habitants de Palos, avec à leur bord leur Vierge bien-aimée.

Les traditions concernant l'image protectrice d'une ville ne se développent pas spontanément, même si, au fil des siècles, l'histoire originale s'orne et se superpose avec les ajouts qui lui sont apportés d'une génération à l'autre. En fait, sans aucun fondement, il est très peu probable que l'affirmation selon laquelle il s'agissait de l'image en question ait été faite et acceptée, et désormais transmise comme une tradition par les habitants de Palos. On a peu vu Colomb à Palos après son retour de son premier voyage. Les Pinzón attribuent cela à la mort prématurée de Martin Alonso, que les historiens disent être due à sa déception que Colomb aurait dû obtenir plus d'honneurs et de récompenses que lui après sa « basse désertion » de l'amiral à Cuba. La famille ignore naturellement, si tant est qu'elle ne l'ignore pas aujourd'hui, tout ce qui a été reproché à son ancêtre dans le procès de Diego Colon. Pour eux, la mort de Martin Alonso a été provoquée par les épreuves qu'il a endurées et par la maladie qu'il a contractée lorsque, à cause des intempéries, son navire a été séparé de celui de Colomb, qu'il n'a jamais revu jusqu'à ce que les deux grands navigateurs reviennent à Palos, une heure du matin. et l'autre au soir du 15 mars 1493, sept mois et demi après qu'ils eurent quitté ensemble le petit port. Quoi qu'il en soit, il faut admettre que Pinzón et ses frères jouèrent un rôle important dans la découverte du Nouveau Monde, et que ce fut leur grand malheur d'être à la Cour sous un nuage alors que les faveurs et les récompenses étaient comblées. homme qu'ils avaient si matériellement aidé au début.

Peut-être que si j'avais visité Palos avec un descendant de Colomb au lieu d'une fille de l'autre maison, le rôle joué par Pinzón prendrait des proportions moindres dans ma rétrospection de cette époque lointaine. Mais dans l'état actuel des choses, j'avais l'impression d'avoir tenu l'histoire des acteurs eux-mêmes, et je ne pouvais plus douter que ce soit bien l'image protectrice qui veillait sur les aventuriers depuis la chapelle érigée sur la *Santa Maria* par son propriétaire. , Martin Alonso Pinzón, lorsqu'il a remis son navire à Colomb comme commandant de la « flotte », je pouvais douter que Martin Alonso ait été plus coupable contre que coupable dans les nouvelles qui se sont répandues sur sa disparition sur la côte de Cuba.

Et quand Conchita m'a fait faire le tour de l'extrémité ouest et descendre un escalier jusqu'à la porte nord de l'église, qui est décorée de briques rouges et blanches du style appelé « mozarabe », et m'a dit qu'elle était connue sous le nom de « "Porte des Mariés" » lorsque les Pinzón habitaient le château et qu'elle n'était ouverte que pour admettre le fils aîné de la famille le jour de son mariage, je me suis trouvé tout à fait capable d'accepter sa déclaration, indépendamment des diverses invraisemblances inhérentes qui se sont ensuite suggérées. ves.

Après avoir pleinement saisi la beauté et la tradition de ce joyau architectural, avec ses murs extérieurs aux allures de forteresse, sa nef étrangement petite et ses hauts transepts gothiques, nous avons repris notre progression triomphale sur le chemin parcouru par Colomb quatre cent vingt-huit. des années auparavant, je dis triomphale à bon escient, car dans l'unique rue étroite et mal pavée de Palos, Conchita s'inclinait et souriait comme une jeune princesse aux gens qui couraient pour la saluer lorsqu'ils entendaient le bruit de nos roues qui approchaient. On comprenait que peu de voitures circulent aujourd'hui dans le village, mais la simple curiosité n'expliquerait pas la cordialité de son accueil.

De Palos à La Rabida, la route est bonne et bien entretenue, et à un endroit elle est vraiment très jolie, serpentant à travers une pinède, entre les arbres de laquelle on voit la *Tapia arabe* des murs du monastère, qui brille d'un rose rosé sous le soleil de l'après-midi. sur leur éminence au-dessus de l'estuaire.

Le manque inhérent de bon sens qui caractérise toute l'administration espagnole est illustré par l'existence même de cette route. En 1893, le quatrième centenaire de la découverte de l'Amérique fut marqué par une grande célébration organisée par ce qu'on appelle la Société Colombienne de Huelva. Le monastère a été proclamé « monument national », ce qui signifie que son entretien est désormais une responsabilité nationale et qu'aucun autre effort volontaire pour le préserver ne sera jamais fait, ni même attendu. Une imposante colonne surmontée d'une statue de Colomb a été érigée au coût, m'a-t-on dit, de 80 000 pesetas (3 200 £) — une somme importante qui devait être collectée par souscription en Espagne — qui a été conçue et érigée par l'architecte pour le gouvernement. Un embarcadère fut construit au bord de l'estuaire pour les vacanciers venant de Huelva, et une large route, assez large pour qu'une demi-douzaine de voitures puissent passer de front, fut aménagée depuis l'embarcadère jusqu'au monastère, et transportait de là rejoindre la route de Palos, comme je l'ai dit. D'importantes réparations et restaurations furent entreprises dans le bâtiment, et les pentes qui l'entouraient furent aménagées en jardins, qui devaient être une gloire de fleurs et de feuillages indigènes et américains - aussi bien dans un climat où tout pousse à un rythme tel que la floraison du bâton d'Aaron ne serait guère ici un miracle.

Mais hélas! la grande colonne, ridiculement déplacée à côté des murs du monastère, tous patinés et adoucis par le temps, n'a jamais été achevée ; et pire que cela, c'est avec ce qui a pu rester, une fois la célébration terminée, des 80 000 pesetas souscrites par un public confiant, qu'il a été construit en jerrycan, et maintenant, vingt et un ans après la pose de la première pierre, ce monument national à Le plus grand héros espagnol est entouré d'une palissade grossière marquée *Peligro* (Danger), et on passe devant elle en toute hâte, en se demandant si la statue de Colomb tombera sur la tête innocente du haut de la hauteur qui rend ses détails indiscernables.

Un coup de sonnette à la porte du monastère, par laquelle entra Colomb, fait apparaître un portier mal rasé, qui lâche l'homme pour errer à son gré dans les cloîtres vides, mais reparaît à la recherche de son *pourboire* lorsqu'il entend revenir les pas. Aucune photographie ni même carte postale illustrée ne peut être obtenue ici, aucun papier imprimé ou livre relatif au bâtiment, il n'y a aucun siège dans tout le monastère, à l'exception de quelques recoins carrelés dans les murs de la chapelle - tout est vide et désolé, avec l'air inimitable d'un lieu rarement visité et rapidement quitté.

La large nouvelle route menant à l'eau ne sert à rien, car aucun moyen de transport d'aucune sorte ne peut être trouvé plus près que Moguer, et pour les visiteurs ayant le temps et l'énergie d'y faire le voyage à pied, un chemin allant de l'embarcadère à Palos serait suffisant. ont servi tous les objectifs. Une barque abandonnée était amarrée aux marches où nous descendions, mais son propriétaire ne put être retrouvé. Il était gardé là, nous dit notre cocher, au cas où quelqu'un voudrait ramer jusqu'à Huelva, à plusieurs milles de là, jusqu'à l'embouchure de l'Odiel. "Mais, ajouta-t-il avec mépris, qui veut ramer jusqu'à Huelva quand on vient de Moguer en calèche ?"

La Rabida est un monument d'argent public mal dépensé. On m'a dit qu'en été, les gens de Huelva organisent des fêtes aquatiques, mais ils doivent tous apporter leurs propres rafraîchissements, car il n'est pas possible de se procurer une tasse de café au monastère. On pensait quelle Mecque pour les Américains, et en fait pour tous les autres pèlerins, cet endroit pourrait être fait, s'il était entre des mains plus reconnaissantes et plus sensées que celles de la bureaucratie espagnole. On imaginait un petit hôtel gai en contrebas, suffisamment éloigné du monastère pour ne pas perturber sa paix d'antan, mais suffisamment proche pour offrir confort et commodité au pèlerin, qu'il vienne par terre ou par mer. L'un d'entre eux a doté le réfectoire ensoleillé, désormais vide, à l'exception de ces images fantaisistes de qualité inférieure de Colomb qui agaçaient Conchita Pinzón, d'une bibliothèque de livres traitant de l'histoire du lieu et des voyages de Colomb et de ses compagnons ; on voyait les cellules des frères, désormais fermées et sentant les fenêtres fermées, meublées et disponibles pour que les étudiants puissent y vivre et travailler ; et on installa un service de moteurs depuis Séville et Huelva jusqu'au débarcadère, afin que chaque touriste qui venait à Séville puisse faire une journée de course jusqu'à Moguer, Palos et La Rabida, comme partie nécessaire de son voyage andalou.

Mais hélas! une forte averse m'a réveillé de mon rêve de ce qui devrait être dans ce joli coin d'un beau pays. Le ciel s'était assombri pendant que nous explorions le monastère mélancolique, et déprimé, silencieux et affligé par ses opportunités gâchées, je m'éloignai de La Rabida, mon dernier aperçu de Colomb sur son monument tremblant nous montrant l'amiral chancelant jusqu'à sa chute, aussi triste et sombre alors que les nuages s'amassaient au-dessus de l'Atlantique dont il a réussi la conquête.

LA BANNIÈRE DU XVE SIÈCLE DE NOTRE-DAME DE
GRENADE.

CHAPITRE XIV

Le couvent de la Luz - Les clarisses et les conceptionnistes - Notre-Dame de Montemayor - Une maison religieuse fortifiée - Les *ribats* d'Espagne - L'ancien réfectoire - Les inscriptions arabes dans la chapelle des religieuses - Les Portocarreros - Tombes familiales - Une nuit à San Juan —La timidité de la religieuse.—Un départ précoce.—Mossen Bethancourt et les îles Canaries.—Le début des inondations.

"Vous qui êtes si intéressé par tout ce qui est ancien, ne devriez pas quitter Moguer sans avoir vu le *couvent de la Luz* ", a déclaré Conchita alors que nous revenions de La Rabida. « Je t'y conduirai demain matin si tu veux, avant que tu partes pour le train. Autrefois, personne, sauf le clergé, ne pouvait entrer dans aucune partie du couvent, car il appartenait aux Clarisses, et vous savez combien l'Ordre est rigidement fermé. Mais maintenant ils sont tous morts, et le couvent a été vendu ou loué ou prêté par le duc d'Albe aux conceptionnistes – la branche enseignante, pas la branche fermée – et la Révérende Mère me permet d'accueillir des visiteurs à tout moment. Toute l'aristocratie de Moguer y envoie ses filles pour y être éduquées, et elle a aussi des cours gratuits pour les pauvres. Cela anime notre cercle d'avoir des religieuses conceptionnistes à la place des clarisses.

Elle me raconta ensuite que le couvent était devenu désespérément pauvre, alors qu'il était autrefois l'un des plus riches du quartier. Les Clare semblent avoir vécu comme des dames privées, chacune avec son petit appartement, sa chambre, son salon et sa cuisine, et même sa propre part du jardin clos. Chacune avait sa propre servante, qui vivait non pas au couvent mais en ville, entrant et sortant quotidiennement pour répondre aux besoins de sa maîtresse. Quelque chose qui ressemble moins à l'idée acceptée de la vie monastique dont je n'ai jamais entendu parler ; et quand j'ai vu les petits appartements clairs et ensoleillés séparés par les religieuses pour leur commodité privée, je me suis encore plus demandé comment une telle conception de l'ascétisme avait pu perdurer jusqu'à la fin de la première décennie du XXe siècle.

« La Révérende Mère dit, poursuivit Conchita, que la seule Claire qui vivait encore lorsque l'archevêque de Séville autorisa le passage aux conceptionnistes, était la plus petite créature qu'elle ait jamais vue, tout à fait imbécile à cause de l'âge, et flétrie et rétrécie comme une poupée. Ils s'éteignaient peu à peu un à un, jusqu'à ce que cette petite vieille soit la seule habitante du couvent, qui est si grand qu'il contient un dortoir de cent pieds de long, tandis que le patio central a cent pieds carrés. Il y a encore aujourd'hui beaucoup de beaux objets d'art, et on dit qu'autrefois c'était un parfait trésor. Personne ne sait quand il a été construit, mais les ancêtres des

Pinzón, les Portocarreros, dont vous verrez ici les monuments, étaient très riches et ont toujours protégé le couvent. C'était quelle date ? Oh, je ne sais pas, mais c'était avant la découverte de l'Amérique ; et bien sûr, après cela, quand tout le monde devint riche, le couvent reçut plus de cadeaux que jamais. Mais vous pouvez imaginer ce qui s'est passé dans les années suivantes, lorsque les Clarisses vieillissaient et devenaient chaque jour plus impuissantes et plus dépendantes de leurs domestiques. On dit que ces femmes n'entraient jamais sans se procurer une œuvre d'art de valeur à emporter et à vendre, mais personne ne sait où elles les vendaient, car elles n'étaient jamais offertes à Moguer. Bien sûr que non! Personne *ici* n'achèterait des objets de valeur volés aux religieuses. Eh bien, tout cela est fini maintenant, et personne ne volera ce qui reste. Les conceptionnistes ne sont pas pauvres du tout (même s'ils veulent toujours de l'argent pour leurs cours gratuits) et ils prennent grand soin des tableaux, des carreaux et de tout ce que ces mauvais serviteurs n'ont pas pu emporter. »

À vrai dire, je ne m'attendais pas à trouver grand-chose qui m'intéresserait dans le *couvent de la Luz*, imaginant, d'après le récit de Conchita, qu'il s'agirait d'un édifice du XVe siècle, du type si fréquent dans cette partie de l'Espagne. Les familles riches et puissantes d'Arcos et de Medina Sidonia donnèrent à cette époque la mode en dépensant leurs richesses dans la construction et la restauration de couvents et de monastères, et bien sûr tous les grands nobles disposant de beaucoup d'argent suivirent leur exemple. Trop souvent, l'or qui afflua en Andalousie après la découverte de l'Amérique fut dépensé en étalage barbare de boiseries sculptées et dorées, d'argent ciselé et de draperies coûteuses, plus remarquables par leur valeur monétaire que par leur beauté : et j'avoue que je n'aimais pas beaucoup l'or. J'avais l'idée de passer quelques heures de mon séjour à Moguer à visiter un pareil monument, alors que j'aurais pu me rendre en voiture à l'ermitage de Notre-Dame de Montemayor. Car Notre-Dame de Montemayor était vénérée dès le IXe siècle, lorsque Palos de la Frontera était un avant-poste des chrétiens espagnols qui, bien qu'ils aient oublié leur langue pendant les nombreux siècles de domination musulmane, maintenaient constamment leurs croyances religieuses.

Mais il était impossible de refuser l'invitation de ma bonne et courtoise petite amie, et j'acceptai de l'accompagner le lendemain matin au couvent au lieu de faire une expédition à la campagne.

Quelle ne fut donc pas ma joie de trouver dans le *couvent de la Luz* une survivance presque parfaite des maisons religieuses fortifiées que les musulmans appelaient *ribats*, avant-postes bâtis pour défendre la frontière et mis en garnison par des hommes d'ordre semi-religieux, jurés à cet ordre particulier. forme de service militaire. Si l'Ordre a été institué à l'origine en Andalousie par les chrétiens (Mozarabes) qui sont restés dans l'occupation de leurs terres et de leurs châteaux lorsque l'Espagne a été conquise par les mahométans, personne ne semble le savoir, bien que l'existence de La Rabida elle-même et de divers autres lieux portant le même nom, dans lequel sont visibles des vestiges mozarabes, suggère que *les ribats* étaient établis ici bien avant que les Almoravides fondent leur empire sur le Maroc et l'Espagne, dans un *ribat* sur le fleuve Niger dans la première moitié du XIIe siècle.

Quoi qu'il en soit, je vis tout de suite que le *couvent de la Luz* était construit pour une telle forteresse, tandis que l'église, avec ses murs massifs et ses remparts renforcés, n'aurait jamais pu être destinée à un culte autre que chrétien.

Voilà pour l'extérieur. La seule coupure dans les murs d'enceinte est l'endroit où une ouverture a été pratiquée pour faciliter l'accès depuis la rue. On voit qu'autrefois les religieuses devaient sortir et traverser une cour pour parler aux visiteurs à la porte, et on comprend que cela ne conviendrait guère aux vieilles dames avides de confort qui étaient les dernières de cette branche de leur Ordre.

Une sœur ouvrit une lourde porte donnant sur un cloître qui borde les quatre côtés de la grande cour centrale, et nous fit passer par une arcade profonde de six pieds dans une grande salle. C'était le réfectoire du temps où une centaine de Clarisses occupaient le couvent, mais aujourd'hui c'est la salle de réception des religieuses, et ici les mères d'élèves, riches et pauvres, s'assoient et discutent avec la supérieure et les chefs de classe. les goûts, les talents et les particularités de leurs filles.

Il s'agit d'une salle très élevée, semblable à une chapelle, dont le toit voûté ferait penser à un architecte du XIIIe siècle, sans les petites fenêtres placées si haut qu'on voit que la première pensée du constructeur était la sécurité contre les attaques. Et nous savons qu'après 1257, lorsque cette région fut conquise par Alphonse X., il n'était plus nécessaire de construire des maisons religieuses fortifiées. Nous nous asseyions sur des bancs de briques laissés dans l'épaisseur du mur et recouverts de tuiles irisées de la riche couleur verte introduite par les Arabes pour complimenter la bannière de Mahomet ; et tandis que je regardais un rayon de soleil depuis l'une de ces hautes fenêtres éclairer les auréoles dorées d'un tableau de la Cène du XVe siècle, j'aurais souhaité que les murs puissent parler et nous raconter la véritable histoire du couvent. Même l'origine de son nom est perdue. Les habitants l'appellent *de la Luz*, mais ils ne savent pas pourquoi, et la première mention de celui-ci dans l'histoire andalouse, qui remonte à 1349, le décrit comme « le couvent de Santa Clara à Moguer ».

Plus d'un des premiers crucifix existant en Andalousie est connu sous le nom de « *Nuestro Señor Cristo de la luz* » (Notre Seigneur Christ de la lumière), et de telles œuvres d'art, rappelons-le, sont nécessairement mozarabes, car les Mozarabes étaient les seuls chrétiens. dans cette partie de l'Espagne antérieure à 1248. Il y en a une belle dans la chapelle des religieuses de ce couvent, dont l'advocation a été oubliée. Peut-être que la dernière petite Claire, si elle n'avait pas été enragé lorsque le couvent fut repris par ses occupants actuels, aurait pu leur dire que c'était « Notre Seigneur de Lumière », dont le prototype était vénéré ici depuis environ mille ans. .

Cela peut paraître audacieux à ceux qui supposent que les chrétiens ont été persécutés pendant le règne de l'Islam en Espagne. Mais des recherches récentes ont prouvé que, loin d'être le cas, les chrétiens étaient généralement traités avec gentillesse et considération, tant qu'ils s'abstenaient de montrer un manque de respect ouvert à l'égard de la religion étrangère. Et ici, chez Moguer, se trouve la corroboration matérielle des conclusions déduites de références éparses à la condition des Mozarabes que l'on trouve dans les écrits de l'époque, tant arabes que chrétiens. En effet, les murs de la chapelle des religieuses (masqués par une grille en pierre à entrelacs arabes provenant de l'église restaurée par les Portocarreros) sont bordés d'anciennes stalles de chœur en bois, sur chaque bras desquelles est sculptée une tête de lion et une inscription arabe en coufique. personnages du style utilisé à Cordoue au Xe siècle. Celles-ci n'ont certainement pas été placées ici après 1257, date à laquelle le caractère africain était en usage dans toute l'Espagne musulmane, et de telles stalles n'ont certainement jamais été utilisées dans le culte musulman.

Il était intéressant de retracer le cours de l'histoire depuis cette époque jusqu'à aujourd'hui. C'était là la preuve du maintien de leur foi par les chrétiens indigènes pendant des siècles après siècles, durant lesquels ils furent pratiquement coupés de Rome et isolés de leurs coreligionnaires d'ailleurs. Une peinture de la Vierge de Guadalupe, entourée de fidèles en costumes du XIIIe siècle, semble nous mettre en contact direct avec la période où l'Andalousie fut conquise par San Fernando de Castille et où ses « quelques prêtres fidèles restants » furent confirmés dans leurs maisons. et les fonctions de ce sage monarque. Dans l'église se trouvaient des effigies grandeur nature en albâtre de la famille noble de Portocarrero, neuf hommes et femmes en costume du XVe siècle, au pied du maître-autel. L'inhumation dans ce lieu sacré était le privilège accordé à Don Pedro Portocarrero, seigneur de Moguer, à son épouse Doña Elvira Alvarez et à leurs héritiers pour toujours, en reconnaissance par une Église reconnaissante de leurs bienfaits au couvent de Santa Clara et au monastère de San Francisco, dont le dernier édifice relativement moderne tombe aujourd'hui en ruine à l'ombre des murs impérissables de la fondation mozarabe. Au-dessus de nous était suspendue une lampe en argent apportée du Nouveau Monde par Martin Alonso Pinzón, bien que sa tombe, comme Conchita l'a malheureusement admis, ne se trouve pas ici. Et à mes côtés se trouvait la jeune fille de ces anciennes maisons, qui me disait fièrement qu'elle aussi héritait du droit d'être enterrée au pied du maître-autel le moment venu.

En vérité, ce pays de Colomb présente un intérêt plus que ordinaire pour le voyageur en Espagne, et comme je l'ai fait remarquer au début de ma tentative de le décrire, il est dommage de se laisser induire en erreur par les guides et de visiter La Rabida en bateau depuis Huelva. de par diligence depuis San Juan del Puerto. Parce que, en premier lieu, si le temps est mauvais, on ne peut pas du tout arriver à La Rabida par voie d'eau et, de toute façon, comme l'estuaire y est très large et très exposé au vent et aux vagues de l'Atlantique, un voyage de deux heures dans chaque sens sont susceptibles d'être désagréables pour tous, sauf pour les marins de premier ordre. Et parce que, en deuxième lieu , même si vous êtes un bon marin et que vous arrivez à La Rabida par un temps idéal, vous n'aurez certainement pas le temps de poursuivre vers Palos et Moguer et de rentrer à Huelva avant la nuit, car vous aurez pas d'autre choix que de marcher depuis La Rabida. Et, comme j'espère l'avoir montré, Palos et Moguer ont des attraits pour l'artiste et l'archéologue, ainsi que pour le pèlerin au sanctuaire de Colomb.

Pour ma part, bien que j'ai été obligé de prendre le train de l'après-midi de San Juan pour me rendre aux mines de Tharsis le jour où Conchita m'a présenté pour la première fois au couvent de la Luz, j'ai abandonné sans vergogne tous mes autres engagements. sur le chemin du retour et je suis retourné directement à Moguer.

Mais pas tout de suite, à bien y penser, car la diligence était bondée lorsque j'arrivai à San Juan, et comme il était impossible de trouver un autre moyen de transport, ni même un âne pour monter, j'ai dû y passer la nuit, car il pleuvait à verse et je n'osais pas tenter la marche jusqu'à Moguer dans le noir, dans la boue jusqu'aux chevilles.

La seule chambre que je pus trouver était dans l'unique auberge du lieu, un établissement composé de deux pièces et de ma chambre, qui donnait sur la cuisine. Elle *s'ouvrait* littéralement , car la porte n'avait aucune sorte de fermeture, et la nièce de l'hôtesse y plaçait une chaise à l'extérieur, comme seul moyen d'empêcher que mes opérations de toilette ne soient faites en public. L'endroit tout entier ruisselait d'humidité, et des traces d'inondation étaient clairement visibles sur les murs de ma chambre. Il n'y avait pas de nourriture disponible à part *du puchero* , et la propriétaire fut très reconnaissante lorsque je lui dis que je pouvais dîner avec les restes de l'excellent déjeuner fourni par mes hôtes à Tharsis, car elle n'avait personne à qui envoyer des provisions.

Le pauvre petit endroit était propre, les gens m'inspiraient une telle confiance que la porte sans clé ne me dérangeait pas le moins du monde, et je dormais depuis mon coucher jusqu'à 6 heures du matin. Puis je me levai et m'habillai à la lumière d'une lampe. car la diligence devait partir à sept heures, et j'avais l'intention de marcher et de traverser le pont à chevalets avant qu'il ne me prenne. De fortes pluies avaient partout gonflé les rivières, et je réfléchis avec consternation aux remarques de mon compagnon de voyage sur l'état de ce pont lorsque nous l'avions traversé la semaine précédente.

Il faisait encore presque nuit lorsque j'ai quitté le village derrière moi, et dans l'obscurité un feu de bois flamboyant brillait de manière invitante le long de la voie ferrée, depuis la maison d'une famille responsable du passage à niveau. La femme est sortie en courant et m'a supplié d'entrer et de me réchauffer, pleine d'émerveillement et de commisération face au dur sort, quel qu'il soit, qui a contraint une *señora de edad* (« une dame avancée en âge ») à prendre la route à pied. si tôt dans la matinée.

J'ai dû expliquer que les Anglais de tous âges ont une curieuse envie de marcher dans le noir, et après une pause de quelques minutes, rempli par les éjaculations de la famille devant mon activité remarquable, j'ai continué mon chemin à travers le pont branlant, regardant un une lueur jaune pâle apparaissant peu à peu à l'est, et on se demandait si cela signifiait que le soleil allait bientôt se lever. La rivière était plus haute que jamais. En règle générale, le Rio Tinto est un ruisseau de couleurs merveilleuses, vert cuivré, bronze et orange, qui se transforment en or fondu au soleil ; mais maintenant les eaux de crue avaient si complètement inondé le reste qu'il ressemblait plus à une mer de boue liquide qu'à une « rivière teinte ». Il me semblait douteux que le pont puisse tenir encore vingt-quatre heures, et je savais que la sagesse serait de faire demi-tour et de retourner à Séville par le prochain train. Mais j'étais déterminé à une autre visite au couvent de Moguer, et plus encore à prendre les photographies que la Mère Supérieure m'avait autorisé à prendre, et je ne pouvais qu'espérer que la bande jaune à l'est pourrait signifier un jour sans pluie. et une crue diminuée demain.

J'ai pris mes photos, entre les douches, et l'une d'elles aurait été rendue tout à fait charmante par la silhouette gracieuse de la religieuse qui me faisait visiter, penchée au-dessus de la tête du puits pour soulever le seau de l'eau tout en bas. Mais lorsqu'elle s'est rendu compte qu'elle était sur la photo, elle s'est enfuie derrière l'appareil photo et rien ne l'a incitée à poser pour moi.

« *Par Dios !* " elle a pleuré; « Je ne peux pas découvrir le monde en photo ! »

La pluie a repris le soir et je l'ai entendue tomber sur les fenêtres alors que j'étais assis avec la Señora de Pinzón et sa fille autour de la confortable *camilla*, parlant d'amis communs. Nous avons tendance à penser qu'un brasero est un moyen plutôt insuffisant pour réchauffer une pièce par une nuit fraîche, mais lorsque nous sommes restés assis une heure environ, les orteils sous la table ronde en jupon, près de la poêle à charbon, nous nous retrouvons submergés de tête. au pied avec une lueur chaleureuse qui n'est en aucun cas à mépriser. Il était tard lorsque je pris congé de la famille à qui je devais tant de plaisir de mon voyage, et je dus me lever vers 4 heures du matin pour prendre la première diligence qui me conduisait à la gare. J'avais hâte de traverser l'estuaire au plus vite et j'avais donné au préalable des ordres spéciaux pour réserver ma place dans le bus.

« Cela ne vous dérangera pas de sortir », dit joyeusement l'hôtesse lorsque je lui souhaitai une bonne nuit. « J'ai dit au chauffeur d'envoyer un homme chercher vos bagages à cinq heures. Il frappera à votre fenêtre quand il viendra et vous trouverez la clé dans la porte. Nous ne nous levons pas si tôt si nous pouvons l'aider, et nous savons que vous êtes une dame à qui on peut faire confiance pour fermer la porte de la rue après elle.

Je ne pense pas qu'il y ait grand chose à voler dans la *fonda* , mais quoi qu'il y ait eu, j'aurais pu le prendre si j'avais voulu, quand j'ai quitté Moguer le lendemain matin, et j'ai pensé qu'il valait mieux que la Señora de Pinzón ait un gros une grille en fer à l'entrée de ses appartements à l'étage, avec tout leur précieux contenu historique, si c'était la manière habituelle d'accélérer l'invité qui s'en va. Je me suis levé à quatre heures, j'ai fait bouillir de l'eau pour me laver sur mon réchaud à alcool, j'ai bu du café chaud dans ma bouteille thermos et j'ai emballé mes affaires pour commencer à cinq heures. Mais cinq sonnèrent, et 5 h 15, et 5 h 30, et personne ne sortit de la diligence, et finalement, désespéré, j'ouvris la porte de la rue, la laissai sur le loquet et me précipitai vers le haut de la colline, sous la pluie et dans l'obscurité, jusqu'au bureau des voitures. Il y avait l'autocar prêt à partir, et le chauffeur prenait son *aguardiente matinale* dans le magasin de boissons tout près, mais il n'y avait personne pour chercher mes bagages, et quand j'ai contacté le cocher, il m'a dit qu'il n'en avait rien entendu, et n'avait personne à envoyer.

"Mais l'hôtesse m'a dit qu'elle avait donné des ordres spéciaux hier soir et que vous m'aviez promis de me faire chercher à cinq heures."

« Elle ne me l'a pas dit, car je n'étais pas au bureau. Si elle m'avait dit que j'aurais dû être à la *Fonda* plus tôt. Elle a dû dire à l'autre chauffeur, qui se relaye avec moi, de se rendre à la gare. Qu'y a-t-il à faire? Ne peux-tu pas porter ton propre sac jusqu'au car si je t'attends ici ?

« Je ne peux certainement pas. Et pendant ce temps, la porte *de la Fonda* est ouverte aux voleurs et les détenus peuvent être assassinés dans leur lit. Pourquoi ne pas aller le chercher vous-même et gagner ma peseta au lieu de la donner à quelqu'un d'autre qui ne la mérite pas autant ? Je vous serais très reconnaissant, et vous recevrez quand même votre pourboire à la gare, en plus de votre peseta maintenant.

« *Andando!* (Viens !) Je peux certainement me contenter d'une *pesetita* aussi bien qu'avec un autre homme.

Et, disant à une vieille femme du magasin de s'occuper de ses chevaux doux et abattus, il partit avec moi à l'auberge, prit mes affaires sur son épaule, cria un « bonjour » devant la chambre de l'hôtesse, ce qui dut tirer tout le monde à l'intérieur du sommeil. ils avaient tellement envie de prolonger et claquèrent la porte de la rue tandis que nous sortions avec un bruit assez fort pour réveiller la ville.

«Ils le méritent amplement», dit-il alors que nous partions ensemble. « Quelle impolitesse honteuse de permettre à une dame comme votre honneur de laisser la *fonda* sans surveillance ! *Gracias à Dios* d'avoir été sur place pour combler leurs lacunes. Vous m'enverrez chercher la prochaine fois que vous viendrez à Moguer, Señora, et vous n'aurez plus à vous plaindre de négligence !

Je me souviendrai certainement de lui, car je n'ai jamais vu un « acte de changement rapide » plus rapide, passant d'une indifférence couchée à l'égard de mon sort à une courtoisie empressée, que celui qu'il a effectué à la mention du mot magique « peseta ».

Il a continué à pleuvoir abondamment ; nous avons labouré dans l'obscurité totale une mer de boue, et la diligence se balançait et roulait dans les ornières tout au long de la longue colline jusqu'à la rivière. Mais j'ai été si bien amusé par la conversation de mon seul compagnon de voyage que nous sommes entrés à San Juan et nous sommes arrêtés à la gare avant de réaliser que nous avions traversé sain et sauf le périlleux pont.

Il allait, disait-il, rencontrer un parent de sa famille récemment arrivé à Séville, le señor Bethancourt, qui occupait une haute position diplomatique dans l'une des républiques sud-américaines. La carrière de son parent, a déclaré le compatriote à l'air simple, avait été des plus romantiques. Il était issu d'une très vieille famille d'origine française, avait quitté sa maison de Moguer quand il était tout jeune, avait fait naufrage et avait été confié à la propriété d'un homme riche qui l'avait pris à son emploi et en avait finalement fait un associé dans l'entreprise. affaires et lui a permis d'épouser sa fille unique.

« Mais il n'a jamais oublié sa famille à Moguer, » conclut mon ami, « et bien que je ne lui sois lié que par ma femme, il m'a récemment écrit pour me dire qu'il venait en Espagne et m'invitant à le rencontrer à Moguer. Séville.

Je n'ai peut-être pas bien saisi les détails de l'histoire, mais il n'y avait aucun doute sur la loyauté du grand homme envers ceux qu'il avait laissés derrière lui, et tout au long du trajet, le nom de Bethancourt résonnait à mes oreilles, tandis que j'essayais en vain. pour me rappeler ce que je savais auparavant de la famille.

En les recherchant parmi les notes multiples que j'ai le génie de prendre et d'oublier, j'ai découvert qu'il s'agissait là d'un autre lien de Moguer avec l'histoire espagnole.

En 1344, le pape Clément VI. Il donna la seigneurie des Canaries, alors connues sous le nom d'Îles Fortunées, à Don Luis de la Cerda, petit-fils d'Alphonse X , avec le titre de Prince, et des instructions pour les conquérir et les christianiser. On aurait pu penser qu'il fallait conquérir les îles avant de les céder, mais il semble que les papes aient eu l'habitude de céder ce qu'ils ne possédaient pas. Certains historiens affirment qu'Alphonse XI. , seigneur souverain des îles, n'était pas très heureux de les présenter à son cousin et écrivit une lettre au pape qui, à l'œil moderne et frivole, semble avoir été rédigée dans une veine quelque peu satirique, car il « remercia Sa Sainteté pour ayant fait le don, même s'il relevait de sa domination souveraine (de l'écrivain).

Don Luis de la Cerda ne bénéficia cependant pas des droits quelque peu douteux qui lui étaient conférés, car il partit pour la France, pays natal de sa mère, et y fut tué au combat deux ans plus tard, sans jamais avoir visité les Canaries ; et la prochaine fois que nous entendons parler des Îles Fortunées, c'est qu'après quelques vicissitudes, elles tombèrent, au cours d'une transaction commerciale, entre les mains de « Mossen Juan de Betancur », un gentilhomme français qui mena son entreprise à un si bon but que le peuple donna de l'argent. lui le titre de roi.

Nous étions en 1417, et entre-temps un trafic très lucratif s'effectuait entre les « idolâtres » des îles et Séville et d'autres ports andalous, y compris, semble-t-il, nos petits Palos et Moguer. Des efforts furent de nouveau déployés pour les convertir, des frères franciscains s'y étaient établis, et maintenant le pape Martin V. nomma le cousin de « Mossen » Bethancourt, Don Mendo, comme évêque du Rubicon, qui semble avoir été le nom donné au diocèse. , et il vint à Séville pour jurer obéissance, comme son suffragant, à l'archevêque.

Vingt ans plus tard, le commerce avec les Canaries devenant vraisemblablement de plus en plus lucratif, on découvrit qu'une grave erreur avait été commise en permettant à un Français d'acquérir la seigneurie des îles, et une force armée fut envoyée d'Espagne pour déposséder Mossen. Le fils de Juan, qui régnait désormais à sa place, sous prétexte de mauvaise gouvernance et de manque de respect envers les frères, qui s'employaient à faire de « nouveaux chrétiens » les sujets de « Mossen Menaute » de Bethancourt.

Mossen Menaute, selon les chroniqueurs, n'était pas assez fort pour combattre les Espagnols, mais il s'en sortit assez bien, car il vendit ses droits, serrure, crosse et tonneau, au comte de Niebla, un des médinas. famille

Sidonia, et avec les bénéfices il s'établit à Moguer. Lorsque sa main directrice fut retirée, le commerce prospère qui avait éveillé la cupidité des puissances espagnoles déclina si rapidement que les îles Canaries devinrent une source de dépenses plutôt que de profit et changèrent de mains à maintes reprises au cours du demi-siècle suivant ; tandis que « Mossen Betancur » s'épanouit sur son nouveau domaine et fonde la famille avec laquelle mon compagnon de voyage était si heureux de revendiquer des liens.

Je ne tardai pas à rentrer à Séville, car la pluie qui m'éloignait de Moguer continuait et augmentait jusqu'à ce que toutes les rivières andalouses débordent. Le chemin de fer de Séville à Huelva était sous l'eau et le pays de Colomb isolé. Cependant, dans le cas du pont fragile, le bien est né du mal, car il est devenu tellement plus fragile à la suite des inondations que les autorités ont finalement été obligées d'agir et les pèlerins à La Rabida peuvent désormais s'y rendre en passant *par* Moguer et Palos avec l'esprit tranquille, car il n'y a plus de danger imminent que la diligence bascule dans la rivière.

CHAPITRE XV

Le Guadalquivir – Les jardins arabes – « Le lait d'oiseau » – Les chameaux sauvages – Le bétail tartessien – La cité d'Hercule – Les fondations de Tharsis – Les galeries souterraines – Le « Labyrinthe » – Un père prudent – Le faubourg des potiers – La Cité des Polonais – Triana sous les eaux – Puits montants – Une tour de refuge – Des villages sous les eaux – Humours des inondés – La négligence gouvernementale – Une nuit de terreur – Le vaillant prêtre – Le roi Alphonse nourrit les affamés – La « cuisine économique » – Honneurs aux dames anglaises .

Le Guadalquivir semble être connu des Anglais principalement par les références que Byron y fait, et malheureusement il le rime avec « rivière », ce qui était pratique pour lui, mais pas pour le touriste qui prend Byron pour guide de la prononciation. Car le Guadalquivir est le *Wady al kabir* des Arabes (le grand fleuve) et le nom se prononce encore avec l'accent, comme en arabe, sur la dernière syllabe. Ainsi, lorsque le voyageur demande son chemin vers le « Gwaddlequiver », l'indigène ne comprend pas ce qu'il veut dire. Baedeker pourrait utilement y veiller ; et pendant qu'il y est, il pourrait aussi mentionner que Granáda a l'accent sur la deuxième syllabe. Car lorsqu'un voyageur pressé demande le train pour « Grannader », les porteurs ont tendance à se tromper et à le mettre dans le premier train pour n'importe quelle ville dont le nom est accentué sur la première syllabe, *par exemple* Malaga. Cela s'est effectivement produit dans le cas d'une de nos connaissances, qui était plutôt sourde et ne connaissait pas un mot d'espagnol. Il se retrouva à Malaga au lieu de « Grannader », et son langage était vigoureux et pittoresque. Toute cette perte de temps, d'humeur et d'argent aurait pu être évitée si Baedeker avait appris à ses lecteurs comment prononcer l'espagnol pour grenade.

Depuis toujours, Séville semble avoir été victime d'inondations. Le bassin versant du Guadalquivir est immense, puisqu'avec ses affluents il draine pratiquement toute l'Andalousie, depuis la Sierra Morena au nord jusqu'à la Sierra Nevada au sud. Depuis Cordoue, le fleuve traverse de vastes plaines, principalement des sols alluviaux d'une grande fertilité. Ce sol est si riche que les Arabes disaient qu'on pouvait obtenir du lait d'oiseau dans les jardins autour de Séville, ce qui signifie qu'il n'y a rien qui ne puisse y pousser avec suffisamment de soin et d'attention. Les historiens arabes assurent qu'il y a neuf siècles, il y avait vingt mille fermes et villages entre Cordoue et Séville, tous vivant d'agriculture et de jardinage ; et bien que ce chiffre soit évidemment exagéré, il ne fait aucun doute que l'ensemble de la plaine riveraine était très cultivé. À cette époque, le grand fleuve et ses affluents étaient si soigneusement endigués et endigués à des fins d'exploitation minière et d'irrigation, que les crues étaient beaucoup moins fréquentes qu'aujourd'hui.

Mais les archives locales montrent que moins d'un siècle après que les chrétiens soient devenus dirigeants de Séville, le système d'irrigation tombait en ruine et le lit de la rivière s'envasait rapidement. Aujourd'hui, il ne reste presque plus aucune trace du système hydraulique hérité de l'Egypte, ou peut-être hérité de Tartessus, car les Tartessiens construisirent eux aussi d'admirables ouvrages hydrauliques. Aujourd'hui, principalement à cause du manque d'eau, la plus grande partie de la vallée du Guadalquivir est un désert de pâturages grossiers, un marécage en hiver et un désert en été, parcourus par des troupeaux de bovins à moitié sauvages lorsque les averses du printemps et de l'automne ont disparu. cultivé une récolte d'herbe grossière; le lieu de villégiature des oiseaux de toutes sortes, la demeure des sangliers, des cerfs, des lièvres et d'autres créatures sauvages, grandes et petites, et le refuge sûr d'un troupeau de chameaux sauvages, jamais approchés et rarement vus sauf par le passager ou l'équipage. d'un bateau à vapeur lorsqu'ils descendaient à l'eau à l'aube. C'est ainsi qu'une de mes amies les a observés un jour et les a pris pour du bétail jusqu'à ce que le soleil se lève soudainement et qu'elle voie leurs bosses. Depuis, elle les guettait toujours et les revoyait peu de temps après, assez près et assez longtemps pour en compter seize, vieux et jeunes.

L'origine de ce troupeau de chameaux sauvages est inconnue, mais il semble évident qu'ils possèdent une grande vitalité. Pendant des générations, les hommes des marais abattaient les jeunes et vendaient leur chair comme venaison dans les villes ; cependant le troupeau continuait à se reproduire dans ses lieux secrets du désert, et maintenant que leur chasse est strictement interdite, il augmente, témoignage de l'immense étendue des terres désertes ainsi que de la douceur du climat de cette province. Ce que font les chameaux lorsque la vallée est inondée, personne ne le sait, mais ils doivent se rendre dans un lieu de refuge, car tout le monde sait ce qui arrive au bétail s'il est attrapé par l'inondation.

Il y a quelques années, une sécheresse de dix mois fut interrompue par un terrible orage qui, en une nuit, souleva le Guadalquivir de plusieurs pieds. Un de nos amis possédait quelque huit cents bovins parqués sur l'Isla Mayor, une grande île située dans le fleuve, à mi-chemin entre Séville et San Lucar. Ils ont été attrapés par les eaux de crue, même si celles-ci ne sont pas montées assez haut pour les emporter. Le lendemain matin, plus de quatre cents d'entre eux gisaient morts, non pas noyés, mais à cause du froid soudain auquel leurs corps, affaiblis par la longue sécheresse et par la lutte contre le courant de l'eau, ne purent résister.

À l'époque tartessienne, le bétail de la célèbre race de Géryon, ensuite dédiée à la nouvelle divinité adoptée par les Tartessiens et connue sous le nom d'Hercule, pâturait dans la vallée du Guadalquivir, ou rivière Tartessus. Mais leur superficie de pâturage ne peut pas avoir été aussi grande qu'elle l'est aujourd'hui, car on nous dit que le fleuve était alors comme une grande lagune et contenait une chaîne d'îles, grandes et petites, sur lesquelles le bétail tartessien se nourrissait et se reproduisait. le grand profit de leurs propriétaires. Il devait cependant y avoir de nombreux bas-fonds et élévations formés par les dépôts alluviaux toujours croissants du fleuve, car Strabon nous dit que deux fois par jour, lorsque la marée montait de la mer, les troupeaux tartessiens quittaient d'eux-mêmes les pâturages inférieurs et se réfugièrent sur les hauteurs des îles.

Dans les annales d'un écrivain sévillan du XVIe siècle, je trouve une note selon laquelle, lorsqu'Hercule remonta pour la première fois le Guadalquivir, il découvrit Séville elle-même située sur une île au milieu du fleuve et l'appela la Ville des Polonais, parce qu'elle a été construit sur pilotis. Par la suite, disent nos chroniqueurs non critiques, Hercule et son « frère » Atlas décidèrent de construire la « grande ville » sur le point culminant des mêmes îles, et remplaçèrent les « poteaux » par des matériaux plus solides.

Jusqu'au XVIIe siècle, ces légendes naïves étaient si fermement crues par les Sévillans qu'aucun sceptique n'osait risquer de se casser la tête en les contestant. Et en effet, on voit encore aujourd'hui trois monolithes de granit à l'endroit précis indiqué comme étant celui choisi par Hercule, après consultation d'Atlas, pour l'érection de son temple. On les appelle encore communément les Colonnes d'Hercule, bien qu'il y a environ un demi-siècle, une municipalité intelligente, sans raison apparente, ait choisi de changer le nom de la rue en Marmoles, qui signifie non pas granit mais marbres.

Avec la diffusion progressive des connaissances, la légende d'Hercule et de la ville qu'il a construite ici a été discréditée, jusqu'à ce qu'après le XVIIe siècle, elle soit considérée comme un mythe ridicule sans aucun fondement. Mais les gens « ordinaires » ont continué à appeler leurs monolithes « les colonnes d'Hercule », car, comme ils ne savaient ni lire ni écrire, les discussions antiquaires des professeurs sévillans n'affectaient pas leurs croyances traditionnelles.

Et maintenant vient le point central de mon histoire. Il y a trois ou quatre ans, un digne homme d'affaires, qui ne connaissait rien et ne se souciait pas des théories des savants messieurs qui décidaient de ce qu'il fallait ou non croire à Séville, commença à creuser pour son propre compte près de l'endroit où marques de tradition choisies par Hercule pour le site de sa ville. Et, à son grand regret, il trouva une couche d'édifices anciens au-dessous d'une autre, jusqu'à ce qu'il soit descendu à environ vingt-sept pieds au-dessous du niveau de l'actuelle rue de Marmoles, dans sa recherche de fondations solides sur lesquelles construire de nouveaux magasins. Il y trouva des galeries souterraines, assez hautes et assez larges pour que deux hommes puissent marcher de front, construites de pierre et de ce ciment indestructible qui semble avoir été le secret de Tartessus, ainsi que de petites colonnes brisées du même granit et de la même taille que celles de Tartessus. ces trois d'Hercule, dont vingt des quarante pieds dépassent encore du sommet de cette même colline. Et maintenant, il semble clair qu'il s'agissait de la cité perdue de Tharsis, dont le site est resté si longtemps un mystère.

Des galeries souterraines, dont la destination n'a pas encore été découverte, se trouvent sous tout ce quartier de Séville. On commence à voir que la légende d'Héracléen du XVIe siècle avait peut-être un certain fondement dans les faits, et que les adorateurs d'Hercule ou de son prédécesseur Géryon auraient littéralement substitué ces galeries de maçonnerie aux fondations périssables des « habitations lacustres » préhistoriques construites. sur des poteaux. Ce point de vue est soutenu par Don Carlos Cañal, député de Cortes, qui a écrit un livre sur *la Séville préhistorique* il y a vingt ans ou plus, avant que les découvertes en Crète n'aient révolutionné la science archéologique.

Certaines parties des galeries tartessiennes existent encore dans un état de parfaite conservation ; mais celles-ci se trouvent sous la partie la plus élevée de la ville, là où les inondations n'auraient jamais pu arriver, et je pense qu'elles ont dû être construites pour certains des mystères du culte solaire tartessien, dont on trouve des reliques ailleurs. D'autres, à un niveau inférieur, semblent avoir été destinés à permettre le libre passage de l'eau du fleuve.

Une galerie des plus intéressantes et parfaitement accessible est malheureusement une propriété privée et il est extrêmement difficile d'obtenir l'autorisation de la visiter. Je l'ai fait trois fois, grâce à l'insistance d'un prêtre aussi passionné que moi d'archéologie. Mais cela allait à l'encontre du propriétaire.

C'est un gentleman d'âge moyen qui ne s'est jamais aventuré de sa vie dans l'escalier qui avait été construit pour donner accès au labyrinthe, comme on l'appelle, lorsqu'il fut découvert par hasard au XVIe siècle. Lors de ma première visite, j'ai descendu les vingt-sept pieds jusqu'au niveau du sol des galeries avec le fils du propriétaire, un garçon intelligent et vivement intéressé par cet endroit étrange. Bien qu'il fasse nuit noire, il est parfaitement aéré par des ouvertures invisibles vers l'air supérieur, dont les sorties ont depuis longtemps été perdues de vue, et nous nous frayions facilement un chemin d'une chambre circulaire à l'autre à la lueur des bougies le long du tonneau. des passages façonnés, d'une largeur convenable et dépassant la hauteur d'un homme, et j'étais ravi de trouver une telle occasion d'étudier à ma propre porte, pour ainsi dire.

Mais hélas! J'avais compté sans mon hôte. Dix minutes avant que nous soyons là, ce monsieur s'est mis à crier du haut de l'escalier pour que nous revenions…

« Vous êtes là-bas depuis assez longtemps. Vous vous perdrez dans le noir. Vous attraperez une pneumonie dans le froid et l'humidité. Montez! Montez! J'insiste! Je commande! Mon fils, pourquoi ne m'obéis-tu pas ? Je ne veux pas que tu attrapes une pneumonie. Vous avez eu plus que le temps de tout voir. Il n'y a rien à voir. Cela fait trente ans que je vis ici et je n'en suis jamais descendu. Le lieu n'a aucune importance. Vous devez monter immédiatement.

Pas un instant il n'arrêta de crier. Au début, le garçon m'a dit de faire comme si je n'avais pas entendu et de ne pas prêter attention aux protestations de son père, mais très vite il m'a dit qu'il n'osait pas rester plus longtemps et que si je montais maintenant, il me ferait redescendre le jour même. après-demain, et à ce moment-là il persuaderait son père de nous laisser rester en bas aussi longtemps que nous le souhaiterions.

Encore une fois, hélas ! Avec beaucoup de protestations, j'ai été autorisé à redescendre après-demain, comme convenu, mais les cris de «montez!» étaient plus continus et plus insistants que jamais, et peu de travail pouvait être fait.

Une fois de plus, quelques mois plus tard, j'ai arraché au propriétaire, à contrecœur, la permission de faire tomber un architecte distingué, mais la seule fois où nous étions autorisés à entrer dans l'enceinte sacrée était à huit heures du matin, lorsque le fils amical, non informé de notre visite, , était en sécurité dans son lit. Deux anciennes servantes furent envoyées pour veiller à ce que nous ne commencions pas de bêtises, tandis que pendant une heure entière le propriétaire criait que si nous avions le moindre souci de notre santé, nous ne nous attarderions pas dans cette obscurité dangereuse.

Lorsque j'ai revu le garçon, qui avait hâte que l'endroit soit étudié scientifiquement, il m'a dit que son père était déterminé à refuser toute autre demande d'autorisation pour visiter cette survivance presque unique d'une civilisation disparue.

"Et pour être bien sûr que je n'ouvrirai pas la porte quand il est à l'écart", dit le garçon, "il garde maintenant la clé dans sa poche toute la journée et dort avec elle sous son oreiller."

Tel est l'encouragement donné aux archéologues de Séville.

Il paraît clair que les habitants d'une ville bâtie sur le principe d'une habitation lacustre préhistorique, mais possédant de solides galeries de pierre au lieu de pilotis pour ses fondations, n'auraient guère à craindre des inondations. Et il est vrai que depuis l'aube de l'histoire espagnole jusqu'après la reconquête de 1248, rien ne laisse présager de graves troubles de ce genre. Mais à partir de ce moment, on entend de plus en plus parler des ravages croissants provoqués par l'eau, et ceux-ci ne peuvent être attribués qu'à une négligence persistante des ouvrages hydrauliques que les Arabes et les Mozarabes de Séville avaient menés à une telle perfection.

Triana, la banlieue des potiers de Séville depuis des temps immémoriaux, bien qu'aujourd'hui dans une certaine mesure protégée par des quais, se trouve considérablement en dessous du niveau d'une crue même modérée. Probablement dans les temps anciens, tout était construit sur des galeries et des arcades, et même aujourd'hui, la rue principale a des arcades anciennes de chaque côté sur une petite distance. La route qui les sépare s'est tellement élevée qu'une colonne, peut-être romaine, n'a que trois ou quatre pieds de haut, et lorsque les crues surviennent, l'eau remplit rapidement les pièces du rez-de-chaussée jusqu'aux plafonds. Il est possible qu'il s'agisse d'une véritable relique de la « Ville des Polonais », bien que bien sûr reconstruite encore et encore jusqu'à ce que seule subsiste l'idée de la partie primitive.

Triana est toujours le premier quartier inondé et le dernier à être dégagé lorsque le fleuve déborde, car les émissaires des égouts sont au-dessous du niveau de crue, et il semble impossible de les fermer contre le poids des eaux de crue, d'ailleurs lorsqu'ils sont fermés, la pluie n'a pas d'exutoire et des flaques dans les rues. Un jour peut-être, la pétition des 10 000 Trianeros, répétée année après année pendant on ne sait combien de temps, sera entendue par les autorités de Madrid, puis par l'ancien lit de la rivière (*la madre vieja*), ensablé depuis des siècles. , sera dégagé et utilisé pour évacuer les eaux de crue. Mais ce remède évident n'a pas encore été appliqué par la sagesse des ministres qui gouvernent l'Espagne, et il ne faut pas oublier la terreur qui s'empare de tous ceux qui vivent au-dessous du niveau des inondations lorsque de fortes pluies s'installent.

En février 1912, nous vivions dans une maison moderne dans un quartier bas de Séville, à quelques pas du fleuve. Le rez-de-chaussée de la maison avait été artificiellement surélevé d'environ cinq pieds au-dessus du niveau de la rue, mais si la rivière s'était élevée de deux ou trois pouces au-dessus des vingt-sept pieds qu'elle avait atteint la nuit précédant le début de sa descente, le toute la rue aurait été rapidement inondée et nous aurions dû, comme Triana, nous nourrir par bateau. Toute la nuit, un violent orage fit rage, pour ajouter la touche finale à notre panique ; car il n'y avait plus entre Séville et le fleuve que quelques barrières improvisées, élevées à la hâte au prix de soixante heures de travail incessant par les soldats de la garnison, et contre lesquelles l'eau ruisselait déjà avec force.

Mais notre cas, bien qu'assez grave, n'était pas aussi critique que celui de beaucoup d'autres, car il était de toute façon peu probable que l'eau entre réellement dans notre maison. Une de mes amies, comme de nombreux habitants de Séville, a dans sa maison un puits d'eau saumâtre, et tous ces puits sont alimentés d'une manière ou d'une autre par le lit de la rivière. Mon ami sait que ce sont seulement les murs des nouveaux quais, construits depuis une vingtaine d'années, qui empêchent le puits de déborder lorsque la rivière monte ne serait-ce que de quelques pieds. Et une fois que les puits de cette partie de la ville débordent de la rivière, rien ne peut arrêter l'entrée de l'eau, car tout le quartier se trouve bien en dessous du niveau de crue. Jour et nuit, pendant une semaine, elle continua à faire des sondages, jusqu'à ce que pendant la dernière nuit, celle de l'orage, l'eau du puits commença enfin à monter, d'un mètre... deux mètres... trois mètres... Au point du jour, malgré toutes ses prières et ses vœux à la Vierge, elle était à six pieds du sommet et s'élevait toujours rapidement.

«Et puis, dit-elle, au dernier moment, Notre-Dame a répondu à mes prières.»

La tempête s'est calmée, le soleil s'est levé et, avant que la marée ne tourne à midi, le drapeau flottait sur la Torre del Oro pour annoncer à Séville, affolée, que le fleuve descendait. En fait, le changement arriva juste à temps, car l'inondation était sur le point de chevaucher les frêles barrières temporaires qui seules retenaient l'eau hors de la partie principale de la ville.

A cette époque, Triana, sur la rive opposée, était sous l'eau depuis six jours, avec de six à neuf pieds d'eau dans chaque maison. Toute la vallée fluviale, depuis Cordoue jusqu'à l'embouchure, n'était qu'une vaste mer intérieure. Dans les villages riverains, pratiquement aucune maison n'était hors de l'eau. Algaba, le premier village au-dessus de Séville, a été entièrement submergé, et environ 750 des 800 habitants, n'ayant nulle part où aller, se sont entassés dans l'ancienne tour qui, disent les villageois, a été construite expressément comme refuge lorsque le fleuve monte. . Imaginez 750 personnes enfermées pendant une semaine dans une seule petite tour ! Dès qu'il fut possible de ramer contre le ruisseau qui diminuait, je montai avec un bateau chargé de bons Samaritains pour porter secours à quelques familles que nous connaissions, et je n'oublierai jamais ce que j'ai vu.

Les champs étaient ensevelis sous des pieds de vase, les récoltes de printemps étaient en ruine, les rues étaient recouvertes d'une masse de crasse indescriptible, les pauvres chaumières, généralement soignées et douces, souvent blanchies à la chaux, étaient recouvertes de boue puante. Mais le soleil flamboyant de février coulait sur toute la misère ; des vêtements aux couleurs gaies, des couvertures, des nattes, des rideaux, des lits et de la literie étaient mis à sécher, les femmes travaillaient toutes dur avec leurs seaux de chaux et de récurage, et un étonnant esprit de courage et de philosophie imprégnait tout l'endroit.

Dès l'instant où elles avaient pu traverser le ferry, trois familles s'étaient rendues à Séville – environ un kilomètre et demi de route, en grande partie sous l'eau – pour obtenir des rations de la soupe populaire « anglaise », et c'était pour vérifier leurs incroyables récits. de détresse que nous avions ramé.

« Oui, c'était bien vrai qu'il n'y avait presque rien à manger. Il était également vrai qu'il n'y avait pas de travail à l'heure actuelle et que les provisions de riz, de pois chiches et de haricots donnés par les Señores étaient donc plus bienvenues que les mots ne pourraient le dire. Mais le bon soleil brillait et tout allait bientôt sécher, et alors les riches seigneurs Fulano et Mengano, qui possédaient toutes les terres alentour, devraient employer toutes les mains qu'ils pouvaient pour semer à nouveau les champs, car ils le feraient certainement. ils ne perdraient pas toute une saison de récolte et ils devraient également payer de bons salaires, car il y aurait du travail pour tout homme valide, de Séville à Cordoue. Et ainsi, si Dieu le voulait, du bien pourrait bientôt sortir de leur misère actuelle.

Une des femmes les plus aisées, qui possédait un grenier au-dessus de sa chaumière — ce qui est très rare dans ce village à un étage — et qui avait ainsi pu sauver ses meubles, insista pour nous servir du café chaud avant notre départ et refusa avec indignation d'être invitée. payé pour cela. «C'était le moins qu'elle pouvait faire quand nous avions été si bons avec eux», dit-elle, et elle fit brûler un brasier pour que nous ne sentions pas l'humidité de la chambre qu'elle venait de finir de blanchir avant notre arrivée.

Nous avions honte de hésiter à rester dix minutes assis dans la cuisine puante d'humidité où la famille devait vivre, mais nous grelottions de froid avant de pouvoir décemment prendre congé, et depuis lors, je me suis toujours demandé pourquoi tout le village ne moururent pas de fièvre et de fièvre, au lieu de se faire remarquer par leur excellente santé.

La gaieté avec laquelle le désastre fut accueilli à Algaba fut encore plus frappante à Triana. Ici, ceux dont les maisons avaient deux ou trois étages se réfugiaient tous dans les étages supérieurs et étaient nourris par bateaux pendant les six jours pendant lesquels le faubourg était sous l'eau. Des rations pour tous ont été fournies par les autorités, et personne ici n'a dû mourir de faim, même si l'organisation du ravitaillement de quelque dix mille personnes dans ce seul quartier, outre plusieurs milliers d'autres dans les rues inondées à la périphérie de la ville elle-même, était une tâche difficile. d'une grande difficulté. Tout le monde s'en sortait pareil, ne recevant que du pain et la nourriture la plus simple, mais en quantité suffisante pour maintenir le corps et l'âme ensemble si chacun ne prenait que sa juste part. Très peu de personnes pouvaient traverser les rues inondées jusqu'au pont de Séville, et en effet, pendant un jour ou un jour, la circulation sur deux roues sur l'unique pont était interdite, sauf pour transporter de la nourriture, car l'eau montait presque jusqu'au sommet de l'arche, et toute la structure était menacée. Si le pont avait disparu, tout Triana aurait dû mourir de faim, car aucun bateau ne pourrait traverser ce torrent déchaîné.

Peu de vies ont été perdues, même si les maisons les plus anciennes et les plus pauvres se sont effondrées, et dans un cas, une famille entière a été enfermée dans un vieil immeuble sans fenêtre sur la rue, et lorsqu'ils ont été découverts trois jours plus tard, deux des des enfants mouraient de froid et de faim. Car il faisait très froid pendant ces journées grises et sans soleil. Mais le travail de sauvetage était aussi bien organisé que le commissariat, et le jeune vicaire de la paroisse, Don Bernardo Guerra, qui travaillait comme un homme, devint le héros des Trianeros emprisonnés. Lui-même semblait ignorer sa popularité ; en effet, il a déclaré que son peuple était en colère contre lui parce que, « bien qu'il travaillait aux secours tant d'heures par jour qu'il avait à peine le temps de manger ou de boire ou de dormir ou de prier, il était impossible de subvenir au centième de leurs besoins. »

« Mais maintenant que le soleil brille à nouveau, les choses vont mieux », a-t-il déclaré. « En effet, même au plus fort de la mauvaise semaine, il était surprenant de voir à quel point une lueur de soleil intermittente animait les personnes inondées. Les Trianeros ont une gaieté d'esprit qui leur est propre, qui ne les abandonne jamais longtemps, et il était curieux de voir comment elle se manifestait parmi les centaines de réfugiés hébergés dans nos nouveaux bâtiments scolaires. Il était également très visible comment les femmes conservaient même là leurs habitudes de propreté et de décence.

Aucun d'entre eux n'avait plus d'intimité que ce qu'ils pouvaient obtenir en accrochant des châles et des draps pour séparer une famille des autres, et pourtant la plupart d'entre eux s'arrangeaient pour garder leur propre petit endroit bien rangé et relativement confortable. Les bohémiens, il est vrai, avaient l'air de pique-niquer dans une foire aux chiffons, mais ils restaient groupés à une extrémité des grandes salles de classe, à l'écart des autres réfugiés. Et on aurait souri de voir les filles se coiffer comme pour une *fête* , et même danser pendant que les jeunes hommes chantaient sur une guitare que l'une d'elles avait sauvée des décombres de sa maison. Il était difficile de croire, quand le soleil brillait quelques instants, quelle désolation il y avait dehors. Mais quand la nuit tombait, les souffrances étaient à leur paroxysme. Les autorités ont réussi à maintenir l'eau, le gaz et l'électricité dans les rues, mais dans les maisons, les installations étaient toutes immergées et l'obscurité accentuait la détresse. Et puis les coups de pistolet tirés pour appeler à l'aide, et la difficulté de localiser le son dans les rues inondées, et la peur d'arriver trop tard pour sauver des vies... c'était une expérience qu'on n'oublierait pas dans un siècle.

Don Bernardo s'arrêta de parler, avec un regard dans ses yeux marron liquide comme celui qui voit un cauchemar.

"Mais tu es toujours arrivé à temps ?" Ai-je doucement incité; « Et l'affaire de la rue Evangelio ? J'en ai vu parler dans les journaux. Ils ont dit que tu avais reçu une ovation.

« Les journaux racontent beaucoup de bêtises », dit le curé en souriant de nouveau. « Ce n'était rien, et le mérite ne m'appartient pas. Et maintenant, à propos de ces matelas ? Combien d'autres pouvez-vous fournir grâce au English Relief Fund ? Nous devons recevoir mille cinq cents dollars de la subvention du gouvernement, me disent-ils, mais pas avant que l'argent soit payé, et je me demande si cela arrivera avant l'été prochain. En attendant, les cent envoyées par les dames anglaises ont été un grand bienfait, et il y en avait aussi seize d'une dame espagnole. Mais nous en voulons mille à la fois, pour les familles qui ont tout perdu et qui dorment désormais sur le sol de maisons qui étaient sous les eaux il y a une semaine. *Ay de mi de mi alma!* Et toutes ces souffrances auraient été évitées si le gouvernement avait accepté l'année dernière les travaux de protection de l'ancien lit de la rivière !

«Mais je veux connaître l'affaire de la rue Evangelio», ai-je persisté, et Don Bernardo, toujours courtois, ne pouvait refuser de me le dire.

« Ce n'était rien : il y a eu de nombreux incidents de ce genre. J'étais au lit. Fatigué? Eh bien, peut-être ; nous ne dormons pas beaucoup en ce moment. Soudain, j'ai entendu plusieurs coups de pistolet tirés rapidement les uns après les autres, je savais donc que le danger était imminent. J'ai couru à ma fenêtre pour appeler le batelier, qui était censé être à mon service jour et nuit, mais le pauvre garçon était fatigué, et très loin, au fond de cette longue rue. Je distinguais son bateau, attaché à un balcon. J'ai deviné qu'il s'était endormi, ou peut-être, car nous sommes tous humains, qu'il était à l'intérieur de la maison en train de prendre un verre. Ne lui en voulez pas. Ceux qui étaient restés dehors toute la journée sous le vent froid et la pluie battante savaient bien à quel point son écart de service était pardonnable. S'il y avait eu une charrette ou même un âne, je l'aurais pris sans demander la permission. Mais c'était le milieu de la nuit. Je n'osais pas patauger ; Je ne suis pas grand et l'eau avait plus d'un mètre de profondeur dans ma rue. Et puis un de mes voisins, un excellent garçon, réveillé comme moi par les coups de feu, m'a proposé de me prendre sur son dos. C'est un pêcheur, fort en jambes et beaucoup plus grand que moi. Comprenez qu'il n'a demandé aucune récompense ; en effet, il a refusé le paiement des fonds que je détiens pour les secours. Il me porta sur ses épaules jusqu'au bateau, et le batelier sortit précipitamment, très honteux. Mon pêcheur a commencé à l'évaluer, mais je lui ai dit : « Gardez votre souffle pour aider à ramer, car je crains que nous n'arrivions trop tard. Nous ramions tous les trois très fort, et le courant ressemblait à une main de géant qui traînait notre bateau en arrière. Vous voyez, le remblai du chemin de fer vers Huelva provoque des remous dans nos rues. Je ne comprends pas l'ingénierie, mais tout le monde à Triana sait que le remblai est notre ruine. Il a été planifié par des ingénieurs de Madrid, et les protestations de ceux qui connaissaient le fleuve n'ont pas été entendues. Les pauvres gens de Triana maudissent le remblai chaque fois qu'il y a une inondation, et cette fois ils seraient allés le démolir de leurs propres mains s'ils avaient pu y accéder sans se noyer en chemin. Eh bien, nous arrivons enfin à la Calle Evangelio. Les coups de feu ont été tirés depuis une maison à deux étages, et tous les habitants vivaient à l'étage supérieur depuis le début de l'inondation. L'eau avait six pieds de profondeur dans la rue et il faisait assez sombre. Nous les avons tous fait monter dans le bateau depuis un balcon, sauf un homme. Il dut sauter, car au moment où il s'apprêtait à franchir la rampe, toute la façade de la maison semblait fondre. Elle avait été minée par l'eau et s'est effondrée d'un seul coup. Oui, je suppose que les pauvres gens auraient tous pu se noyer si le bon Dieu n'avait pas réveillé le pêcheur à temps pour aller à leur secours. J'étais responsable dans un certain sens, mais je n'aurais pas pu arriver à temps sans lui. Par conséquent, tout le crédit qu'il y avait, aurait dû être accordé par les journaux à lui, pas à moi.

Le dernier et le plus grave jour des inondations, le roi vint à Séville avec le ministre des Travaux publics ; Et puis les pauvres Trianeros étaient heureux de ne pas avoir démoli le talus de la voie ferrée, car la première chose que fit Sa Majesté fut de s'enfuir le long de cette ligne, à travers les eaux usées, pour visiter un village qui ne dépassait guère que ses toits. l'inondation. J'ai regardé la locomotive avec son unique chariot ramper sur le pont et le long du talus, très lentement, car je ne savais pas quels dégâts invisibles auraient pu être causés par l'inondation jaune trouble sous les rails et les traverses.

Tout le monde pensait que, puisque le roi et le ministre avaient désormais constaté par eux-mêmes le préjudice intolérable que cette mauvaise ingénierie infligeait à Séville, l'autorisation nécessaire pour les travaux sur l'ancien lit de la rivière serait donnée immédiatement. C'était il y a un an et neuf mois, et depuis lors, Don Bernardo et ses collègues n'ont cessé de déployer des efforts incessants pour que cette affaire soit réglée. Mais nous avons eu trois ministères différents au pouvoir au cours de ces vingt et un mois, et aucun d'entre eux n'a eu le temps de penser à des bagatelles telles que la protection du troisième port d'Espagne contre des inondations dévastatrices. Au cours du mois de novembre 1913, le port dut être fermé à deux reprises à la navigation, en raison de la hauteur des eaux de crue, et il ne serait pas difficile de calculer combien d'argent la ville a ainsi perdu, même si personne n'a vu Triana inondée. Nous pouvons en estimer le coût en termes de peur et d'anxiété pour les pères qui ne peuvent pas gagner du pain pour leurs enfants, et pour les mères qui regardent à chaque heure avec crainte la ruine irrémédiable de leur maison.

Mais personne n'en veut au roi. Ils savent que ce n'est pas sa faute, car ils l'ont vu à Triana ce jour de février 1912, allant de maison en maison dans une charrette ou un bateau et hissant de ses propres mains des provisions dans des paniers suspendus aux balcons, et ils l'ont vu se tenir debout dans l'eau jusqu'aux chevilles à la montée du pont, insistant pour visiter les rues qui avaient le plus souffert.

«Dieu sait qu'aucune rue n'a souffert plus qu'une autre», dit le compagnon potier qui m'a raconté cela, «car toutes étaient également sous l'eau. « Quel terrible désastre ! » dit le roi. Ses messieurs essayèrent de le retenir, car ils devaient le suivre là où il les menait et ils ne voulaient pas se mouiller les pieds. Mais ils auraient tout aussi bien pu essayer de retenir le fleuve. C'est un *roi* ! Il donna deux mille pesetas sur-le-champ, et dès son retour il en envoya vingt mille de plus de Madrid. Mais le meilleur de tout était la cuisine du roi. Il ordonna que des repas chauds gratuits soient servis à ses frais tous les jours et toute la journée aussi longtemps que durait l'inondation, à chaque Trianero qui choisissait de les demander – aucune recommandation requise, aucune condition religieuse. Le roi dit qu'il ne fallait poser aucune question à personne : tous ceux qui avaient faim devaient prendre un repas dans sa cuisine. Cela a sauvé de nombreuses vies. Certes, nous avions tous du pain de la Mairie, mais nous, les pères, ne pouvions pas prendre notre part pendant que les enfants avaient faim, et nous étions faibles à cause d'un long jeûne, car vous devez comprendre que beaucoup d'entre nous étaient sans travail depuis un mois, en raison du mauvais temps, avant que la rivière ne déborde. Quel mauvais moment Dieu nous a donné cet hiver ! Mais, Dieu merci, il y a du travail pour tout Triana maintenant, car il y a tellement de maisons à réparer et à reconstruire que nous ne pouvons pas fabriquer des briques assez vite, et les maîtres ont dû augmenter nos salaires.

Les soupes populaires, ou comme les appellent les Sévillans, « cuisines économiques » (*cocinas Economicas*), sont ici peu utilisées en période de détresse publique. Il ne semble jamais venir à l'esprit des riches dames sévillanes qu'avec un peu de difficulté et d'organisation, elles pourraient facilement créer des soupes populaires privées dans leurs propres maisons, ne serait-ce que pour les amis et les relations de leurs nombreux *ménages* . Bien sûr, lorsque les inondations sont survenues, la première idée qui est venue à l'esprit de certains membres de la colonie anglaise, une soupe populaire, et moins de vingt-quatre heures après l'inondation de Triana, M. Keyser, notre consul, avec moi-même et quelques d'autres dames, avaient rassemblé assez d'argent auprès de nos amis personnels pour fournir deux cents rations par jour pendant quinze jours.

La distribution a eu lieu dans notre maison, parce que notre patio se trouvait être le plus commode à cet effet, et tous nos domestiques, comme ceux du Consulat, ont travaillé à double marée pendant toute la quinzaine, afin qu'aucune partie du fonds de secours ne soit dépensée pour mains supplémentaires. Au début, nous avions uniquement l'intention de nourrir les familles liées aux maisons de commerce anglaises, mais nous nous sommes vite rendu compte qu'il était impossible d'établir des règles strictes. Un après-midi, un homme qui attendait depuis une heure ce qui pouvait rester après que les privilégiés eurent été nourris tomba évanoui sur le sol et il fallut une demi-heure pour le ramener à la vie. Ensuite, nous servions notre soupe le plus vite possible à chaque créature au visage blanc et frissonnant qui se présentait, sans demander sa carte d'abonné, ne souhaitant pas répéter la frayeur qui nous saisit lorsque l'homme s'évanouit, car à cette occasion Pendant un certain temps, il a semblé que notre très petite quantité de bureaucratie allait coûter une vie.

Nous recevions jusqu'à cinq cents rations par jour avant de fermer notre soupe populaire, et même alors, il nous restait de l'argent pour acheter les cent matelas et oreillers si utiles au curé de Triana, et le tout pour un peu plus de 60 £ en argent anglais. Il est vrai que les matelas étaient très bon marché, car un de leurs fabricants contribuait aux secours en nous vendant tout ce que nous demandions bien au-dessous du prix de revient, forme pratique de charité qui séduisait beaucoup le peuple. Mais si nous avions dépensé 6 000 £ au lieu de 60 £, nous n'aurions pas pu rencontrer plus de gratitude. Ce n'était pas tant la quantité ou la qualité de la soupe, nous a expliqué notre curé. Il s'agissait de le faire prêt au moment précis où on le voulait, car la chose fut prise en main très promptement, et nous arrivâmes même devant la Cuisine du Roi. Aussi étrange que cela puisse paraître aux Anglais, habitués à la charité organisée, aucun autre particulier ou association privée à Séville n'a adopté ce moyen simple de fournir des repas chauds à un coût minimum.

Mais nous n'avions aucune idée de la renommée que nous acquérions ; nous n'avions même pas le temps de penser à la manière dont notre modeste effort pourrait frapper le public. Nous avons donc été surpris et amusés lorsque le rédacteur en chef d'un hebdomadaire local a envoyé son photographe chercher une illustration pour un article sur la « noble initiative des dames anglaises ». Nous lui avons dit que nous préférions rester à la retraite avec nos bouilloires. Mais il a souligné qu'une photographie de notre cuisine vraiment « économique » encouragerait les dames de Séville à aller faire de même quand une autre occasion se présenterait ; et après cela, nous ne pouvions évidemment pas refuser d'être immortalisés avec nos marmites de fer-blanc autour de nous, ne serait-ce que pour montrer avec quelle facilité cinq cents personnes pouvaient être nourries avec une douzaine de bidons de pétrole bouillis sur des brûleurs à gaz. Et après avoir récupéré sa photographie et publié son petit article, notre éditeur philanthropique a offert à chacun de nos collaborateurs un exemplaire de la photographie à trois fois le prix du marché !

Un autre joli discours apporta une preuve supplémentaire, s'il le voulait, du sentiment populaire envers la jeune reine. Nous avons mis de côté un peu de notre argent pour racheter des billets de prêt sur gage dans le cas de deux ou trois familles qui étaient relativement aisées avant les inondations et qui n'avaient plus besoin que de vêtements respectables pour retrouver un bon emploi et, bien sûr, cela devait être obtenu à bien meilleur marché en retirant leurs propres vêtements du Mont de Piété qu'en en achetant de nouveaux pour eux.

Une des pauvres femmes me dit, les larmes aux yeux, en me tendant une liasse de petits papiers déprimants :

"Oh, Señora Elena, vous êtes comme la reine !"

Je souris à cette remarque, car bien que ce soit depuis longtemps une mode pour les galants espagnols de dire aux filles anglaises qu'elles ressemblent à la reine lorsqu'elles veulent offrir la plus grande flatterie, je ne pouvais pas imaginer comment même la gratitude la plus fervente pourrait trouver une ressemblance entre un vieille femme aux cheveux blancs et la belle jeune reine.

« Pas en face, Señora, bien que vous aussi soyez *muy guapa* (très attirante), mais en générosité avec les billets de gage. N'avez-vous pas entendu ce que la Reine a fait de cette façon ? Un jour, alors qu'elle traversait Triana, une très pauvre femme de Triana jeta tout un paquet de billets dans la voiture de la reine, et au lieu d'être vexée, la reine l'envoya chez Juana après son retour au palais pour voir si c'était le cas. c'est vrai qu'elle avait tout vendu. Et c'était tout à fait vrai, et la Reine a racheté ses billets, puis bien d'autres, contre d'autres femmes, lorsqu'elle a appris des cas de grande détresse dont les femmes n'étaient pas responsables. J'aimerais que les riches sachent combien il est utile de racheter nos billets de gage, car beaucoup de nos vêtements et surtout nos bottes sont très bonnes quand nous les « rangeons », - en effet, s'ils ne sont pas bons, le Mont de Piétè ne le fera pas. donnez-nous n'importe quoi pour eux.

Ce n'était pas non plus la fin des compliments qui nous étaient adressés ; car quelques jours plus tard, notre domestique vint me dire qu'on lui avait demandé les noms complets, de famille et de baptême, de toutes les dames anglaises qui avaient aidé à servir la soupe, les mêmes ayant été demandés par un interprète populaire de Chansons « flamenco » dans un certain music-hall.

"Mais j'ai refusé de lui dire", a déclaré fièrement notre homme. « Ayant été en Angleterre avec les Señores et connaissant les coutumes anglaises, je l'ai informé que les compliments dans votre pays devaient être faits de manière détournée, et que si vos noms étaient mentionnés, il offenserait au lieu de plaire.

« Mais pourquoi diable voulait-il connaître nos noms ? Ai-je demandé, complètement mystifié.

« *Por Dios* , madame ! Ne savez-vous pas qu'un couplet faisant l'éloge de la cuisine économique anglaise est chanté tous les soirs au Blankblankblank, ainsi qu'un couplet sur la cuisine du roi et les actes courageux de Don Bernardo Guerra ? Madame ! Cette chanson est l'élément le plus populaire du programme depuis de nombreuses soirées et c'est pour cette raison que Pepito a voulu improviser un deuxième couplet donnant les noms de toutes les dames. Mais ne vous inquiétez pas : je vous assure que j'ai refusé avec assez de froideur pour lui faire comprendre qu'il prenait une liberté.

La plaisanterie, c'est que le Blankblankblank est un café chantant bien connu à Séville qui a été pendant des années une pierre d'offense pour Mme Grundy, tant en anglais qu'en espagnol, et que les membres bien élevés de la société comme nous ne le feraient pas. Je n'y ai pas mis les pieds depuis des mondes. Bien sûr, notre désapprobation, même s'ils en avaient été conscients, n'aurait pas du tout inquiété les gens du café chantant, mais nous avons eu un peu l'impression que ces moutons noirs mettaient des charbons ardents sur nos têtes respectables, lorsque nous avons appris que des chansons sur nos vertus civiques ravissaient chaque soir les maisons bondées.

Mais en tout cas nous étions en bonne compagnie, avec le roi d'un côté et le curé de l'autre.

C'est ainsi que s'est terminé sur une note comique notre participation à la tragédie des plus grandes inondations jamais connues dans les longues annales des dévastations provoquées siècle après siècle par le Guadalquivir.

PARTIE IV.
PRINTEMPS

CHAPITRE XVI

Monarques populaires - Le roi Alphonse et la blanchisseuse - Charité royale - Pas de corrida - Réaction contre les arènes - Un républicain monarchique - Le gardien du terrain de polo - Le roi présente la reine - Un vieux jardinier fidèle - Le chagrin de Enriqueta – Le roi à Ronda – Un ânier chanceux – Des émeutiers prudents – *Viva el Rey !*

Les visiteurs me demandent souvent si la reine d'Angleterre est populaire en Espagne, et je me demande toujours pourquoi une telle question leur vient à l'esprit. Comment pourrait-elle ne pas être populaire, avec de la jeunesse, de la beauté et un bon cœur pour donner une dorure supplémentaire à sa couronne ?

En fait, plus on vit longtemps en Espagne et plus on voit la paysannerie et la classe ouvrière en général, plus on entend de délicieuses histoires sur les relations privées du roi et de la reine et du reste de la famille royale avec les gens « ordinaires » ; et comme très peu d'entre eux ont été publiés dans les journaux anglais, il semble utile de les consigner avant qu'ils ne soient oubliés. Je ne garantis pas leur vérité littérale, mais je ne pense pas que de telles histoires seraient monnaie courante à moins qu'elles n'aient un fondement factuel, et en tout cas les gens les croient vraies, et illustrent ainsi le sentiment populaire envers les Royalties.

RETOUR DU MARCHÉ.

Peut-être que l'histoire du roi Alfonso et de la lavandière est déjà une châtaigne, même si je ne l'ai jamais vue imprimée. Cela date de l'époque où les moteurs étaient relativement balbutiants, et le jeune roi maintenait son entourage dans un état de nervosité chronique par son dévouement à la nouvelle machine qui, de l'avis des timides, pouvait s'enfuir ou exploser à tout moment. . Un après-midi d'hiver, le roi ne revint pas à l'heure prévue, et l'on songea sérieusement à envoyer un détachement de la garde civile avec une ambulance à la recherche du moteur égaré. Lorsque Sa Majesté parut, son retard s'expliquait par le fait qu'il avait récupéré une vieille blanchisseuse boiteuse chargée de linge propre, à quelque distance de Madrid, et qu'il l'avait emmenée dans son automobile à la résidence de ses employeurs avant de rentrer chez lui.

Il s'agit peut-être d'une des histoires de Ben Trovato, mais je peux moi-même y croire, ayant entendu parler de nombreux autres incidents montrant la même gentillesse impulsive envers les pauvres et les humbles, et le même mépris des conventions et de l'État royal.

Non seulement le roi et la reine, mais aussi la reine-mère et d'autres membres de la famille royale ont, à un moment ou à un autre, récupéré des malheureux accidentés dans les rues et les ont transportés chez eux ou dans un hôpital. Un jour, la reine Christine s'est assise pendant une demi-heure sur un banc dans un parc de Madrid pendant que son moteur emmenait à l'hôpital un cycliste malchanceux. C'était un étudiant qui s'était gravement coupé la tête, et la reine elle-même ordonna à ses serviteurs de le coucher le plus confortablement possible sur les coussins, après avoir pansé ses blessures de ses propres mains.

L'infante Isabelle, tante du roi Alphonse, a récemment ravi la foule par une action moins courante aujourd'hui qu'il y a un siècle. Certes, le véhicule était un moteur à la mode, au lieu d'un grand carrosse royal comme autrefois, mais l'inspiration était la même.

La princesse, lors de sa promenade de l'après-midi, rencontra une procession transportant le Viatique de l'une des églises mineures à une personne mourante. Elle descendit de voiture, fit monter le prêtre avec son fardeau sacré et se dirigea elle-même vers la maison du malade en procession derrière l'hostie, portant un cierge allumé. Elle est une grande favorite en Espagne, surtout parmi les amateurs des arènes, car son dévouement au sport national est si chaleureux qu'il compense le dégoût non dissimulé de certains autres membres de sa famille.

Le roi et la reine vont rarement à une corrida, bien que lorsqu'ils y apparaissent, cela soit si librement annoncé et que les photographies de Leurs Majestés soient si largement diffusées par ceux qui s'intéressent au maintien de ce « sport », que probablement le monde extérieur croit qu'ils y sont dévoués. Il est bien sûr impossible que ceux qui aiment les chevaux et sont eux-mêmes experts en équitation aient la moindre sympathie pour un divertissement dans lequel la mutilation des chevaux est un élément essentiel, même si un roi et une reine doivent parfois apparemment tolérer ce qu'ils ne peuvent pas approuver. Mais leur véritable sentiment peut être jugé par un petit incident que j'ai tenu d'une excellente autorité, le secrétaire particulier de l'homme à qui le roi parlait.

L'occasion était une visite de Leurs Majestés dans une certaine ville renommée pour ses courses de taureaux et qui a la réputation de produire les meilleurs *toreros* d'Espagne. L'Alcalde présenta son programme de festivités à l'approbation du roi et, signalant une ou deux dates vacantes, demanda :

« Quand voudriez-vous avoir la corrida, monsieur ?

Le roi répondit que lui et la reine étaient venus en vacances et qu'ils ne souhaitaient pas que chaque journée soit remplie à l'avance ; « C'est pourquoi, dit Sa Majesté, quand j'aurai besoin d'une corrida, je la demanderai. »

La Cour passa un mois entier dans cette ville, et aucune corrida n'eut lieu.

Bien entendu, comme tout le reste en Espagne, c'est une question politique. Les réactionnaires, fidèles à leurs principes, soutiennent les institutions existantes, tandis que les conservateurs, les libéraux, les radicaux, les républicains, réformateurs et révolutionnaires, socialistes, etc., s'unissent pour dénoncer ce qu'ils considèrent comme l'un des principaux facteurs de l' *atraso de España.* (le retard de l'Espagne).

Les étrangers qui s'opposent à la corrida doivent garder à l'esprit qu'une immense somme d'argent y est investie, par les propriétaires de grands domaines qui élèvent les taureaux, dans la construction et l'entretien des arènes, et dans les coûts très coûteux. l'appareil du spectacle, et il est tout à fait naturel que les capitalistes se battent pour l'institution dans laquelle leur argent est investi. Quand les étrangers demandent avec indignation pourquoi le roi ne met pas un terme à ce « sport » barbare, s'il est vrai qu'il ne l'aime pas, ils ne se rendent pas compte qu'un roi constitutionnel, aussi radical et réformateur soit-il, ne peut d'un seul coup la plume détruit les intérêts particuliers d'une partie grande et puissante de la communauté. Suggérer au roi Alphonse de fermer arbitrairement toutes les arènes équivaudrait à proposer au roi d'Angleterre de fermer, *propio motu* , tous les music-halls, sans tenir compte des droits des actionnaires. Et les corridas peuvent en tout cas invoquer une antiquité vénérable. Leur origine n'est pas connue avec certitude, mais il est possible qu'ils datent de l'époque des Liby-Tartessiens, lorsque Minos régnait et encourageait les combats de taureaux en Crète.

Ce qui est nouveau, c'est la réaction contre le réseau, qui se propage avec une rapidité encourageante. Une des plus grandes vertus d'Isabel II. Selon l'opinion de son époque, elle « aimait beaucoup les taureaux », et aujourd'hui encore, les vieilles dames et messieurs de la malheureuse génération de la reine parlent de son affection pour la corrida comme d'une de ses qualités rédemptrices. Alors que la moindre des revendications reconnues du roi Alphonse concernant le respect et la sympathie des sections radicales et républicaines de ses sujets (et parmi celles-ci incluent la masse de la classe ouvrière) n'est pas sa préférence évidente pour d'autres formes de sport plus viriles.

Le républicanisme du paysan est une étude curieuse et intéressante, et j'aime toujours l'entraîner sur ce sujet. Un jour que je creusais dans les montagnes, une forte averse tomba et je me réfugiai avec mes ouvriers dans une tombe à chambre que nous étions en train de dégager. Je n'ai pas remarqué comment le sujet de la monarchie avait été abordé entre eux, car j'étais absorbé par un changement dramatique de la scène de la tempête alors que je la voyais encadrée par une ouverture grossière dans le rocher où une pierre tombée avait révélé l'existence de notre grotte funéraire. Les collines étaient violettes, presque noires, sur fond de nuages orageux, quand soudain il y eut une fissure dans le ciel couvert, une traînée de soleil jaillit, et à travers la pluie battante une grande feuille d'argent apparut comme par magie sur le flanc de la colline lointaine, où un instant auparavant, tout n'était plus qu'une tristesse constante. Ce n'était qu'un morceau de roche grise, mais il fut transformé par une cascade d'eau de pluie venant des sommets en un objet d'une beauté éthérée qui disparut aussi vite qu'il était apparu.

Un petit garçon – un berger endimanché en costume de dimanche se rendant à la foire de la ville voisine – s'était réfugié avec nous dans la grotte et, à la demande des hommes, il avait chanté pour mon bénéfice les chants locaux d'une voix aiguë. ; et quand mes pensées commencèrent à vagabonder de la compagnie vers ce flanc de colline glorifié, il pleurait une chanson d'amour dont je ne parvenais pas à comprendre un mot. Ce fut plutôt un choc pour moi d'être ramené sur terre en entendant le plus doux et le plus courtois de mes deux creuseurs dire qu'il aurait aimé avoir le roi et l'alcade de la ville ensemble dans la grotte, afin de pouvoir les étrangler tous les deux. .

Il expliqua que la municipalité lui devait une somme d'argent considérable pour un contrat exécuté par son père (décédé récemment) et lui-même, et il pensait que si le roi était vraiment à la hauteur de son travail, il aurait mis un terme depuis longtemps. de corruption et de machination, et aurait remplacé la bureaucratie existante par des hommes honnêtes, qui paieraient aux travailleurs pauvres ce qu'ils leur doivent au lieu d'acheter des moteurs pour leur divertissement privé. Et comme le roi n'a pas fait cela, qu'on l'étrangle, ou sinon, qu'on ait au moins une république et qu'on en fasse son président.

Pauvre Ramon ! Il souffrait d'une grave indigestion politique, et ce n'était pas étonnant, car la facture impayée, qui s'élevait à quelques centaines de pesetas, représentait une perte très lourde pour un jeune homme qui devait subvenir aux besoins d'une mère veuve et de plusieurs jeunes frères et sœurs. Je lui ai donné une note de recommandation pour l'Alcalde, que je savais plutôt meilleur que la plupart de sa classe, et j'espère qu'il aura son argent le jour de paie suivant. Mais j'ai tristement réfléchi à l'État espagnol, administré selon un système qui empoisonne tous les membres du corps politique et rend presque impossible aux autorités locales de payer leurs travailleurs et en même temps de répondre aux demandes des sangsues qui vivent sans travailler, pendant qu'ils tirent les ficelles qui font danser les fonctionnaires au son de leur cornemuse.

Dans un pays où la politique pénètre et pollue tout, il n'est pas facile de s'en écarter, mais j'ai entendu bien des petites anecdotes sur le roi et la reine qui, heureusement, sont exemptes de cette souillure ; et si la plupart d'entre eux se rapportent à Séville, mon excuse doit être que la majeure partie de ma vie en Espagne s'est déroulée dans cette ville.

À environ un kilomètre et demi de la ville se trouve une vaste étendue de prairies le long du Guadalquivir, connue sous le nom de Tablada, qui a joué un rôle à plusieurs reprises dans l'histoire andalouse.

Ici paissaient les bovins tartessiens à longues cornes mentionnés dans le dernier chapitre. Ici, Jules César passa en revue la milice indigène lorsque les indigènes d'Hispalis s'enrôlèrent sous sa bannière après avoir refusé d'ouvrir leurs portes à Varron, le lieutenant de Pompée. Ici, la progéniture de Witiza, le dernier roi légitime des Wisigoths, s'enrichit en cultivant la plaine fertile et en construisant des navires pour poursuivre ce commerce lucratif avec l'Est qui rendit Ishbiliyah riche sous le règne des descendants de Witiza, qui se marièrent à l'amiable avec des Arabes. princes et gouvernaient le pays sous une soumission nominale aux sultans de Cordoue. Ici, il y a dix siècles, les hommes du Nord, après avoir remonté le fleuve, furent repoussés lorsqu'ils tentèrent d'incendier la ville. C'est ici que Saint Fernando installa son camp lorsqu'il assiégea Séville en 1248 et passa un an et demi à tenter en vain de pénétrer à travers les murs impérissables qui furent construits pour la première fois à l'époque où Minos mit la corrida à la mode.

Il est vrai que les Carthaginois ont conquis Tharsis, pillé et détruit la ville de leurs rivaux les Gréco-Tartessiens (qui au cours des derniers siècles s'étaient emparés de Cadix à deux reprises), et ont même privé Tharsis de son nom, l'ajoutant à celui de Cadix par un moyen supplémentaire. joyau de la couronne gaditanienne. Mais le mur d'enceinte a défié leur vengeance, et même s'ils ont pu faire une brèche ici et là, ils n'ont pas pu le détruire, car le « torchis » de l'Espagne pré-romaine est aussi dur que la pierre, et heureusement pour la postérité, les Carthaginois ne le savaient pas. les usages de la dynamite.

Sans aide de l'intérieur, aucun de ses ennemis n'est jamais entré à Séville jusqu'à ce que les murs tombent en ruine. Même le maréchal Soult n'aurait guère trouvé le siège de Séville aussi farfelu que lui, sans l'état de ruine dans lequel la négligence espagnole avait laissé tomber les fortifications. Certes, il n'eut pas besoin de camper sur Tablada pour affamer la ville jusqu'à la capitulation, comme le fit saint Fernando, mais les habitants eurent le temps de cacher bon nombre de leurs trésors, artistiques et autres, dans les voûtes et galeries souterraines qui existent depuis Tharsis. a été construite, avant que le général français n'en détruise les portes.

La plaine de Tablada est aujourd'hui un endroit très fréquenté, car juste en face un grand canal est en construction qui, associé à un approfondissement du chenal du fleuve, ouvrira Séville, à une cinquantaine de milles à l'intérieur des terres, aux bateaux à vapeur de plus de 10 000 tonnes et en font le principal port d'Espagne, sauf peut-être Barcelone.

Mais une partie de cette plaine est consacrée à des sports de toutes sortes, et c'est ici qu'est aménagé un terrain de polo lorsque la Cour vient à Séville. Ainsi ici, comme dans Moguer, mes petites anecdotes se rattachent à un fil de l'histoire, et cette longue digression a plus d'objet qu'il n'y paraît à première vue .

Un certain vieillard avait été nommé gardien de l'entrée du terrain de sport de Tablada, parce que son fils, un *torero* , avait été tué dans une corrida et que les taureaux destinés à mourir dans l'arène de Séville sont toujours enfermés dans un champ à Tablada. un jour ou deux avant le combat. C'était un vieillard consciencieux et il n'abandonna jamais son poste, même lorsque toute la ville se réunissait pour recevoir le roi et la reine à leur arrivée de Madrid. Cette année-là, ils reçurent un accueil particulièrement enthousiaste, car le roi Alphonse avait récemment concédé un grand terrain des jardins de l'Alcazar pour donner accès, lumière et air à un quartier pauvre enfermé derrière les hauts murs du palais ; et c'était un grand sacrifice de la part du vieil homme que d'aller à Tablada à l'heure habituelle au lieu de crier d'abord *Vivas* avec ses amis à la gare : mais il eut sa récompense sous une forme peu attendue.

Quelques jours après l'arrivée de la Cour, on fit savoir à notre ami qu'il devait faire très attention à n'admettre dans l'enceinte aucune personne non autorisée, car Leurs Majestés sortiraient en voiture dans le courant de l'après-midi pour voir le terrain de polo préparatoire. à un match fixé pour le lendemain. Ainsi, lorsqu'un jeune homme qu'il ne connaissait pas arriva au galop, légèrement échevelé à force de rouler vite dans un vent fort, le portier refusa catégoriquement d'ouvrir la porte, expliquant que le roi et la reine arrivaient.

« Connaissez-vous le roi ? demanda le cavalier.

"Non; ni la reine non plus, répondit le vieil homme, et j'aurais seulement aimé le faire, car mes petits-enfants me tourmentent la vie chaque jour en me demandant si je l'ai vue et si elle est aussi belle qu'on le dit.

"Eh bien, maintenant vous allez pouvoir le leur dire", dit le cavalier, "car la voilà qui arrive."

La reine monta en voiture, et le vieil homme se rendit alors compte que son interlocuteur – comme bien sûr mes lecteurs l'avaient deviné – était le roi lui-même, car il lui raconta la conversation d'une manière qui la fit rire de bon cœur.

« Et maintenant que vous avez vu la reine, que direz-vous à vos petits-enfants ? Est-elle aussi belle que tout le monde le dit ? » demanda le roi de la meilleure humeur, car, comme tout le monde le sait, rien ne lui plaît plus que ces témoignages spontanés de l'admiration portée à sa femme.

«Plus, plus, mille fois plus», balbutia le vieillard tout confus.

Le cortège royal attendait pendant que la reine s'enquérait des enfants, combien ils étaient, quel était leur âge et pourquoi ils vivaient avec leur grand-père. Et en apprenant qu'ils étaient devenus orphelins et que nous dépendions de ses modestes gains à la porte, le roi lui donna un billet de banque, qui ne pouvait être inférieur à vingt-cinq pesetas, car c'est le plus petit papier-monnaie, et c'était peut-être plus : lui dire de laisser les enfants faire un festin de gâteaux et de chocolat en souvenir de la reine.

Il est joli de voir la véritable affection qu'inspire ce jeune couple brillant jusque dans le plus humble de leur entourage.

Tandis que le terrain donné à la ville était coupé des jardins du palais, il restait pendant une semaine ou plus un long espace près de la nouvelle route qui était ouvert au monde entier, car bien que les travaux fussent poursuivis avec tous vitesse, il fallait construire un mur haut et solide, et cela ne pouvait pas être érigé en un instant. Nous étions en janvier et il faisait très froid à Séville, et un jour, alors que je me promenais dans les jardins, le plus âgé des jardiniers m'a manqué, qui, avec sa fille potelée et joyeuse, est un de mes amis particuliers.

Il semblait que le vieux Toro était paralysé par un grave rhume et qu'il ne pouvait que boitiller depuis sa maison jusqu'à l'endroit où la construction était en cours, où il servait de gardien jusqu'à ce que le nouveau mur soit terminé.

"Comment a-t-il réussi à tomber malade à l'instant ?" » ai-je demandé, car c'était un vieil homme robuste qu'aucun travail ne semblait jamais fatiguer.

« C'est parce qu'il est resté debout plusieurs nuits et qu'il montait la garde là-bas », explique sa fille. « La Mairie a mis en place deux policiers supplémentaires, mais mon père pensait que ce n'était pas suffisant pour s'assurer qu'aucun mauvais personnage n'entre dans l'obscurité, car le chemin est long comme vous le voyez, et il n'allait pas avoir à le faire. de mauvais personnages dans le jardin de Sa Majesté, s'il *pouvait* l'aider.

« Bien joué, Toro, dis-je ; "Je sais à quel point il est loyal envers le roi et j'espère qu'il recevra un beau pourboire pour ses soins supplémentaires."

« Oh non, il ne l'a pas fait pour ça, c'est purement volontaire ; et de toute façon il n'obtiendra rien, parce que le Señor Marqués (le gouverneur de l'Alcazar) n'en sait rien. Soyez sûr que mon père ne le lui dira pas. Et s'il te plaît, Doña Elena, n'en parle pas à mon père, car il m'en voudrait de te le dire. Il a le sentiment de ne faire que son devoir.

On admire le roi dont la gentillesse envers ses employés lui assure une affection si désintéressée, et on admire le haut idéal du devoir qui conduit un vieil homme de plus de soixante-dix ans à s'arrêter dehors toute la nuit pendant une semaine d'affilée pour garder le jardin de son maître royal. . Je ne sais pas si le dévouement de Toro a jamais atteint les oreilles du roi, mais je n'ai pas peur, pour la dernière fois j'ai vu la potelée Enriqueta, elle était en larmes parce que, à cause de profondes modifications dans ce même jardin, la maison dans laquelle elle et son père avaient vécu pendant tant d'années devait être démoli et ils ont dû chercher une nouvelle demeure en dehors de l'enceinte.

Elle s'est cependant réjouie lorsque je l'ai ramenée pour parler de la famille royale, toujours son sujet de conversation préféré.

Elle adore le petit prince des Asturies et raconte avec fierté qu'elle l'avait entendu autrefois parler en anglais à son poney. « Il avait à peine quatre ans, et pourtant il parlait déjà dans une langue que je ne comprenais pas !

Mais son souvenir le plus précieux concerne une journée d'alarmes et d'excursions où, en raison de quelque crise politique, la Cour quitta Séville avec quelques heures d'avance, un jour ou deux plus tôt que prévu.

«Je n'ai jamais été employé à l'intérieur du palais», a déclaré Enriqueta, «seulement pour laver le linge de table et autres ici, dans notre propre blanchisserie. Mais ce jour-là, tout le monde était si occupé que nous avons tous été appelés pour aider à faire les bagages. Il y a certaines choses dont la Reine elle-même dirige l'emballage, et une de ses dames m'a dit de porter un plateau d'argent et a parlé assez brusquement parce que j'étais lent avec cela, n'étant pas habitué à un travail aussi délicat. Et une voix derrière lui dit sur le ton le plus gentil : « Ne gronde pas la pauvre fille ; Je suis sûr qu'elle fait de son mieux. Et il y avait la Reine elle-même, qui était venue voir si l'argenterie était prête ! Nous nous mettrions tous à genoux pour servir Leurs Majestés, qui ont des paroles aimables pour tout le monde, et c'est un profond chagrin pour moi que lorsque nous vivrons loin du palais, je n'aurai aucune chance de servir la Reine même en lavant sa table. lin."

J'ai entendu une histoire agréable du roi à Ronda, où il s'est rendu il y a environ un an alors qu'il revenait d'une revue militaire à Algésiras.

L'Alcalde, bien que de noble naissance, était très âgé et n'était plus à la Cour depuis si longtemps qu'il en avait même oublié comment s'adresser à son roi. Il commença par prendre place d'honneur dans la voiture, et lorsque le roi lui demanda quelle était la profondeur du Tajo, cette formidable fente dans le rocher où coule le Guadelevín, il répondit qu'il ne la savait pas. Le Tage est la fierté et la gloire de tous les bons Rondeños, car la gorge a un dénivelé compris entre cinq cents et six cents pieds, et grande fut l'indignation de la ville lorsque l'indifférence de l'Alcalde à l'égard de ces statistiques locales si importantes fut connue.

Le roi fut conduit jusqu'au nouvel hôtel, le Reina Victoria, situé au sommet d'une colline où le Tajo s'ouvre sur une vallée fertile. Et ici, l'Alcalde semble avoir déposé son royal invité et l'a laissé à lui-même, sans même qu'on lui serve un verre de vin.

Plus tard dans la journée, un pauvre muletier, parcourant péniblement le sentier sinueux qui mène des moulins à farine en contrebas à la « vieille ville » au sommet de la colline, fut abordé par un étrange jeune homme qui, avec un compagnon, commençait l'ascension. . Personne n'est plus réceptif à une salutation agréable que le paysan andalou, et l' *arriero* descendit aussitôt de son âne pour continuer la conversation plus confortablement à pied.

« Je suppose que vous, messieurs, étant étrangers, avez aperçu le roi ce matin », dit-il. "On dit qu'il est très *sympathique* et très bon envers les pauvres."

« Je suis heureux d'entendre cela, » dit l'un des étrangers, « mais ne l'avez-vous pas vu vous-même ?

« Pas moi », dit l' *arriero* ; "Je ne peux pas me permettre de perdre mon salaire simplement pour m'amuser, et je n'ai aucune chance de voir Sa Majesté à moins qu'il ne descende dans le Tajo pour me chercher."

Ils montèrent le chemin pierreux en zigzag, et bientôt le jeune homme demanda à l' *arriero* si l'âne pouvait supporter son poids, car il trouvait que gravir la colline presque verticale était une tâche assez pénible.

« Bien sûr, il pourrait monter sur l'âne et lui souhaiter la bienvenue. Castaño transportait souvent deux quintaux de pommes de terre jusqu'en ville, et le Señor ne pesait certainement pas cela. Lui, le propriétaire de Castaño, ne pensait pas du tout à gravir la colline plusieurs fois par jour lorsqu'il y avait beaucoup de produits à emporter au marché, mais il pouvait comprendre qu'un *forastero* [étranger – toute personne n'appartenant pas au pays natal de l'orateur] qui était pas habitué au Tajo pourrait trouver la marche difficile.

Le monsieur monta donc sur l'âne, assis sur les paniers, ses longues jambes pendantes de chaque côté du cou de la bête, à la manière campagnarde, et le petit cortège atteignit ainsi la nouvelle route récemment creusée à travers une brèche dans les murs de la ville pour donner une approche simple pour les moteurs.

Ici, l'« étranger » descendit de cheval et donna une gratification à l' *arriero* , ce qui le laissa sans voix de surprise et de joie, car c'était plus d'une semaine de salaire qu'il trouva dans sa main.

«Merci pour ma agréable balade», dit le monsieur. "Et vous pourrez dire à vos amis que le roi non seulement est allé vous voir au pied du Tajo, mais qu'il était très heureux d'emprunter votre âne pour remonter."

En partant ce soir-là, le roi Alfonso aurait déclaré qu'il n'oublierait jamais Ronda, car c'était le premier endroit où il allait de sa vie où rien ne lui était offert ni demandé.

Ce ne sont là que quelques-unes des nombreuses histoires que nous entendons sur le roi, la reine et leur peuple, mais elles suffiront à montrer l'estime dans laquelle Leurs Majestés sont tenues, ainsi que certaines des raisons qui la justifient. Et pour terminer ce chapitre, j'ajouterai un incident de l'histoire très moderne, survenu aussi récemment qu'en novembre 1913, et qui est significatif, me semble-t-il, de l'état actuel de la politique espagnole.

L'impôt connu en France sous le nom d' *octroi* et en Espagne sous le nom de *consumos* , parce qu'il est levé sur presque tout ce qui est consommé dans l'usage, c'est- *à-dire* la nourriture et le chauffage, pèse lourdement sur les pauvres et cause plus de mécontentement que tout autre détail de l'économie. administration locale. Elle est appliquée très durement en de nombreux endroits, chaque boîte, panier ou paquet qui entre dans la ville étant examiné avec une minutie irritante et inutile. Tous les voyageurs en ont souffert à leur arrivée à la gare, et ce qui est pire, on voit souvent des ouvriers fatigués obligés de décharger et de recharger leurs ânes fatigués en rentrant du travail, parce que le *consumista* choisit d'imaginer que quelque article de nourriture peut être dissimulé sous un quintal de charbon de bois ou de bois de chauffage. J'ai moi-même été arrêté sous une pluie battante à l'entrée d'une ville après une longue journée sur les collines, tandis qu'un fonctionnaire maussade poussait et poussait les sacoches d'un mulet chargé de rien de plus impayé que d'anciennes tuiles, briques et autres objets similaires. mes fouilles. Un accident effroyable s'est produit, à propos de cette taxe, dans un village balnéaire où nous avons passé un été ; car une pauvre femme avait mis son bébé endormi dans les paniers de son âne, et le *consumista* , supposant sans enquête qu'ils contenaient des légumes, a traversé le bébé avec la longue pointe pointue utilisée pour vérifier le contenu d'un chargement qui n'est pas déballé auparavant. eux, et l'a tué sur le coup.

En période d'élections, lorsque le pays tout entier est très excité, les griefs *des consommateurs* sont toujours au premier plan, et l'indignation populaire est susceptible d'exploser en langage clair à propos des conseils municipaux, car ceux-ci ont le droit légal de substituer aux *consommateurs un autre impôt local.* , s'ils choisissent de le faire. Naturellement, les pauvres ont le sentiment que ceux dont le salaire de misère compte chaque centime, souffrent plus que les riches d'un impôt direct sur la nourriture, et c'est ainsi devenu une question de classe, nécessitant un traitement extrêmement délicat dans les moments critiques.

Dans un modeste village de deux ou trois mille habitants, dans la province de Huelva, appelé Bolullos del Candado, le sentiment de *consommation* était monté à son paroxysme avant le début des élections municipales de 1913, et une mauvaise gestion de la mairie a conduit les mécontents à Je crois – peut-être à juste titre – que le vote ne se déroulera pas équitablement. En peu de temps, quelque cinq cents personnes se sont rassemblées devant l'Hôtel de Ville et les autorités, alarmées par leur aspect menaçant, ont verrouillé les portes et ont ordonné à la Garde civile de tirer sur la foule. Furieux d'avoir été abattus alors qu'ils n'avaient rien fait de mal ou d'illégal, les gens ont fait irruption dans les portes et un combat libre s'est ensuivi. Quand cela s'est terminé, ils étaient maîtres de la situation, puis ils ont saccagé la mairie et fait un feu de joie sur les meubles de la place du village.

Mais avant que la main ne fût portée sur les propriétés municipales, un des « émeutiers » décrocha une photo du roi accrochée dans la salle du conseil, et un détachement la transporta en lieu sûr, tandis que toute la foule cria *Viva el Rey !*

C'est le triomphe de la personnalité du roi Alphonse sur la passion politique et cela montre, je pense, qu'on ne craint pas beaucoup une révolution populaire contre la monarchie en Espagne.

UN REPOS AU FORD.

CHAPITRE XVII

La musique et les gens – Les instruments arabes – Les *saetas* d'Andalousie – Le tango au théâtre – Un mariage ouvrier – Un drame dans une danse – La veuve alarmée – La Jota d'Aragon – Notre-Dame du Pilier – Les Espagnols au Maroc — Les Maures sauvages et civilisés — Le Sultan et ses prisonniers — La tragédie de la Gorge du Loup — Après la retraite — Le salut d'un régiment — Le pouvoir de la guitare.

L'influence de la musique populaire traditionnelle sur la vie du peuple est peut-être, à certains égards, plus marquée ici que dans tout autre pays. Cela peut nous paraître étrange, car les oreilles occidentales ont du mal à capter les chants désaccordés, avec leurs intervalles curieux et leur manque de tonalité et de rythme, qui sont un autre héritage de l'Espagne de l'époque où ses arts et ses sciences étaient tous orientaux. Mais les cadences étranges et pour nous inutiles des Guajiras, des Malagueñas, des Granadinas, des Sevillanas et des autres n'offrent aucune difficulté à l'Andalou, bien que même les musiciens étrangers cultivés les trouvent presque impossibles à reproduire.

À l'époque de la domination musulmane en Espagne, Séville était connue pour son dévouement à la musique ; à tel point qu'aux beaux jours du Khalifat, lorsque pendant près d'un siècle Séville et Cordoue étaient en bons termes, il était d'usage, lorsqu'un homme riche mourait à Cordoue, d'envoyer ses instruments de musique à Séville pour les vendre. Mais à l'époque musulmane, la musique était cultivée partout en Espagne, comme le montrent les traités d'art existant dans la bibliothèque de l'Escurial et la longue liste d'instruments en usage chez les Arabes, dont certains, ou leurs homologues, existent. aujourd'hui, même si d'autres sont désormais inconnus. Parmi celles-ci se trouvaient des flûtes en os et élégamment décorées de motifs sculptés, dont un spécimen presque parfait a été trouvé dans une tombe de Malaga, ainsi que des fragments de deux autres dans une fouille à Séville. Il est possible que l'habileté de l'Andalou au clairon militaire soit un héritage de cette époque, tout comme son penchant pour les orchestres de tambours et de fifres. Le tambour ou tambour est d'origine orientale, et j'en ai déjà décrit une variété connue sous le nom de *zambomba* .

Il ne faut pas s'attendre à ce que la musique arabe persiste dans le répertoire des Andalous, comme c'est d'ailleurs le cas. Mais la survivance la plus curieuse n'est pas dans la musique du théâtre ou de la maison, mais dans les hymnes improvisés chantés dans les rues par de fervents dévots lorsque les images de Notre Seigneur et de sa Mère sont portées en procession lors des grandes fêtes religieuses, comme celles de Semaine Sainte, Corpus Christi, ou saint patron de la localité.

Le fait curieux à propos de ces hymnes est que si la musique est orientale, le nom, *saeta* , ne l'est pas. Cela signifie « une flèche » (lat. *sagitta*), et le dictionnaire espagnol donne l'autre sens, « un court hymne pour exciter la dévotion », sans explication. Je pense moi-même qu'il doit dater des temps paléochrétiens, avant la conquête arabe, car on peut difficilement supposer que le nom ait été appliqué à ces accès érotiques ou aux hymnes eux-mêmes composés après la reconquête de Séville. Il suffit de comparer les hymnes chantés ailleurs à cette époque avec les *saetas* pour voir à quel point leurs sentiments diffèrent. Voici deux vers d'un hymne du XIIIe siècle du « frère Henri de Pise » :

« Christ divin, mon Christ,

Christ Seigneur et Roi de tous. »

Et voici deux lignes d'une *saeta* à Notre-Dame, du style traditionnel improvisé chaque année dans toute l'Andalousie, lorsque les gens se rendent à une procession religieuse :

"Tu es la fleur de la passion

Cela s'ouvre pour ton Fils.

Plus exotique encore que les paroles, c'est l'extase que leur apporte le chanteur. Soudain, au milieu du silence révérencieux qui s'abat sur la foule riante et bavarde alors que les *Santos* passent, s'élève la cadence mineure pathétique avec laquelle chaque *saeta* est préfacée, et tant que dure l'hymne, ceux qui sont autour restent immobiles et écoutent. Quand c'est fini (cela ne dépasse jamais quatre ou cinq vers), le chanteur est vigoureusement applaudi, et la foule redevient banale. Le chanteur, qui pendant un bref instant parut absolument perdu pour les choses terrestres, élevé dans l'inconscience de tout sauf de l'objet de son adoration, la tête renversée, les yeux fixés sur l'image et tout le corps tendu d'une pieuse émotion, revient directement sur terre et accepte en souriant les compliments de ses amis.

La *saeta* est toujours un solo : pas nécessairement parce qu'elle est improvisée, car il existe quelques couplets traditionnels que tout le monde connaît, mais parce que personne ne tente de chanter une *saeta* tant que l'esprit ne l'y pousse pas. Et, l'effusion étant si courte, tout est terminé avant que ses auditeurs puissent reprendre et se joindre à l'air, même s'ils le souhaitaient.

Ce n'est pas la particularité la moins curieuse de ces *saetas* , si l'on considère à quel point l'émotion religieuse a toujours été contagieuse, qu'elles ne soient jamais transformées en chœurs par la foule. Cela est peut-être dû à la tendance arabe du peuple, car rien ne semble indiquer que les musiciens musulmans combinaient leurs instruments pour produire des effets orchestraux, et à l'heure actuelle, il y a singulièrement peu de goût pour la musique concertée d'aucune sorte en Espagne. par rapport aux autres pays européens. Mais la sympathie de la foule pour le chanteur, et plus encore pour le sujet de sa chanson, se manifeste dans le silence haletant avec lequel ils suivent chaque trille et secousse de l'interminable récitatif, si dur et peu musical à nos oreilles, mais si beau. au leur.

Se tourner vers une autre branche de la musique populaire espagnole. Le soi-disant tango argentin est naturellement parfaitement familier ici, et les échos qui sont parvenus en Espagne aux discussions animées dans la presse anglaise sur sa moralité ou son contraire ont suscité beaucoup d'amusement ; car, comme chacun le sait ici, la convenance ou non du tango – qu'il soit « argentin » ou andalou – dépend entièrement de l'interprète. Il peut s'agir d'une danse de salon gracieuse et inoffensive, ou d'une exhibition suffisamment indécente pour faire rougir un habitant des îles Salomon.

Son origine orientale ne peut évidemment faire aucun doute, à l'exception des références dans l'histoire espagnole ou hispano-arabe à son parent, le *zambra* , contre lequel l'Église a plus d'une fois fulminé, apparemment avec très peu d'effet. Quant aux vers improvisés qui en Andalousie accompagnent le tango, ils sont aussi changeants que les mouvements du danseur ; mais parmi les nombreux distiques imprimés que je possède, il n'y en a pas un mot qui puisse offenser les plus délicats.

J'ai vu pour la première fois le tango dansé par un beau bohémien lors d'une représentation publique, et je dois dire que je n'ai jamais rien vu de moins gracieux ni de plus dégoûtant. C'était dans les premiers jours de notre résidence en Espagne, et nous nous étions arrêtés pour voir la fin des divertissements, ignorant que tout ce qui pourrait offenser les convenances est toujours réservé pour le dernier, et que l'offense risque d'être considérable dans le futur. scènes finales d'une fonction tardive.

Il est facile de les éviter quand on connaît les ficelles du métier, car les spectacles théâtraux sont généralement du type « triple programme », et les dames peuvent assister assez confortablement aux pièces montées avant onze heures. Des comédies populaires, musicales ou autres, sont données de soir en soir à des heures différentes et variées pour convenir à tous les goûts, étant soigneusement Bowdlerisées pour le premier public. Une pièce intitulée *Las Bribonas* (Les Imposteurs – femme) eut un immense succès un hiver, et j'accompagnai un groupe à une représentation qui commençait à dix heures. C'était amusant et bien joué, mais il y avait une scène qui était décidément vulgaire, sans pour autant être indécente. Il m'est arrivé d'en parler ensuite à deux amis anglais qui l'avaient vu à différentes occasions. L'un d'eux, qui allait à un spectacle à huit heures, y trouva de la nourriture pour bébés ; l'autre malheureuse, qui dans son ignorance était allée au dernier, était presque trop choquée pour en parler. Le tango, il est à peine besoin de le dire, était l'un des principaux éléments de la scène douteuse de *Las Bribonas* .

Le tango le plus amusant que j'aie jamais vu a été dansé au mariage d'une de nos servantes, qui avait poliment fixé le jour pour convenir à la convenance de ses Señores, tellement elle avait hâte que ce grand événement soit honoré par notre présence.

La mère était une blanchisseuse aisée qui louait tout le rez-de-chaussée d'un petit immeuble, et les invités débordaient du patio dans la *salle nuptiale* et *l'alcoba* . L' *alcoba* ou alcôve est un renfoncement séparé du salon par un rideau et meublé d'un lit qui, dans les maisons des pauvres, le remplit généralement complètement. La même disposition existe également dans les maisons des riches, et ici il est habituel que la chambre de la maîtresse s'ouvre sur le salon, avec les portes entre elles rabattues et les rideaux tirés pour montrer les aménagements élégants de la chambre conjugale. . Bien que les autres chambres manquent souvent de ce que nous devrions appeler le nécessaire commun, celle-ci est toujours meublée au moins aussi joliment que sa *sala correspondante* , formant un contraste saisissant avec le reste des pièces privées. L'explication est que, lorsqu'un enfant naît, la mère reçoit dans sa chambre toute sa famille, les parents de son mari et tous ses amis intimes, lorsque l'enfant a vingt-quatre heures ; il faut donc que cette pièce soit au moins aussi bien meublée que le salon ; et la même coutume prévaut dans toutes les classes de la société. Il ne semble jamais venir à l'esprit des médecins ni de quiconque que ces fêtes mondaines aient quoi que ce soit à voir avec la mortalité excessive des jeunes femmes et de leurs bébés, et j'ai souvent été pressé d'aller m'asseoir avec quelque malheureuse connaissance, gravement malade après un mauvais confinement, lorsque j'ai appelé pour m'enquérir d'elle et de son enfant, sous prétexte qu'elle n'avait eu que quelques appels ce jour-là et qu'elle était très faible, ma compagnie lui remonterait le moral.

L' *alcoba* de Caroline, fille de la blanchisseuse, tenait justement le lit et une table avec son *Santos* — une chromolithographie d'une Vierge Murillo, flanquée d'un saint Antoine de Padoue et d'un « San Juan de Dios », devant lesquels se trouvaient placé des vases de fleurs artificielles et, pour cette grande occasion, quelques bougies allumées. Tout le reste du mobilier de la chambre se trouvait dans la *salle* . Ici, la mariée nous a invités à boire de la Manzanilla et, en tant qu'invités d'honneur, nous (plus chanceux qu'au mariage de Carmencita) avions chacun un verre pour nous. Tout était propre, lumineux et gai, et quand nous sommes sortis dans le patio, les amies de Carolina ont commencé à danser *les seguidillas* .

C'était un joli spectacle de les voir danser sous le ciel de février, avec une lune brillante irradiant la vieille cour et mêlant ses rayons à ceux d'une ampoule électrique suspendue au balcon fou, qui était toute la lumière qu'un généreux propriétaire fournissait à ses vingt ans. ou trente locataires. Le vrombissement de l'unique guitare a été complètement noyé par les applaudissements et les piétinements avec lesquels les spectateurs accompagnaient les danseurs, mais nous ne l'avons pas manqué. En effet, ce serait un instrument puissant qui aurait pu se faire entendre au-dessus de tout ce fracas rythmique. Personnellement, je trouve les *palmas* , comme on appelle ces battements de mains, très éprouvants, car le bruit est écrasant ; mais c'est parce que je n'ai pas de sang oriental dans les veines. Pour les Andalous, quelle que soit leur classe sociale, le bruit, quel qu'il soit, semble être un pur délice.

Les choses s'animèrent peu à peu, à mesure que se dissipa la légère retenue provoquée par notre arrivée, bien que les invités fussent toujours parfaitement polis et convenables ; et bientôt Carolina est venue me dire que Juanillo Carrera, un célèbre chanteur et danseur, jouerait du tango dans la cuisine de sa mère, si les Señores voulaient le voir.

« Pourquoi ne danserait-il pas dans le patio ? » Ai-je demandé, car j'appréciais l'image faite au clair de lune.

« Oh, cela ne conviendrait pas aux filles, qui voulaient continuer à danser elles-mêmes. Mais si nous entrions dans la cuisine et si nous voulions bien rester quelques minutes, Juanillo danserait sur la table, de sorte que la *señora viuda* (la veuve) qui est venue avec la señora et qui aime tant la danse andalouse, voyez-le sous son meilleur jour.

Juanillo était un homme mince et grêlé d'une quarantaine d'années, sans aucun trait rédempteur sur son visage hormis une paire d'yeux noirs brillants et enfoncés. Il portait un chemisier en coton rayé et un pantalon avec une ceinture noire enroulée plusieurs fois autour de sa taille, ainsi que des bottes jaune vif à longs bouts pointus. Je pensais qu'il ressemblait à un malheureux spécimen du danseur andalou, mais je m'aperçus bientôt que les apparences étaient trompeuses dans ce cas comme dans tant d'autres.

La veuve, bien que n'étant plus dans sa première jeunesse, était grande, belle et très bien habillée. Elle avait exprimé depuis des jours son désir de voir ce tango dont elle avait tant entendu parler avant de venir en Espagne, et je crains qu'elle n'espérait plutôt en être choquée. J'ai vu au moment où elle est entrée que Juanillo l'admirait et je l'ai entendu dire à Carolina qu'elle était *guapisima* , c'est-à-dire extrêmement attirante. Carolina lui a donné un coup sur les jointures, sans se rendre compte que je le regardais, et lui a dit de bien se comporter et de se rappeler que le tango devait être joué pour des dames distinguées et ne devait rien avoir du *corral* (immeuble de basse classe) ; mais je me demandais plutôt ce qui allait se passer.

Il sauta sur la table avec la gracieuse agilité d'un chat et commença le tapotement d'un pied qui précède toutes ces danses, les yeux cependant fixés sur la veuve, qui n'avait pas encore compris qu'elle était son objectif. Puis soudain, malgré le vacarme des voix, *des palmas* et des piétinements dans le patio, il se mit à chanter.

Je n'ai pas pu saisir tous les mots, mais j'en ai entendu suffisamment pour en saisir la teneur. Le coquin adressait une déclaration d'amour passionnée à la veuve américaine ; et maintenant ses yeux caverneux commencèrent à s'éclairer, et même elle, inconsciente comme elle l'était du sens de sa chanson, se rendit compte qu'il la regardait très attentivement. Et lorsqu'il commença la danse, non seulement elle, mais toutes les autres personnes présentes dans la salle, furent pleinement conscientes que l'ensemble du spectacle lui était entièrement et uniquement adressé. Je n'ai jamais vu de pantomime plus intelligente de dévotion, de jalousie , de mépris, d'orgueil, d'humilité et de désespoir final que le drôle impudent qui a réussi à agir par ses mouvements dans ce tango. Et tout cela sans bouger du milieu de la table de la cuisine sur laquelle il dansait – en effet, s'il n'avait pas tenu au point mort de celle-ci, il serait inévitablement tombé avec fracas, car elle ne mesurait en aucun cas plus de trois pieds. . Tout cela était jusqu'à un certain point dramatique : l'attention était d'abord attirée par l'expression de ses yeux, et il ne laissait jamais son emprise sur nous se relâcher un instant. Son visage laid, sa robe défraîchie et ses bottes jaunes hideuses tombaient tous dans le tableau, qui n'en était pas moins efficace car la seule lumière était une lampe à pétrole flamboyante brandie par le marié, que la joie de la performance de son ami lui faisait agiter. dangereusement dans ses efforts pour le garder, comme la lumière d'un théâtre, toujours sur le visage du danseur.

«Je n'ai jamais rien vu d'aussi horrible de ma vie», murmura la veuve à mon oreille à la fin du tango. « Allons-y ; J'ai bien peur ! L'homme semble prêt à commettre un meurtre. Plus de tangos pour moi, merci ! J'avais l'impression qu'il pouvait me planter un couteau à tout moment.

Elle avait vraiment peur, et, l'humour n'étant pas son point fort, je sentais qu'il serait inutile d'essayer de lui faire comprendre la plaisanterie. L'expression dramatique vient naturellement à l'Andalouse, et je savais que Juanillo l'avait prise comme héroïne de sa pantomime simplement parce qu'elle était le membre le plus remarquable de notre groupe, s'attendant à ce qu'elle soit aussi satisfaite qu'une Señorita espagnole l'aurait été au compliment. . Pendant le reste de son séjour, la dame cessa de me déranger en me demandant d'être emmenée voir les danses locales ; mais quand ses nerfs furent remis du choc, il devint évident que le moindre de ses souvenirs d'Espagne ne serait pas le moins agréable de ses souvenirs d'Espagne, la petite comédie d'admiration jouée par Juanillo. Dans cette version du tango, il n'y avait rien qui fasse rougir la honte sur la joue de la pudeur, mais j'imagine que ce n'est pas tout à fait ce qui se danse à Londres ou à Paris.

Une autre danse accompagnée de son chant, connue, du moins par sa réputation, hors d'Espagne, est la Jota d'Aragon, dont la musique ne semble pas être d'origine orientale. Personne ne tente de déterminer quand elle est née, mais il est probable que, comme la « danse de guerre » des Basques, elle date de la préhistoire, lorsque les femmes étaient conquises non par la faveur mais par la force. Quoi qu'il en soit, la Jota est aujourd'hui l'hymne d'Aragon ainsi que sa danse nationale, et elle a la même extraordinaire influence religieuse sur les Aragonais que la *saeta* a sur les Andalous. Pour apprécier pleinement son swing et son élan, il faut l'entendre chanter par un natif de la province, mais partout et par qui qu'il soit, il fait danser le sang lorsque le refrain éclate :

« À la jota, jota,

Que vive Aragon

Et la Pilarica

De mon cœur. »

(Chantez au jota,

Vive Aragon

Et la Pilarica

De mon coeur.)

La patronne de Saragosse, capitale de l'Aragon, est Notre-Dame du Pilier (*Nuestra Señora del Pilár*), qui serait descendue du ciel lorsque saint Jacques convertissait l'Espagne, pour l'encourager dans ses saints travaux. Elle s'assit, raconte l'histoire, sur un pilier pendant qu'il disait la messe devant elle et, comme tout bon saint, il fonda à cet endroit la cathédrale de Saragosse, avec le pilier de Notre-Dame comme sanctuaire.

Saragosse possède deux cathédrales, l'une dédiée à NS del Pilár et l'autre à Notre Seigneur du Seo (aragonais pour une église cathédrale). Les gens vous assureront que celle du Pilár est beaucoup plus ancienne des deux, quel que soit leur style architectural, et il est fort possible que l'image noire de Notre-Dame soit plus ancienne que tout ce qui se trouve à Seo, bien qu'en ce qui concerne les reliques de l'Église mozarabe d'Espagne, il n'est jamais sage de dogmatiser sur les dates. En effet, il existe des cas dans lesquels la tradition populaire a reçu une confirmation matérielle de sources inattendues longtemps après qu'elle ait été qualifiée de simple fantaisie par les érudits. La cathédrale du Pilár, ou comme l'adorent les Aragonais l'appellent, la Pilarica, est assez moderne, tandis que certaines parties de Seo datent d'avant le XIIe siècle. Mais l'image même de Notre-Dame du Pilier, avec la colonne sur laquelle elle se dresse, est d'une antiquité immémoriale. La colonne avait été tellement usée par les baisers des fidèles qu'elle est aujourd'hui protégée par un écrin d'argent et de cristal. On peut imaginer les nombreux siècles de dévotion qui ont dû s'écouler avant qu'une pierre puisse être ainsi impressionnée par le seul contact des lèvres humaines.

Un spectacle singulier a lieu chaque année à Saragosse, le 12 octobre, la fête de la Pilarica, dans laquelle certaines figures étranges appelées *gigantes et cabezudos* prennent une part importante. Les géants représentent un homme, une femme et un nègre (et non un Maure), tandis que les grosses têtes (*cabezudos*), portées par les hommes de taille ordinaire, semblent n'avoir aucune signification particulière. J'ai essayé en vain de découvrir l'origine de cette fête. Il doit dater d'avant la reconquête de Saragosse (qui eut lieu vers 1120), car le nègre aurait certainement été un Maure s'il avait été introduit après l'incorporation de Saragosse aux domaines du roi d'Aragon, mais il n'existe aucune trace convaincante. Une réplique de la Pilarica parcourt les rues, et la magnifique procession du Chapitre de la Cathédrale, des autorités militaires, civiles et municipales, tous en tenue de gala, de la fanfare municipale et des dévots des deux sexes, portant des bougies, est terminé par ces survivances singulières de quelque fête oubliée et probablement païenne. L'une des fascinations de l'Espagne est ce lien intime entre le présent et le passé, avec son fouillis pittoresque et assez inintelligible de sacré et de profane.

Il est naturel que l'amour des Pilarica, si lié à la religion des Aragonais, colore chaque action de leur vie quotidienne ; et un incident survenu pendant la guerre du Maroc en 1909 en est une bonne illustration.

Les Aragonais sont de bons combattants et font d'excellents soldats, bien qu'il soit vrai qu'on puisse en dire autant de tous les Espagnols. Mais il y a des moments dans toute guerre où l'esprit martial s'affaisse devant la douleur humaine et le chagrin de voir des camarades abattus dans la fleur de leur jeunesse. Un tel jour est arrivé aux troupes espagnoles à Melilla lorsque fut lancée l'attaque fatale contre la montagne de Gurugú, à laquelle j'ai déjà parlé à propos des coutumes de deuil.

On en a si peu entendu parler en Angleterre à l'époque, en raison de la censure rigoureuse, que je peux être excusé de raconter brièvement ce que j'ai entendu de la bouche d'un des participants, qui était lui-même grièvement blessé.

Lorsque les troubles avec le Maroc ont commencé, le gouvernement espagnol a commis l'erreur commune de sous-estimer la force de l'ennemi. Ils avaient affaire à des tribus dispersées, certaines barbares de la description la plus sauvage, d'autres douces, relativement civilisées et tout à fait prêtes à profiter des facilités commerciales et éducatives offertes par le contact avec les nations européennes.

Bien qu'ils n'aient aucun lien avec les Pilarica et les Jota d'Aragon, il peut être intéressant de raconter deux petites histoires qui illustrent la grande différence entre ces deux classes de Maures, car les faits parlent d'eux-mêmes.

Au cours de l'été 1913, une canonnière espagnole, la *General Concha*, débarqua dans le brouillard sur la côte maure, et une tribu hostile attaqua l'épave. Ils abattirent quelques-uns des matelots qui tentaient de rejoindre le rivage à la nage, et après une courageuse défense menée par un officier subalterne, le capitaine et le lieutenant supérieur ayant été tués par la première volée, ils montèrent à bord, pillèrent le navire et prirent le prisonniers survivants. Pour aggraver les choses, ils avaient commencé par prétendre qu'ils appartenaient à une tribu amie et avaient ainsi réussi à s'approcher du bateau sans opposition, avaient ouvert le feu depuis les falaises au-dessus et avaient abattu les deux officiers et plusieurs hommes. avant que l'équipage puisse faire fonctionner les armes.

Naturellement, on nourrissait les craintes les plus graves quant au sort des prisonniers, mais deux ou trois semaines plus tard, on apprit que, grâce à l'influence d'un chef ami, ils avaient été emmenés chez l'un de ses amis, où ils furent bien traités et finalement aidés à s'échapper vers un petit bateau caché sur la plage à quelques kilomètres de leur prison. Les Maures amicaux, en plus de les guider jusqu'au bateau, les aidèrent à naviguer jusqu'à un navire de guerre espagnol qui avait été envoyé pour bombarder les villages côtiers. Non seulement ils avaient reçu le nécessaire pour vivre tant qu'ils restaient chez les Maures amis, mais les femmes avaient fait de leur mieux pour soigner les blessés, et grâce à elles, un seul, un cas d'amputation, ne parvint pas à se rétablir. Et les Maures transportèrent jusqu'au bateau ceux qui ne pouvaient pas parcourir le pays ennemi pendant environ douze milles, bien qu'ils savaient bien que leur fuite serait de courte durée et que la fuite serait découverte pour les prisonniers.

Voilà pour les Maures « civilisés ». Passons maintenant au revers de la médaille.

Un officier espagnol m'a dit qu'il avait lui-même été témoin de l'incident suivant, qui n'était qu'un parmi tant d'autres survenus au cours des huit années où il était cantonné à Ceuta, d'où, en temps de paix, son travail le conduisait dans diverses régions du pays.

Le père du sultan actuel, opposé à tout changement dans ses méthodes de gouvernement, effectuait chaque année une « progression royale » de Fès au Maroc, et des troupes sélectionnées le précédaient pour éliminer toute source possible de danger pour le pays. monarque. Il payait à ces hommes un dollar pour un prisonnier vivant et deux dollars pour un mort. Ainsi, dit mon ami, « vous pouvez imaginer qu'on en a amené plus de morts que de vivants ». Quiconque pouvait être soupçonné, même de loin, de mécontentement était immédiatement décapité et ses biens confisqués. En un mot, le « progrès royal » était en fait un raid meurtrier dont le butin payait l'entretien des troupes et épargnait quelques perceptions d'impôts supplémentaires.

Un jour, mon ami, en sa qualité officielle, rencontra le sultan dans un endroit où deux cents prisonniers étaient alignés, chacun avec un collier de bois autour du cou, attaché avec une corde à celui du voisin. Alors que le sultan remontait, une pauvre femme se jeta à terre devant lui et serra les genoux de son cheval avec une telle force qu'il ne pouvait plus bouger, criant que son fils qui était parmi les prisonniers était innocent et implorant qu'on lui ôte le collier. son cou. Le sultan se tourna vers les deux bourreaux nègres qui l'accompagnaient partout.

« Enlevez le collier de son fils, dit-il, ainsi que sa tête, et donnez-les à la femme. »

Et cela s'est fait sur place.

«Vous comprendrez», a déclaré l'officier qui m'a raconté l'histoire, «pourquoi nous, qui avons vu de telles choses, pensons que nous ne pouvons pas abandonner notre mission civilisatrice au Maroc, même s'il faudra peut-être des années avant que nous obtenions un retour matériel pour le sang et l'argent cela nous coûte maintenant. Mais, ajouta-t-il, chaque année, nous nous faisons de plus en plus d'amis parmi les tribus et, depuis 1909, nous nous entendons avec beaucoup d'espoir avec nos écoles, nos hôpitaux et nos collèges d'agriculture et de commerce hispano-arabes, tandis que nos troupes indigènes font déjà la fierté de notre armée au Maroc.

Mais revenons au Jota, après cette longue digression. Au cours de l'été 1909, les choses allaient vraiment très mal et le gouvernement, fidèle à la règle espagnole séculaire de diriger une guerre à distance depuis les fauteuils des bureaux ministériels de Madrid, ordonna au général qui commandait de lancer une attaque frontale. sur le Gurugú, le pic qui domine Melilla. Il s'agissait en partie de déloger une fois pour toutes le nid de tireurs d'élite qui inquiétait la garnison espagnole, mais surtout de faire taire par une brillante victoire les murmures grandissants de la nation contre une campagne que les orateurs populaires déclaraient avoir commencée. dans l'intérêt de quelques riches capitalistes possédant de précieuses mines dans les environs immédiats de Melilla.

Le général Marina, bon officier et habile stratège, protesta en vain. Les ordres étaient explicites. L'opinion publique était dangereusement excitée, et il fallait mener immédiatement une action brillante et décisive. L'attaque fut donc tentée, avec pour résultat qu'un des régiments d'infanterie fut pris dans une embuscade et que tout un bataillon des Cazadores de las Navas fut pratiquement anéanti. Plus d'un millier d'officiers et d'hommes de ce régiment et d'autres régiments tombèrent dans la Gorge du Loup du Gurugú, et la défaite fut si complète que pendant trois mois les corps de ces martyrs du devoir et d'un système gouvernemental absurde ne purent être récupérés.

La nuit de la catastrophe, le colonel des Cazadores alla offrir autant de réconfort qu'il pouvait aux quelques survivants de son malheureux régiment. Lui-même le cœur brisé, il ne trouva pas de mots à dire aux hommes au cœur brisé qui avaient à peine assez de courage pour se lever et le saluer – la moitié de leurs camarades morts, leur fierté militaire humiliée, leur démoralisation apparemment irréparable. Mais alors qu'il se tenait parmi eux, silencieux et affligé comme eux, il vit que l'un des hommes, à peine conscient de ce qu'il faisait, avait ramassé sa guitare et touchait légèrement les cordes. Il faut ici expliquer que bien que les Cazadores de las Navas soient un régiment catalan, ils sont majoritairement recrutés en Aragon.

«Une lueur d'espoir est entrée dans mon cœur», a déclaré le colonel, après avoir raconté plusieurs jours après ce qui s'était passé. « Si seulement il jouait assez fort pour être entendu, il nous sauverait ; Je sais ce que leur musique signifie pour les hommes d'Aragon. Je n'osais pas parler, j'avais tellement peur de le rebuter, car s'il avait su que j'étais là, il aurait laissé tomber la guitare pour se mettre au garde-à-vous. Mais il continua, de plus en plus fort, et un autre homme prit la parole, puis un autre, jusqu'à ce qu'enfin tout le régiment, tout ce qui en restait, emboîta le pas, et tous se mirent à chanter :

« La Virgen del Pilár dés

Que no quiere moros ni moras,

Que je veux être capitaine

De la tropa aragonaise. " [8]

« Très doucement, ils chantèrent d'abord, comme s'il s'agissait d'un chant funèbre pour leurs amis morts, mais lorsqu'ils arrivèrent au chœur, leurs voix résonnaient aussi courageusement et gaiement que si tout allait bien pour nous...

« À la jota, jota,

Que vive Aragon,

Et la Pilarica

De mon cœur. '

« Puis, dit le colonel, je me suis éclipsé tranquillement. Ils n'avaient plus besoin de ma consolation, car ils se souvenaient que, quoi qu'ils aient perdu, ils avaient toujours la Pilarica, la bien-aimée de tous les cœurs.

Lorsque le Gurugú fut finalement pris, un correspondant d'un journal anglais commenta l'extraordinaire légèreté de cœur et la gaieté irresponsable de ces soldats espagnols, affirmant qu'il avait effectivement vu l'un d'eux porter une guitare sous le bras alors qu'il gravissait les pentes escarpées qui avaient été le théâtre d'un désastre trois mois plus tôt. Le journaliste a tiré une conclusion trop hâtive, mais on peut lui pardonner, car il ne pouvait guère savoir ce que la Jota, jouée à la guitare, pouvait signifier pour les hommes d'Aragon.

LE MONUMENT DE COLOMB.

CHAPITRE XVIII

Semaine Sainte à Séville - Ce qu'il ne faut pas voir - La bénédiction des Rameaux - Les dignitaires de la Cathédrale - Le Cardinal et les enfants - Le sourire du Doyen - Les marches de la Cathédrale - L'entrée à Jérusalem - La lumière dans les lieux sombres - Le rituel mozarabe - L'exposition des Bannière - Notre-Dame de l'Ancien Temps - Art mozarabe - La bannière des *Menestrales* - Un portrait de San Fernando - Les aigles romaines - La Mise au Tombeau - Le sanctuaire d'argent et sa clé d'or - Circulation routière interdite - Confréries, riches et pauvres.

Je suppose que *Mon Année espagnole* serait incomplète sans un chapitre sur les cérémonies de la Semaine Sainte et la Foire de Séville ; mais tant de choses ont déjà été écrites sur ces sujets du point de vue du touriste que, si je veux en dire quelque chose, je dois essayer de décrire quelques traits caractéristiques qui sont susceptibles de passer plus ou moins inaperçus.

Tout le monde sait que pendant la Semaine Sainte, de nombreuses confréries et corporations parcourent en procession les rues de Séville et d'autres villages andalous, dont l'intention originale était de montrer des images représentant les événements de la Passion de Notre Seigneur, afin de faire comprendre aux personnes analphabètes la tragédie de la Crucifixion. Et tous ceux qui voient ces processions à Séville remarquent la valeur artistique de beaucoup d'images, les robes magnifiques et les effets pittoresques produits dans les rues et dans la cathédrale par les innombrables bougies vacillantes autour des plates-formes sur lesquelles les images sont portées. .

Ce sont les lieux communs de la Semaine Sainte à Séville. Ils attirent l'attention de tout visiteur ayant la moindre connaissance ou le moindre sentiment pour l'art ; mais bien avant la fin de la semaine, ceux qui viennent simplement pour voir quelque chose de nouveau en ont marre de la répétition éternelle de la même chose – les « Frères » ou les « Nazaréens » dans leurs robes volumineuses et leurs hautes capuches pointues, les fanfares , la Garde Civile, le premier *paso* drapé de velours ou de satin, et entouré de candélabres d'argent et de vases de fleurs, avec une image de Notre-Seigneur au centre ; plus de Frères ou de Nazaréens, plus de musique, plus de gardes civiles, et puis le *paso* de Notre-Dame, qui clôture toutes les processions, sauf certaines instituées avant que l'Immaculée Conception de la Vierge ne devienne un dogme de l'Église romaine.

Quand on a vu entre vingt et trente pasos , tous rampant à la vitesse d'un escargot, avec une pause tous les quelques mètres pour que les porteurs se reposent et que les gens admirent, on commence à penser à certains traits en eux. . Mais nous qui connaissons Séville, nous savons ce qu'il faut voir et ce qu'il faut éviter, et nous veillons à ne pas nous épuiser physiquement et mentalement en essayant d'assister au lent déroulement d'une douzaine de *pasos* passant par le même point dans le même jour, car en effet les processions ne sont qu'un élément des multiples cérémonies de la Semaine Sainte, et si vous vous y prenez de la bonne manière, vous pourrez varier vos émotions presque à chaque heure de la journée.

C'est pourquoi moi, qui ai souvent regretté de voir mes compatriotes endurer le maximum de fatigue pour voir le minimum de ce qu'il y a de plus intéressant dans ces curieuses survivances de l'Église primitive, j'essaierai de signaler quelques incidents dans le long programme des cérémonies ecclésiastiques qui ne figurent pas dans le récit officiel de ce qui est décrit de manière incongrue comme *las fiestas de Semana santa* .

La bénédiction des rameaux le dimanche des Rameaux est l'une des plus belles cérémonies de la cathédrale. J'y vais tôt, pas plus tard que 8 heures du matin, et autant plus tôt que je le juge opportun, et lorsque la messe matinale est terminée, je me dirige vers le monument de Christophe Colomb, devant la porte sud, et j'ai là une vue parfaite sur la procession. sa marche majestueuse dans la longue nef jusqu'à la porte de San Miguel. Vient d'abord le porteur de la croix de la cathédrale, dont les cuivres brillent au-dessus du curieux cadre rond utilisé ici pour draper les croix paroissiales de la couleur rituelle du jour. Suivent ensuite le petit clergé en soutanes noires et en rochets raides et amidonnés aux manches flottantes ; les porte-encensoirs en belles dalmatiques de brocart ancien, balançant des encensoirs en argent ciselé dignes d'une place de musée ; les enfants de chœur en soutanes écarlates et rochets blancs ; le clergé bénéficiaire a récemment accordé, comme faveur spéciale au cardinalat de Séville, la permission de porter des doublures de soie rouge sur ses manteaux de soie noire (*capa corál*) ; les chanoines corpulents en soie pourpre, l'officiant et ses serviteurs dans de magnifiques vêtements brodés vieux de plusieurs siècles, puis, soutenus par le doyen et l'archiprêtre du diocèse, le cardinal-archevêque.

Il est déjà très gros bien qu'il ait à peine dépassé la quarantaine, mais sa silhouette encombrante est contrebalancée par un visage fort avec une mâchoire puissante et des yeux gris amicaux et humoristiques, et il est magnifique dans sa capuche de fourrure blanche et sa robe de soie écarlate, avec une traîne à quatre pattes. mètres de long, porté derrière lui par deux des Seises, dont l'histoire a déjà été racontée. Il n'est ici que depuis quatre ans, après un long interrègne dû à deux morts subites dans l'épiscopat, mais la manière dont il a remué le diocèse est surprenante. La musique de la Cathédrale, qui était la pire, est aujourd'hui parmi les meilleures d'Espagne, les services commencent à l'heure au lieu d'être à n'importe quelle heure qui convenait et, surtout, il a mis un terme à la vente illicite par les curés, les moines , et les religieuses des objets de valeur artistique appartenant à leurs églises. Autrefois, un commerce florissant s'y faisait, mais notre énergique cardinal a fait inventorier tous les tableaux, sculptures et ornements d'église de son diocèse, et maintenant on ne peut plus toucher à un carreau peint sans autorisation du palais.

C'est pourtant un homme bon, ce vigoureux prélat. Je l'ai suivi un jour à une soirée de charité au cours de laquelle j'ai eu le privilège de lui présenter une vingtaine de petits enfants de la classe ouvrière que j'avais déguisés, pour leur plus grand plaisir et pour le mien. Et pour chaque enfant, le Cardinal, en leur donnant son anneau à baiser, avait un sourire et une remarque aimable et spirituelle sur leur costume ou sur le personnage historique qu'il représentait ; de sorte que tous les petits visages rayonnaient derrière lui tandis qu'il progressait dans la salle où ils se tenaient au garde-à-vous. Embrasser les anneaux épiscopaux n'est guère dans mon domaine, mais la bonté du cardinal Almaraz envers les enfants me rappelle toujours avec plaisir ma participation à cette cérémonie.

Ensuite, dans les magnifiques vêtements du cardinal, vient le doyen, un gentleman très courtois d'à peine plus de quarante ans et doté, comme son évêque, d'un fort sens de l'humour. Un dimanche des Rameaux mémorable, alors que la procession passait devant le monument de Colomb, le doyen m'a aperçu debout avec une grande Anglaise, dont il avait aidé le castillan brisé lors d'un dîner chez nous quelques semaines auparavant, et son ses yeux se mirent à scintiller et ses doigts se levèrent instinctivement pour nous faire un salut andalou. Il retrouva sa gravité en un instant, et, avec une grande présence d'esprit, transforma son salut en un mouvement que le public prit pour une bénédiction. Mais l'acte était accompli. La prochaine fois que nous nous sommes rencontrés devant la Cathédrale, nous l'avons remercié pour sa « bénédiction », et maintenant il ne peut plus jamais nous regarder dans la foule pendant une procession sans un scintillement dans les yeux et une compression visible des lèvres, de peur qu'il ne sourie de manière inconvenante. encore nous.

L'attitude d'une congrégation espagnole pendant la messe est remarquablement respectueuse par rapport à celle de nombreuses cathédrales étrangères : on retrouve ici vraiment une atmosphère de dévotion sincère. Mais les cortèges sont envisagés sous un autre angle. Les dignitaires y sont au milieu de la foule, et la foule, bien que parfaitement respectueuse, s'efforce de gagner un signe de reconnaissance de ses amis et connaissances dans les longues files de clercs, de choristes et de *monocillos* (petits singes). , comme on appelle familièrement les chanteurs.

La porte de San Miguel, en face du Collège, ou cloître de ce nom, dans lequel demeuraient tous les prêtres mozarabes qui survécurent encore lorsque San Fernando entra à Séville, est grande ouverte à l'approche de la procession, et un merveilleux effet chatoyant de lumière et l'ombre est produite lorsque les palmiers agités portés par le clergé sortent de l'obscurité de la cathédrale pour se diriger vers le soleil ardent de la rue. Mais je ne suis jamais les paumes ; on ne fait que se perdre dans la foule et rater tout le meilleur du tableau. Dès que la dernière lueur de l'écarlate du Cardinal disparaît derrière la porte, je me retourne et vais à la rencontre du cortège qui revient.

On a le temps de sortir par la porte des Cloches (*campanillas*), où autrefois on sonnait les cloches pour appeler les flâneurs à la messe, et de faire le tour jusqu'à celle de los Palos, ainsi appelée parce qu'elle ouvrait autrefois sur un bosquet d'arbres (poteaux, *palos* , aujourd'hui coupés en longueur) - permettant de bien voir le cortège qui contourne la cour d'Orange sur la large terrasse élevée de six marches au-dessus du niveau de la route. Cette terrasse est une relique du demi-siècle au cours duquel l'ancienne cathédrale wisigothique fut convertie à des usages musulmans. Chaque église mozarabe qui servait de mosquée possède une terrasse surélevée sur un ou plusieurs côtés, comme celle de la mosquée de Cordoue. Il était initialement destiné à accueillir les congrégations débordantes pendant le Ramadan, mais après la reconquête, les chrétiens l'ont laissé dégénérer en un lieu de rencontre où les marchands pouvaient faire des affaires, à l'instar des changeurs du Temple, jusqu'à ce que le scandale devienne trop grand, et la Casa Lonja (contenant aujourd'hui les archives des Indes) a été construite au XVIIe siècle. La terrasse constitue un beau point de vue pour ceux qui veulent assister aux processions de la Semaine Sainte, le récent élargissement de la rue Canovas del Castillo offrant une vue imprenable depuis la porte de San Miguel, où l'on entre dans la cathédrale, jusqu'à la ville. Salle.

Au moment où la procession du dimanche des Rameaux atteint la porte du Palos, celle-ci se ferme et toute la procession s'arrête, tandis que le maître des cérémonies de la cathédrale frappe dessus trois fois. Ceci, avec les palmiers et les branches d'olivier répandus devant le cardinal, représente l'entrée de Notre-Seigneur à Jérusalem. Un vers est entonné, puis, au milieu d'un silence de mort, les portes s'ouvrent lentement et la procession multicolore avec ses palmiers agités s'efface dans le crépuscule intérieur, tandis que les femmes et les enfants tentent de s'emparer d'un rameau d'olivier, car eux, comme les les palmiers sont bénis. Une branche de palmier accrochée au balcon protège la maison de la foudre, et la branche d'olivier apporte paix et contentement si elle est ramenée à la maison et placée devant vos « saints ».

La soirée du dimanche des Rameaux est consacrée à la première des processions de rue. Ce sont des retardataires qui arrivent aux tribunes des places réservées devant l'Hôtel de Ville à la tombée de la nuit. Il est sage de se faire une première impression lors des *pasos du dimanche soir* , après l'allumage des bougies, afin que les images de la Passion et de Notre-Dame véhiculent la belle idée symbolique d'emporter avec elles la lumière dans les lieux sombres. Autrefois, tous les lampadaires étaient éteints sur la ligne de marche, de sorte que le chemin du peuple était littéralement éclairé par ses « Saints » ; mais c'était il y a longtemps, et maintenant on ne peut qu'imaginer à quel point l'ancienne coutume était impressionnante, à en juger par la lueur qui inonde la rue de Sierpes avant que le cortège lui-même n'apparaisse.

Il est impossible de résumer dans un seul chapitre toutes les intéressantes et belles cérémonies de la Semaine Sainte dans cette Cathédrale, en dehors de leur aspect historique. Séville ne conserve le véritable rituel mozarabe ou wisigoth dans aucune de ses chapelles, comme Tolède, car lorsque San Fernando est arrivé ici, les papes essayaient depuis plus d'un siècle et demi de supprimer le rite de l'Église, qui, par la force de la les circonstances avaient été si longtemps coupées de Rome et presque indépendantes de celle-ci, et c'est pourquoi le rite n'a pas été conservé après la reconquête. Mais il est clair que le saint roi a permis aux fidèles prêtres mozarabes du Collège de San Miguel de prendre une part prépondérante dans les offices de la mosquée transformée lorsqu'elle est redevenue la cathédrale de Séville, pour les survivances orientales que nous voyons aujourd'hui. n'aurait jamais pu être introduite au milieu du XIIIe siècle par les prêtres et les évêques de Castille.

Beaucoup de ces survivances ne sont que des détails, plus intéressants pour les archéologues ecclésiastiques que pour les profanes. Mais d'autres sont si frappants qu'aucun visiteur de l'intelligence ne devrait les manquer.

L'une d'elles est ce qu'on appelle « Déchirer le voile blanc » après la messe de neuf heures le mercredi de la Semaine Sainte. Ceci est représenté en ouvrant d'immenses rideaux de beau vieux *tafetán blanc* , une soie fine et douce du genre porté par les princes musulmans lorsque Séville était célèbre pour sa fabrication de velours, de brocarts et de satins, tous doublés de ce *tafetán vaporeux* . Personne ne sait exactement pourquoi le Voile Blanc est déchiré ce jour-là, même si on me dit qu'il s'agit d'un autre héritage des Mozarabs. On l'arrache de la tringle à laquelle il est suspendu, de sorte qu'une fois divisé, un rideau tombe en tas de chaque côté de l'autel, d'où il est tiré dans la sacristie par les Saisies.

Le mardi à 15h30 de la Semaine Sainte, nous avons ce qu'on appelle la présentation de la bannière, une autre cérémonie étrangère au rituel de Rome. Deux prêtres s'agenouillent sur les marches de l'autel, tandis qu'un troisième agite au-dessus d'eux une volumineuse bannière du même *tafetán doux et vaporeux* que le Voile Blanc. La bannière est d'un vert foncé, si sombre qu'elle paraît noire dans la pénombre de la cathédrale, où toutes les fenêtres peintes sont enveloppées de rideaux noirs en cette saison de pénitence. Autrefois, les deux prêtres se prosternaient ; maintenant ils ne font que s'agenouiller. Personne ne peut expliquer la cérémonie, qui a lieu quatre fois en tout, de la veille du dimanche de la Passion au mardi saint, mais elle est censée avoir un lien avec la *Virgen de la Antigua mozarabe*, une fresque du XIIe siècle située dans la chapelle de ce nom, dont l'histoire mérite d'être racontée.

Lorsque les Maures almohades prirent Séville et s'approprièrent l'ancienne cathédrale gothique pour leur nouvelle mosquée, cette peinture murale de Notre-Dame fut laissée à sa place. Alfonso X., dans ses *Cántigas de la Virgen Maria* (Hymnes à la Vierge), dit que plus d'une fois les fanatiques Almohades voulurent détruire l'image, mais qu'une telle gloire brillait au point d'éblouir leurs yeux et ils se retirèrent, craignant de la toucher. . La vérité était probablement que le souverain almohade, qui dépendait des artistes sévillans pour les transformations et les ajouts de sa mosquée et de son Alcazar, [9] n'osait pas risquer une révolte parmi ses sujets mozarabes, car la communauté chrétienne était toujours plus nombreuse. ici que partout ailleurs dans l'Espagne musulmane. C'est pourquoi, bien qu'il se soit approprié ou peut-être acheté l'ancienne cathédrale, comme Abderrahman IER l'avait fait avec celle de Saint-Vincent de Cordoue, il a laissé cette image vénérée et sa chapelle aux chrétiens, qui y ont fait une entrée par la rue et ont fermé l'ancienne porte, qui autrement communiquerait avec la mosquée.

On raconte dans les mêmes *Cántigas* que, pendant que San Fernando assiégeait Séville, il fut miraculeusement admis une nuit, par la porte de Jerez, la plus proche de la cathédrale, dans la chapelle de N'ra Señora de la Antigua (Notre-Dame du Vieux Temps).), et y étant découvert par les Maures, il s'en sortit avec peine. La tradition suggère que Notre-Dame des Anciens Temps fut ensuite murée par les musulmans, probablement par indignation face à ce qui dut leur paraître une trahison de la part des Mozarabes à l'intérieur des murs, car eux seuls pouvaient admettre le roi chrétien dans leur propre chapelle. La ville s'est rendue quelques semaines plus tard, et il n'y a actuellement rien à montrer lorsque le tableau a été découvert. Mais on y fait référence à partir du XIIIe siècle, et j'ai l'impression que la chapelle fut rouverte immédiatement, car on n'avait certainement pas eu le temps d'oublier sa situation, comme cela arrivait ailleurs pour les images enterrées pour les sauver de la profanation. .

Au XVIe siècle, la fresque fut retirée du mur sur lequel elle était peinte et placée sur l'autel de l'actuelle chapelle, qui avait été construite pour la recevoir. Malheureusement, à cette époque, elle fut « restaurée », « rénovée », « embellie » et même supprimée, comme nous le raconte un récit contemporain, et une grande partie de son caractère médiéval fut ainsi perdue. Mais l'Enfant a toujours la tête de balle ronde caractéristique avec des boucles noires et raides, que l'on voit dans tous les travaux mozarabes de cette région, et est dans tous les cas si curieusement inférieur en technique à celle de la Mère qu'on ne peut l'accepter que comme un type, vénéré et copié d'une génération à l'autre depuis les temps primitifs. La Vierge, en revanche, comme dans toute l'œuvre du XIIe siècle, est belle dans la technique comme dans les traits, et son étrange drapé aux plis raides en diagonale rappelle singulièrement les draperies de certains égyptos-tartessiens. figures trouvées dans le Cerro de los Santos il y a plusieurs années et maintenant au Musée Archéologique de Madrid.

Les querelles des critiques d'art locaux ont été longues et amères sur la période et l'origine de cette fresque, mais une fois éclaircie l'histoire des chrétiens de Séville sous l'Islam, tout concourt à montrer que Notre-Dame du Vieux Temps était ici lorsque San Fernando est venu, et que l'image a été vénérée par les Mozarabes tout au long de l' occupation almohade. Et à la lumière des connaissances actuelles, il semble hautement probable que l'étalage de la bannière soit la réminiscence d'un acte d'humiliation imposé aux fidèles prêtres qui, même après la fuite de leur dernier évêque en 1239, vivaient encore dans le cloître de San Miguel et continuèrent à exercer les rites de leur religion. Les Maures ont peut-être fait de la cérémonie une condition du maintien par les chrétiens de leur chapelle dans l'enceinte de la mosquée ; et il n'est en aucun cas impossible que quelque chose de concluant sur le sujet soit un jour révélé, lorsque la masse de documents non examinés dans les archives de la cathédrale sera enfin triée et lue.

Bien que l'on en sache encore si peu, l'intérêt de ce curieux déploiement de la bannière apparaît grand lorsqu'on réalise qu'il s'agit d'un lien direct avec la domination musulmane de Séville, nous ramenant six siècles en arrière, à l'époque où le un splendide rituel qui ravit aujourd'hui les yeux et les oreilles de milliers de personnes était représenté dans cette ancienne basilique par quelques pauvres prêtres qui disaient la messe dans la chapelle de *La Antigua* , peut-être au péril de leur vie.

La plupart des autres cérémonies de la Semaine Sainte sont les mêmes qu'à Rome et ailleurs, à l'exception de détails mineurs qu'il n'est pas nécessaire de décrire ici. Mais les processions dans les rues datent du XIIIe siècle, et l'on ne peut guère douter qu'elles aient elles aussi survécu de l'Église chrétienne primitive.

San Fernando lui-même a donné une bannière avec son portrait brodé dessus à la Confrérie des *Menestrales* (Mécaniciens : la Guilde était composée de tailleurs en activité) ; et cela aussi devait exister avant la reconquête, car le roi ne mourut que quatre ans plus tard, et on ne nous dit pas qu'il fonda la Confrérie dans l'intervalle. En fait, s'il l'avait fait, cela aurait été très soigneusement consigné dans leurs annales, tout comme le don de la bannière. Eux, en tant que plus anciens des Confréries et favorisés par le Roi, eurent le privilège de veiller à côté de son cercueil lors de sa mort, et ils maintinrent leur droit à cette place d'honneur le jour de l'anniversaire de sa mort jusqu'à ce que leur Guilde soit dissoute faute de pouvoir. fonds il y a peu d'années. Une autre guilde, plus riche, a tenté de les évincer il y a deux ou trois siècles, mais les *Menestrales* ont intenté une action en justice et ont gagné leur cause. La bannière offerte par San Fernando est désormais accrochée dans une vitrine de l'église Saint-Isidore. Il ne reste que très peu de choses du portrait, et le peu qui en reste était caché au XVIe siècle par une tête brodée de Charles QUINT qui était cousue dessus. Celui-ci a été retiré pour examen il y a quelques années et le portrait du XIIIe siècle a été retrouvé en dessous. Bien que, comme l'étendard de San Fernando de l'Hôtel de Ville, elle ait été tellement réparée et restaurée qu'il ne reste que très peu de l'original, on peut en voir suffisamment pour convaincre n'importe quel expert en broderie qu'il s'agit d'une œuvre mozarabe de l'époque en question.

La preuve la plus solide de l' origine précoce des confréries réside dans le fait que les aigles romains et un étendard avec SPQR sont portés avant chaque *paso* , tandis que des « soldats romains » chevauchent après quelques-uns d'entre eux. Ceux-ci ne peuvent pas avoir été « mis en scène » au XIIIe siècle, pour les MSS enluminés. de cette période, y compris les œuvres contemporaines extrêmement précieuses d'Alphonse X , toutes représentent des personnages sacrés dans les costumes de l'époque. Ils n'ont pas non plus été introduits au XIVe siècle, car il existe un missel de cette date dans lequel les soldats romains à la Crucifixion portent l'habit des combattants d'Alphonse XI. , et l'un des hommes qui tirent au sort l'habit de Notre-Seigneur est vêtu de bas multicolores avec casquette et clochettes, comme un bouffon de la cour.

La consécration des Saintes Huiles, la grande procession avec l'Hostie jusqu'au « Monument » érigé à l'extrémité ouest de la Cathédrale (au-dessus du tombeau de la famille Colomb), le lavement des pieds de douze pauvres par le Cardinal-Archevêque. dans la Cathédrale, le dîner qui leur est offert dans l'Archevêché, le Miserere dans la nuit du Jeudi Saint, l'Adoration de la Croix, lorsque le clergé, le Doyen et le Chapitre se promènent pieds nus dans la nef, la consécration du cierge pascal, qui pèse environ 70 livres, et la déchirure du voile noir, lorsque l'hostie est ramenée au maître-autel, toutes ces choses sont décrites dans les programmes colportés dans les rues, et une seule d'entre elles mérite ici d'être remarquée.

Il s'agit de la cérémonie du Jeudi Saint, au cours de laquelle l'Hostie est portée au « Monument », symbolisant la sépulture de Notre-Seigneur. En silence, la custode est enlevée, son sanctuaire reste ouvert et le tissu est ébouriffé en plis négligents sur l'autel, pour montrer que les éléments sacrés en ont disparu. Le cortège, tous vêtus de vêtements funéraires, se déplace lentement et silencieusement dans la nef jusqu'à l'extrémité ouest, où le « Monument » du XVIe siècle s'élève presque jusqu'au toit, ses colonnes blanches et dorées soutenant des saints et des anges grandeur nature, tandis que sous son haut dôme fait briller la grande *Custodie d'argent* dans laquelle l'Armée doit reposer jusqu'au jour de la Résurrection. Ce sanctuaire, haut de dix pieds, est un des chefs-d'œuvre du maître des orfèvres espagnols, Juan de Arphe, et l'idée qu'il représente le tombeau du Christ est une anomalie de plus parmi tant d'autres. La custode d'or est placée dans la *Custodie* , les portes sont fermées et verrouillées avec une clé d'or, et la clé est remise au gouverneur civil, qui l'accroche à une chaîne d'or autour de son cou. Il restera sous sa garde jusqu'à la veille de Pâques, car, nous dit-on, le corps du Christ a été déposé dans un sol non consacré après la Crucifixion ; et donc, pendant que l'hostie est dans le tombeau, le Chapitre en transfère le soin à l'autorité laïque.

Pendant le Jeudi Saint et le Vendredi Saint, les lumières du « Monument » restent allumées jour et nuit. Puis, le samedi matin, la clé en or est rendue aux prêtres, la *Custodie* est ouverte et l'hostie est sortie et portée en procession jusqu'à l'autel. Et dès qu'on replace la custode dans le sanctuaire, l'orgue retentit, toutes les cloches sonnent et les coups de feu retentissent.

On remarquera que l'Église de Séville anticipe d'un jour la Crucifixion et la Résurrection, célébrant la première le jeudi et la seconde le samedi. Les ecclésiastiques sévillans prétendent expliquer cela, mais je dois dire que je n'ai jamais pu comprendre leur explication, qui la relie d'une manière ou d'une autre au mystère de l'Eucharistie. Les gens ont leur propre version de la question. On dit qu'«autrefois», le jeûne était observé du mercredi jusqu'au matin de Pâques, jours durant lesquels la circulation des véhicules à roues n'était pas autorisée dans les rues, les magasins étaient fermés et tout commerce était suspendu. Après un certain temps, le jeûne de quatre jours s'est avéré si gênant qu'il a été réduit à trois, et pour rendre cela possible, il a été arrangé que la Résurrection soit célébrée la veille de Pâques au lieu du jour de Pâques ! Beaucoup de gens le croient implicitement, et l'explication m'a été donnée avec une telle bonne foi que je l'ai d'abord acceptée, même si cela semblait être une étrange façon de sortir de la difficulté. La circulation des roues est toujours interdite dans les rues le Jeudi Saint et le Vendredi Saint, même dans la Séville « moderne », et dans d'autres endroits d'Andalousie, il n'est même pas possible de louer un âne à n'importe quel prix le Vendredi Saint.

« Je serais *mal mirado* » (envoyé à Coventry), me dit un *arriero du village* un vendredi saint, « si je prenais de l'argent pour ma bête le jour de la mort de Notre-Seigneur. Ce jour-là, riches et pauvres doivent marcher dans la pénitence, peu importe à quel point ils peuvent être fatigués.

À Séville, les gens ne se soucient pas tellement d'être *mal mirado* pour des raisons ecclésiastiques, et le Parti radical s'est efforcé une année de grands efforts pour amener les autorités à retirer l'interdiction de circuler, même au prix de modifier le parcours des processions. Mais un tel tollé a été soulevé par le public à la proposition de l'abandonner ; car les hommes d'affaires de Séville savent très bien que toute interférence avec les processions nuirait au commerce en diminuant l'afflux de touristes, qui affluent ici chaque année pendant la Semaine Sainte, bien plus que ne le fait la fermeture des rues centrales aux taxis et aux tramways pendant la période de la Semaine Sainte. deux jours.

En effet, le moindre changement dans les règlements séculaires attise des sentiments qui n'ont rien de pieux, comme je l'ai déjà montré à propos de la fête de la Fête-Dieu.

Depuis des années, il existe une inimitié latente entre une confrérie riche, dont il est plus doux de supprimer le nom, et une confrérie très pauvre. Les heures de leur apparition respective aux « Stations » (comme on appelle l'itinéraire emprunté, car autrefois le déroulement des processions représentait le chemin de croix) sont fixées par le Doyen et le Chapitre, car si deux processions se réunissent à un moment donné, « Station », une confusion désespérée en résulte ; et les deux confréries en question sont depuis longtemps susceptibles de se rencontrer si la première n'est pas ponctuelle. Il y a deux ans, les riches confrères sont arrivés avec une heure de retard à l'une des « Stations » et ont été accueillis par les pauvres venus de l'autre côté de la ville. Les pauvres Frères avaient raison, car c'était l'heure à laquelle leur *paso* devait traverser cette rue, mais les autres étaient résolus à prendre la priorité, comme ils l'auraient naturellement fait s'ils étaient partis à l'heure convenable. Ces Frères particuliers appartiennent en grande partie à l'aristocratie et s'attendent à être obéis sans aucun doute par leurs inférieurs dans la position du monde. Leur chef a ordonné de manière autocratique aux pauvres hommes de reculer et de lui laisser la place, ainsi qu'à ses partisans, de passer. Mais les pauvres hommes refusèrent, comme ils avaient parfaitement le droit de le faire dans les circonstances, sur quoi l'aristocrate, malgré son magnifique manteau de velours et son capuchon de satin, oublia toute la pénitence et l'humilité qu'il était censé ressentir, et attaqua l'autre homme avec ses poings.

Ce qui aurait pu se passer si le chef du pauvre cortège avait riposté, personne ne peut le dire ; mais le « noble » belligérant fut rapidement ramené à ses repères, car le « frère aîné » de la pauvre guilde déposa avec présence d'esprit sa grande croix de procession sur le sol devant les pieds des futurs combattants. Aucun Sévillan, aussi en colère soit-il, ne songerait à profaner la croix, c'est pourquoi l'aristocrate en colère dut se retirer pendant que l'autre cortège continuait. L'orgueil, je le crains, a gonflé le cœur des Frères sous leurs simples habitudes de calicot, rachetées de leurs maigres salaires au prix d'une longue économie et d'un abnégation qui ont ainsi pour une fois pris le pas sur leurs riches rivaux.

Personnellement, je trouve les confréries pauvres bien plus intéressantes que les riches, car elles ont toutes une histoire derrière elles, et parfois de modestes *pasos* dont les frères sont vêtus de calicot bon marché, sont drapés de damassés et de brocarts anciens plus précieux et bien plus beaux que les nouveaux raides. des manteaux brodés d'or avec lesquels les confréries modernes ornent leurs « Vierges », quel qu'en soit le prix. J'écrirai un jour un livre sur les histoires des *pasos*, graves et gaies, mais je ne dois pas commencer par elles ici, car j'ai déjà trop insisté peut-être trop sur ces aspects de la Semaine Sainte à Séville.

HABILLÉ POUR LA FOIRE.

CHAPITRE XIX

La Foire d'Avril - Du harem à la *caseta* - Le Prado de Saint-Sébastien - L'Inquisition - Les conscrits et le drapeau - Les clubs de football espagnols - L'achat de votes - Le bétail à la Foire - Harnaché *à la Jerez* - *L' élégante* sévillane : quatorze robes pour trois jours - La route de l'après-midi - Danser la nuit - Le marché du mariage - Mantilles, *vélos* et chapeaux de Paris - Minuit à la Foire - Les *casetas à rideaux* des clubs - Châles de Manille - La Reine et la mantille - "John-a-Dreams » et le costume national. — Trois fiançailles et un mariage. — L'année se termine au paradis.

La véritable histoire de la Foire d'Avril de Séville, comme tant d'autres choses en Espagne, se perd dans la nuit des temps ; mais des gravures et des images anciennes se combinent avec la tradition pour montrer qu'il ne s'agissait d'abord que d'une foire aux bestiaux, où les marchands venant de loin dressaient des tentes pour dormir et traiter leurs affaires, suivis par les bohémiens ambulants qui se ruent vers les foires de toutes sortes. chaque pays. Peu à peu, les tentes des marchands devinrent un lieu de rencontre pour leurs familles et leurs amis de la ville, puis des rafraîchissements durent être fournis, et des divertissements tels que la musique, la danse et le chant suivirent bientôt. Or, la Foire de Séville, sur le Prado de Saint-Sébastien, évoque presque, à certains égards, un spectacle à Earl's Court ou à Olympia, avec la différence importante qu'il s'agit d'une réalité vivante et non d'une représentation scénique pour laquelle on prend un billet à la porte.

Le trait le plus curieux de ces trois jours de fête est son extraordinaire contraste avec la vie quotidienne de l'Espagne. J'ai déjà parlé de l'isolement des femmes, de l'extrême intimité de la vie domestique, caractérisée par les rideaux de dentelle qui entourent toutes les fenêtres de la rue et ne s'écartent jamais, de l'obscurité des pièces ainsi protégées de l'intrusion du soleil et du soleil. du regard de l'étranger, la surveillance stricte exercée sur les jeunes filles non seulement dans la rue mais dans leurs propres maisons - bref, la persistance de la tradition orientale selon laquelle les femmes appartiennent à leurs hommes, non à elles-mêmes, et qu'aucun étranger n'a de droit. droit de les regarder et de les admirer.

C'est le mode de vie imposé aux femmes tout au long de l'année. Mais quand arrive avril et que commence la Foire, toutes ces restrictions sont jetées au vent, les mères escortent leurs filles au Prado, et là, assises dans la « salle de réception » d'une *caseta* ou d'un stand, au parquet surélevé de trois pieds au-dessus du sol pour mieux voir, ils regardent leurs filles danser devant le public, heure après heure et nuit après nuit, pour le monde entier comme si elles étaient des professionnelles de théâtre. Tout cela est une anomalie sans explication, à moins qu'on ne le considère comme une protestation inconsciente des femmes sévillanes contre leur emprisonnement à vie dans une maison qui, en termes d'isolement, n'est pas très différente d'un harem.

Le résultat visible est cependant tout à fait charmant. Il y a des rues entières de stands de toile, grands et petits, luxueux et inversement, simples, artistiques et fantastiques ; de beaux bâtiments de brique et de fer érigés par les clubs à la mode ; des représentations éphémères de *corrales* et *ventas préférées* , chères aux artistes, qui peignent de leurs propres mains leurs *casetas typiques* ; il y a des hectares de toile couvrant des centaines d'étals de jouets et de friandises, des stands de boissons, de tantes Sallies ou leurs équivalents espagnols et, surtout, des stands pour la vente des très populaires *buñolitos* décrits dans un chapitre précédent. Les *casetas* , nom donné sans distinction à chaque construction de la Foire, tracent dans toutes les directions des lignes de démarcation entre les voies carrossables et le terrain occupé par le bétail, qui se trouve par milliers et par milliers, serré dans la grande plaine, par troupeaux, sans aucune sorte de cloison entre eux, les ânes côte à côte avec les cochons, les moutons côtoyant les mulets, tous paisiblement couchés ou debout à leur place désignée.

Ici San Fernando campa pendant un certain temps alors qu'il assiégeait Séville, et ici plus tard se dressa le *Quemadero* , le brûloir de l'Inquisition. Or, sauf pendant la grande foire d'avril et la petite de Saint-Michel, le Prado est le terrain d'exercice des troupes de la garnison. C'est ici que sont exercées les promotions annuelles de nouvelles recrues, et ici a lieu l'intéressante cérémonie du *Jura de la Bandera* , où des milliers de conscrits, tous agenouillés ensemble, jurent fidélité à leur Dieu, à leur drapeau et à leur roi. Ici aussi, les clubs de football, qui sont nombreux, jouent le dimanche toute l'année, même dans la chaleur de l'été. Je ne pense pas que beaucoup d'Anglais se soucieraient de regarder, et encore moins de jouer, un match de football avec un thermomètre à 100 à l'ombre ; Pourtant, le « *Séville Balompié* » joue tout l'été, commençant ses matchs à 6 heures du matin, lorsque les après-midis deviennent trop chauds pour courir. Et ces jeunes gens énergiques méritent d'autant plus d'éloges qu'ils ne reçoivent aucun soutien ni en argent ni en approbation de la part de ceux qui occupent une position sociale plus élevée. J'ai appris l'été dernier quelles sont leurs difficultés financières grâce à un employé anglais qui arbitre pour l'un des clubs. Il m'a dit que maintenant le temps devenait si chaud qu'ils voulaient commencer le cricket au lieu du football, mais qu'ils n'avaient pas d'argent pour acheter des articles de cricket et ne connaissaient personne qui les aiderait à collecter des fonds ! Et pourtant, lors des élections, qu'elles soient parlementaires ou municipales, il y a toujours beaucoup d'argent pour acheter des voix, et un de ces mêmes footballeurs m'a raconté qu'on lui avait offert jusqu'à quinze pesetas lors d'une élection très disputée pour aller se faire passer pour un électeur qui était en sécurité dans sa tombe décente ! Les candidats n'ont jamais pensé qu'un abonnement à des clubs de football ou autres serait une forme de corruption plus respectable que d'offrir de l'argent à un demi-arrière.

Mais pendant la Foire, personne ne prête attention au football, à la politique ou à toute autre chose sérieuse. Nous voulons nous amuser et nous le faisons.

Une visite à la foire aux bestiaux surprend ceux qui pensent que les Espagnols sont cruels envers les animaux. Moutons, chèvres, cochons, ânes, mulets, chevaux, bœufs, tous sont rassemblés, tout à fait apprivoisés et heureux, la plupart en liberté et empêchés d'errer uniquement par la voix du berger et l'aboiement de son chien ; les troupes de jeunes chevaux et de jeunes mulets ne sont encerclées que par un rail improvisé constitué d'une corde attachée à des piquets de fer enfoncés dans le sol ; de grands bœufs et taureaux à longues cornes gisent sur le sol sans aucune sorte d'attache ni de clôture. Les seuls animaux réellement enfermés sont les chevaux de selle et de calèche de bonne race, qui occupent des écuries en bois de l'autre côté du *Reál de la Feria* . C'est la rue où se trouvent les *casetas à la mode* , où l'on tire les feux d'artifice la nuit, et où les cavaliers et les femmes montrent leur adresse dans un jeu qu'on peut appeler parcourir le labyrinthe, parmi les innombrables moteurs et voitures de toutes sortes et de toutes sortes. privés et embauchés, dont la plupart contiennent des filles en mantilles blanches et des mères en noir, toutes déterminées à voir et à être vues par la foule.

Beaucoup de chevaux dans ce mélange de moyens de transport sont harnachés *à la Jerezana* - un collier et une selle lourds, et des traces de corde recouvertes de cuir là où ils touchent les chevaux, avec de nombreuses clochettes tintantes et d'innombrables pelotes et glands de laine aux couleurs gaies attachés partout. possible, et surtout au casque. Je ne sais pas pourquoi ce harnais est appelé « mode de Jerez », car j'ai vu bien plus d'animaux ainsi décorés dans la Sierra qu'à Jerez. Mais même le chercheur d'informations le plus acharné est prêt à laisser ici son carnet de côté et à se contenter de profiter du pittoresque et de l'air suranné de ces autocars familiaux avec leurs occupants à la Goya, ainsi que de la vie, des couleurs et de l'animation de l'ensemble de la scène. . Car malgré l'exaltation produite par l'air pur et frais d'avril avec son soleil éclatant et l'atmosphère universelle de joie, on ne perd jamais vraiment le sentiment qu'il s'agit d'une pièce, même si l'on est soi-même l'un des acteurs, et cela aussi. bientôt le rideau tombera sur l'une des plus jolies scènes qu'on puisse trouver en Espagne, sinon en Europe.

On m'a dit que la jeune femme très intelligente avait quatorze nouvelles robes chaque année pour la Foire. Comment fait-elle pour les porter toutes, je ne le sais pas, à moins qu'elle ne les mette l'une sur l'autre, car elle ne peut changer de robe que trois fois par jour, parce que tout le reste du jour et de la nuit, elle est *en évidence* . Le matin, elle met le dernier chapeau de Paris pour faire le tour et regarder le bétail, cachant ses yeux en amande et ses jolis sourcils arqués par quelque horrible « création » totalement inadaptée à son style. Peu de femmes espagnoles savent porter un chapeau, probablement par manque d'habitude, car ce n'est que depuis une vingtaine d'années que la mantille ou *vélo* a cessé d'être le vêtement universel.

Quand notre *élégante* se montre l'après-midi dans sa deuxième robe neuve, avec ses cheveux coiffés très haut, une masse d'œillets appuyée dessus et l'immense peigne d'écaille percée qu'elle a hérité de son arrière-grand-mère, et aux plis doux d'une mantille de soie blanche flottant autour de son visage alors qu'elle conduit (ou fait du moteur – terrible anachronisme !) sur le Reál, nous la connaissons à peine pour la même fille qui avait l'air si terne et lourde sous cette monstruosité parisienne ce matin. Ses yeux brillent, ses dents blanches brillent et on commence à comprendre ce que veulent dire les poètes lorsqu'ils parlent de l'éclat étincelant d'une beauté andalouse.

A cette époque, les *casetas* sont pleines de danseurs, pour la plupart des écolières et des enfants encore, car les coquettes de seize ans et plus savent bien qu'elles se montreront plus à leur avantage à la tombée de la nuit, sous la brillante lumière artificielle. Les filles plus âgées, à moins qu'elles ne possèdent des voitures ou n'aient accès aux clubs à la mode, se promènent de long en large avec leurs amis des deux sexes, critiquant les « gens des voitures » et pensant sans doute à quel point elles feraient mieux elles-mêmes d'honorer ces véhicules coûteux. A six heures, lorsque la corrida se termine et que les spectateurs arrivent au Prado, l'allée déjà bondée, longue de près d'un mile de long avec des voitures de quatre profondeurs, devient si encombrée que rien ne peut avancer au-delà d'un pas de pied, et les piétons nerveux peuvent il suffit de traverser le Reál et les rues qui se croisent à l'entrée de la Foire par une sorte de petite tour Eiffel construite il y a une quinzaine d'années dans ce but précis.

La nuit, la Tour Eiffel, ou *Pasadera*, comme on l'appelle, est illuminée de haut en bas, tout le Reál est voûté de guirlandes d'ampoules électriques colorées, et chaque *caseta* rivalise avec ses voisines dans l'éclairage de la réception. des salles dans lesquelles les filles, dans leur troisième robe neuve, doivent danser. Car l'exposition de la jeunesse et de la beauté est l'objet principal du côté social de la Foire, qui est en fait le marché du mariage de Séville. On dit que plus de jeunes s'entendent pendant ces trois jours que pendant tout le reste de l'année, et il est facile de le croire, car nous savons que partout dans le monde, le printemps est la plus jolie période de l'année, et le l'imagination du jeune homme en particulier se tourne légèrement vers les pensées d'amour à cette époque-là, ici à Séville.

La danse dure de neuf heures à deux ou trois heures du matin. Que ce soit bon ou mauvais, la vue des bras agités et des têtes penchées dans *les seguidillas* et *les peteneras* ne manque jamais d'attirer les passants. Souvent, jusqu'à quelques centaines de personnes se rassemblent devant une *caseta à la mode* où une demi-douzaine de Señoritas dansent ensemble, même si seul le premier rang de la foule, pressé contre les marches qui partent du sentier, peut voir autre chose que des visages. drapés de dentelle blanche ou *de madroños noirs* , et des mains blanches agitant des castagnettes enrubannées.

Plus il y a de monde devant, plus les danseurs sont contents ; en effet, je me souviens que certaines filles me racontaient un an qu'elles avaient eu un énorme succès du jour au lendemain, « car il y avait tellement de monde qui les regardait que certains des invités avaient essayé de se rendre à la *caseta* pas moins de trois fois en vaine." Et ce sont ces filles qui perdraient leur réputation si on les voyait seules dans la rue en pleine journée, ou même deux sœurs ensemble, sans accompagnateur ! Mystérieuses sont en effet les coutumes sociales de l'Espagne !

J'ai déjà parlé des feux d'artifice. Si ceux-ci sont bons même dans les villages, on peut supposer qu'ils sont bien meilleurs dans la riche Séville. Le seul étonnant est que toute la rue du Reál ne soit pas incendiée tous les soirs de la Foire, car le feu d'artifice se termine toujours par la dangereuse *traca* , chaîne de pétards posée d'arbre en arbre sur toute la longueur de la rue en toile, et le les crackers semblent exploser dans les *casetas* . Et le long du sentier, une double ou triple rangée de voitures, dont les chevaux semblent simplement s'ennuyer des pétards et autres arrangements bruyants et enflammés qui leur explosent sous le nez. C'est par pure chance qu'aucun accident terrible ne se soit encore produit. Mais personne ne proteste, même si chaque année on remarque avec douceur qu'il est horriblement dangereux et très désagréable d'avoir des étincelles qui tombent partout sur les trottoirs. En matière de feux d'artifice, *le laissez-faire andalou* est particulièrement évident.

A minuit, les festivités de la Foire battent leur plein. Les manèges sont nombreux et très fréquentés, et chacun a son orgue à vapeur ou son piano mécanique qui reproduit des airs populaires depuis longtemps tués dans les rues. Il y en a un en particulier, appelé « Serafina », qui a eu pendant des années une vogue égale à celle de « Tara-ra-boom-de-ay » en Angleterre quand nous étions jeunes, et c'est un air tout aussi stupide. avec des paroles encore plus stupides, si cela est possible. Ce cauchemar nous poursuit tout au long de la rue des gitans, et celle des échoppes de jouets, et celle des *casetas bourgeoises* à droite du Reál. Le seul endroit où on ne l'entend pas est au sommet du Reál, où se trouvent les *casetas* de deux des principaux clubs. Ici, tous les rideaux sont soigneusement fermés pour qu'aucun œil profane ne puisse voir les gloires à l'intérieur, et des fanfares militaires jouent des valses et *des rigodones* — une forme de quadrille tout à fait singulièrement ennuyeuse — pour l'amusement de la *haute aristocratie* .

On ne voit pas pourquoi ces clubs devraient se donner la peine de recevoir leurs invités derrière les rideaux tirés du Prado plutôt que dans leurs beaux club-houses de la ville. Il n'y a certainement rien dans ces divertissements de l'esprit traditionnel de la Foire, dont l'essence est que tous les divertissements se déroulent à la vue du public. Une de leurs réceptions matinales est cependant des plus délicieuses. Il s'agit du bal des enfants, qui commence à 10 heures du matin et se termine avant le déjeuner. Y assistent une foule de bébés fascinants déguisés, tous espagnols : les garçons en *toreros* , *les majos* (la « noix » andalouse d'autrefois), les bandits, et que sais-je encore, les filles en mantilles miniatures, en châles de Manille ou en leur robe bohémienne, et leur vanité innocente rend les Reál charmants lorsqu'ils se promènent après la fête dans les voitures de leurs mères, faisant semblant d'être tout à fait adultes.

Le châle de Manille est la robe de gala de toute travailleuse qui parvient à en acheter ou à en louer un pour la Foire. Dans certains cas, il s'agit d'objets de famille transmis de mère en fille. De même que la mantille est la survivance du voile musulman chez les aisés, de même ce châle, comme le noir porté quotidiennement, est la survivance du voile chez les pauvres. Jusqu'au XVIIe siècle, les femmes espagnoles se couvraient encore le visage ; en effet, dans les provinces de Cadix, Malaga et Grenade, il existe encore aujourd'hui des villages où les femmes ne laissent qu'un œil exposé lorsqu'elles sortent, surtout à la messe. Des décrets furent publiés par plus d'un roi, interdisant ce voile « païen » le visage féminin, au motif qu'il tendait à l'immoralité en rendant les charmes ainsi cachés irrésistibles au sexe opposé. Les dames ripostaient en refusant de sortir de chez elles si elles étaient obligées de s'exposer de manière « indécente » (je cite des écrivains contemporains) ; mais finalement un compromis fut trouvé. Ils se couvraient encore le visage lorsqu'ils apparaissaient dans la rue, mais c'était avec des broderies et des dentelles transparentes, observant ainsi la lettre de la loi mais violant le plus efficacement l'esprit. Nous devons une certaine reconnaissance à ces dames, dont le sens aigu des convenances a donné naissance à la mantille, la plus jolie coiffure jamais inventée par une femme.

Lorsque nous sommes arrivés en Espagne en 1902, les dames du monde faisaient de leur mieux pour supprimer la mantille, sous prétexte qu'il était ridicule de maintenir un « costume national » en Espagne, alors que tous les pays civilisés avaient adopté les modes parisiennes ; et à une certaine époque, il semblait vraiment que les femmes qui avaient assez d'argent pour acheter un chapeau cesseraient bientôt de le porter. Mais heureusement, ces femmes étaient en minorité, car ici les chapeaux ne sont achetés que par les riches et sont très chers. La forme plus simple de coiffure en dentelle connue sous le nom de *vélo* , qui est portée pour la messe et par les femmes d'âge moyen à l'extérieur, n'avait heureusement pas commencé à tomber en désuétude en dehors de Madrid et de Barcelone, même parmi les classes aisées. -faire, malgré la croisade contre la mantille la plus visible. Et puis, au moment psychologique, arriva la jeune reine d'Angleterre, avec toute l'admiration d'un étranger pour sa belle coiffure. Le premier portrait d'elle vendu à un prix abordable montrait sa beauté rehaussée par le drapé typique de dentelle exquise, et "elle le met comme si elle était espagnole", disait le peuple, pour l'arrangement. La mantille est soumise à des règles strictes, et aucun étranger ne peut espérer pénétrer ces mystères sans aide. Cela a sauvé la mantille. Il est vite devenu évident que Sa Majesté avait l'intention de le porter en toute occasion, et naturellement toutes les femmes espagnoles à la mode ont emboîté le pas, pour le plus grand plaisir de tout le monde, sauf des modistes.

À la dernière Foire de Séville, il y avait plus de mantilles que de chapeaux, et si c'était un choc pour la sensibilité artistique de les voir dans des moteurs, c'était en tout cas bien mieux que de ne pas les voir du tout, comme c'était presque le cas six ou trois Il y a sept ans. Une année à peu près à cette époque, nous avions une *caseta* à laquelle venaient un bon nombre de visiteurs anglais et américains. Toutes ces dames portaient des mantilles et étaient ravies d'en avoir l'occasion (car la mantille, il faut le dire, ne se porte qu'en *grande tenue*), et nos amis espagnols ont accepté de se tenir à l'écart de la mode alors régnant et de laisser leurs chapeaux à la maison. quand ils venaient danser à la *caseta de los ingleses* . S'il y avait un peu de gêne chez les Anglaises — une ou deux d'entre elles disaient le premier jour qu'elles avaient un peu l'impression d'être dans un bal chic —, elle disparaissait quand on lisait les journaux locaux le lendemain matin. Car il y avait en gros caractères un article sur le déclin de la mantille et un paragraphe poétique remerciant, en termes presque pathétiques, les dames étrangères de porter « avec une grâce particulière » la jolie coiffure que les Andalous semblaient désormais mépriser.

Nous n'avons jamais su qui était l'écrivain ; il se faisait appeler « John-a-dreams » et nous suppliait de ne pas essayer de percer son incognito lorsque nous lui écrivions pour l'inviter à la *caseta* dont il avait bien voulu faire l'éloge. Mais nous avons été heureux de constater que notre adoption de la mantille était considérée comme un compliment à l'Espagne, et maintenant nous et nos amis suivons l'exemple de la reine et la portons aussi souvent que nous le pouvons. Indépendamment de toutes autres considérations, la mantille de festival et son plus humble parent le *vélo* , destiné à l'usage courant, sont non seulement universels, mais aussi très économiques, car bien qu'un bon morceau de dentelle coûte au départ autant d'argent qu'un chapeau de Paris, , il dure des années et ne se démode jamais.

notre *caseta* a bien rempli son devoir. Nous avions soigneusement disposé la lumière pour qu'elle tombe de manière convenable sur les visages des filles, et nous avions une plate-forme très haute sur laquelle elles pouvaient danser. Nous avons dit que si le but de la *caseta* était de mettre en valeur les Señoritas, autant préparer le terrain en accordant une attention particulière à son objectif. Et pas moins de trois fiançailles en ont été le résultat, dont au moins un a débouché sur ce qui semble être un mariage très heureux.

Quant à moi, je suis revenu au point de départ. L'été, l'automne et l'hiver sont passés et la Foire d'Avril est terminée. Mon année espagnole est terminée et la nouvelle année de la mariée a commencé, avec le parfum des roses, du jasmin et de la fleur d'oranger, le murmure des fontaines et le chant des rossignols parmi les ormes sur les collines de Grenade. Car c'est là que vont les filles qui portent des mantilles pour leur lune de miel, et où vont les bons touristes lorsqu'ils meurent.

NOTES DE BAS DE PAGE

[1] Comte des Moustaches Blanches. Il existe de nombreux titres de ce type au sein de la noblesse espagnole, datant des XIIIe et XIVe siècles, lorsque la royauté décernait souvent des titres faisant référence à des particularités personnelles.

[2] En Espagne, la femme, depuis la reine jusqu'en bas, confond son identité avec celle de son mari lorsqu'on parle d'eux ensemble, et nous avons *los Reyes*, les rois, au lieu du roi et de la reine ; *los Duques*, les ducs, au lieu du duc et de la duchesse ; et ainsi de suite dans toute la gamme de la société. La commodité pratique de cette abréviation est si évidente que je ne m'excuse pas de l'adopter.

[3] Comme l'utilisation de leur nom de famille par les épouses espagnoles prête à confusion pour un étranger, il peut être judicieux d'expliquer que les hommes et les femmes utilisent le nom de famille du père et de la mère. Ainsi Antonio Lopez épouse Maria Garcia et le nom de famille de ses enfants est Lopez y Garcia. L'un de ses fils épouse Luisa Ramírez et *ses* enfants s'appellent López y Ramírez, et ainsi de suite. Une femme mariée garde son nom de jeune fille. Ainsi, si Maria Garcia y Perez épouse Antonio Lopez y Rodriguez, elle sera décrite dans des documents formels – un testament, par exemple – ou dans un avis de décès, comme Maria Garcia y Perez, épouse d'Antonio Lopez y Rodriguez, bien que ses connaissances parlent d'elle comme La Señora de Lopez, ou plus brièvement, La de Lopez. Jusqu'à ce qu'elles atteignent la cinquantaine, les femmes, mariées ou célibataires, sont toujours appelées par leur prénom sans aucun préfixe, même par les hommes lors d'une première introduction.

[4] Pour les Espagnols, « Amérique » signifie Amérique espagnole : les habitants des États-Unis sont toujours *des Norteamericanos* ou *des Yanquis*.

[5] Ces vêtements, que portent communément les paysans, ne sont qu'une sorte de tablier de cuir divisé, couvrant le devant du corps depuis la taille jusqu'aux pieds.

[6] Nom arabe d'une boulangerie, toujours utilisé ici.

[7] Réservoirs souterrains pour l'eau de pluie.

[8]

« La Vierge du Pilier dit

Qu'elle n'aime pas les Maures,

Qu'elle sera le capitaine

Des soldats aragonais.

[9] Séville sous l'Islam a toujours été connue pour ses beaux bâtiments.